來吧！再也不用怕數學

實數的生存法則

上大學前你必須全面掌握的數學概念

王富祥・游雪玲／編著

八方出版

$|a| = \begin{cases} a - 0 = a, a \geq 0 \\ 0 - a = -a, a \leq 0 \end{cases}$

```
    y    10    6    10    x
    ├─────────┼─────────┤
    B         A         B
```

$72 \div (-3) - 2 \times [15 - 2 \times (3 - 7)] = ?$

▶ Sol

$72 \div (-3) - 2 \times [15 - 2 \times (3 - 7)]$
$= -(72 \div 3) - 2 \times \{15 - 2 \times [-(7 - 3)]\}$
$= -24 - 2 \times \{15 + (-2) \times (-4)\}$
$= -24 - 2 \times \{15 + (2 \times 4)\}$
$= -24 - 2 \times \{15 + 8\}$
$= -24 - 2 \times 23$
$= -24 - 46$
$= -24 + (-46)$
$= -(24 + 46)$
$= -70$

$119 \times 21 = 2499$
$119 \times 21^3 - 2498 \times 21^2 = ?$

▶ Sol

$119 \times 21^3 - 2498 \times 21^2$
$= (119 \times 21 - 2498) \times 21^2$
$= (2499 - 2498) \times 441$
$= 1 \times 441$
$= 441$

目錄

作者序

本書導讀與特色

第 1 章　數線或實數線與絕對值 001
　　1-1　數線概念剖析 002
　　1-2　應用的關鍵「特徵」及「策略」 004
　　1-3　解開例題、弄懂策略 005

第 2 章　整數的運算要領 013
　　2-1　整數運算要領整理 014
　　2-2　解開例題、弄懂策略 016

第 3 章　懂了整數運算的基本應用 021
　　3-1　應用的關鍵「特徵」及「策略」 022
　　3-2　解開例題、弄懂策略 024

第 4 章　算盤展開圖及位值的威力 035
　　4-1　淺談算盤展開圖 036
　　4-2　不同記數系統的轉換 039
　　4-3　應用的關鍵「特徵」與「策略」──位值的威力 043
　　4-4　解開例題、弄懂策略 044

第 5 章　「整數」的因數與倍數 49
　　5-1　你必須要先知道的因倍數概念 050

　　　　5-2　應用的關鍵「特徵」及「策略」............................. 052
　　　　5-3　解開例題、弄懂策略... 058

第 6 章　**分數與小數的運算要領**... **087**
　　　　6-1　分數運算要領整理... 088
　　　　6-2　小數運算要領整理... 090
　　　　6-3　解開例題、弄懂策略... 092

第 7 章　**懂了分數與小數運算的基本應用**............................. **105**
　　　　7-1　應用的關鍵「特徵」及「策略」........................ 106
　　　　7-2　解開例題、弄懂策略... 109

第 8 章　**指數與科學記號 v.s. 快速乘法**............................. **121**
　　　　8-1　指數概說... 122
　　　　8-2　應用的關鍵「特徵」及「策略」........................ 126
　　　　8-3　解開例題、弄懂策略... 130

第 9 章　**平方根與立方根 v.s. 有理化**................................. **143**
　　　　9-1　淺談平方（根）、立方（根）v.s. 有理化........... 144
　　　　9-2　應用的關鍵「特徵」及「策略」........................ 145
　　　　9-3　解開例題、弄懂策略... 148

第 10 章　**同餘**... **173**
　　　　10-1　認識「同餘」... 174
　　　　10-2　應用的關鍵「特徵」及「策略」...................... 175
　　　　10-3　解開例題、弄懂策略....................................... 176

Contents

目錄

第 11 章　數列與級數 183
　11-1　數列與級數概念分析 184
　11-2　應用的關鍵「特徵」及「策略」 191
　11-3　解開例題、弄懂策略 196

第 12 章　近似值 249
　12-1　近似值的意義與取法 250
　12-2　解開例題、弄懂策略 252

第 13 章　ㄚ格里（ugly）算式的規律觀察與處理 257
　13-1　應用的關鍵「特徵」及「策略」 258
　13-2　解開例題、弄懂策略 260

第 14 章　觀念型選擇題「取值帶入」投機法 269
　14-1　應用的關鍵「特徵」及「策略」 270
　14-2　解開例題、弄懂策略 271

APPENDIX　數學的根——「邏輯與集合」 279
　1　淺談「邏輯」 280
　2　漫談「集合」 283
　3　應用的關鍵「特徵」及「策略」 288
　4　解開例題、弄懂策略 289

本書導讀與特色

壹、導讀

　　本系列數學書，預計一套四冊，主題包含《實數的生存法則》、《用代數來思考》、《歡迎來到函數世界》、《形體全攻略》，收錄從國小接觸到數學開始到高中考上大學前，你會遇到的所有數學觀念與考試題型，通通一網打盡！讓你不用再多花錢四處買參考書，只要你把這 4 本書依序念到精通，算到透徹，管他什麼平時考、月考、期中考、期末考、複習考、會考、聯考、任何升學考都難不倒你。

　　《實數的生存法則》：適用國小 4～6 年級、國 1。
　　《用代數來思考》：適用國小 5～6 年級、國中 1～3 年級。
　　《歡迎來到函數世界》：適用國中 2～3 年級、高中 1～3 年級。
　　《形體全攻略》：適用國中 2～3 年級、高中 2～3 年級。

1. 前半段例題：依應用策略的先後次序，逐一舉例，並不厭其煩地「備註、備註、再備註」。其目的就是要「洗你的腦、又洗你的腦、再洗你的腦」，洗到你很自然地記住這些「策略及相關工具」。
2. 後半段例題：打散應用策略的次序，隨機安排例題，並減少備註，以利提供在考場面對多變試題時，能在「不預期一定是某段落的某策略應用」的狀態下，有能力自行「看出解題的所以然」來！

貳、特色

1. 什麼都有→不用到處找問題&解答。
2. 如同老師坐在你身邊，一步一步帶著你，掌握解題脈絡及節奏，順利完成解題→不用求人、不用找家教。
3. 這本書講得很囉唆→就是要你在疲勞轟炸下、在頻繁接觸中，莫名其妙把數學「定理、公式、策略、處理程序、應留意的小陷阱……」理所當然地「占為己有」。
4. 這本書解題很乾淨俐落→因為「解題的重要程序及過程」都只留必要的「算式及因果陳述」。
5. 這本書對你有莫大的幫助→因為「解說、提醒、構思、推想」通通用「獨立的備註框」來呈現。當你在不知不覺中，把「備註框」的「內容」潛移默化到你的腦袋後，對那些「備註框內容」就可採取「不予理會」的態度略而不見。

作者序

在超過三十幾年，以糟蹋學生為職志的教學生涯中，我最常看到的真實「教學現場」是：在「莫名其妙及理所當然」的交錯作用下，在不知不覺中，「施教者及受教者」在彼此相互浪費生命的「教學互動」中渡過！

「施教者」：		「受教者」：
莫名其妙 懂了！	也懂了！	V.S. 嗯！不確定！
莫名其妙 見多識廣了！	期待「受教者」→ 也增廣見聞了！ 理所當然	V.S. 努力記憶 ing！
莫名其妙 當上老師了！	期待「受教者」→ 也能出類拔萃！ 理所當然	V.S. 我也希望啊！
講解問題 莫名其妙 寫了第一步！	期待「受教者」→ 也寫得出來！ 理所當然	V.S. 好像可以！
推演過程 莫名其妙 有了第N步！	期待「受教者」→ 也推得出來！ 理所當然	V.S. 有點卡卡的！
獲得答案 莫名其妙 就找到了呀！	期待「受教者」→ 也可順利得解！ 理所當然	V.S. 救命啊！
理所當然──問「受教者」會了嗎？		V.S. 應該會吧！
理所當然──以為已善盡「施教者」的責任		V.S. 謝謝老師！
理所當然──認定「再不會解，一定是受教者出了問題」！		V.S. 唉！可能是吧！

王富祥、游雪玲　2018

CHAPTER 1

> 其實,「數線」v.s.「負數」都不是很難理解的概念。因為小朋友一進入「國中」,他們的「課程進度及環境壓力」都比「小學」來得艱巨甚多!所以,當「國小」同學學了「減」,開始能作較複雜思考時(如:上了「小學五年級」),我是比較建議立即進入「本章」的相關學習,以免一上「國中」小朋友的學習熱情就先陣亡在「第一個月」的折騰中!

數線或實數線與絕對值

重點整理 1-1　數線概念剖析

重點整理 1-2　應用的關鍵「特徵」及「策略」

重點整理 1-3　解開例題、弄懂策略

實數的生存法則

在小學，我們開始接觸「1, 2, …」（自然數或正整數）接著發展自然數的「加、減、乘、除」（四則運算）。算著算著，我們有了「$\frac{1}{2}, \frac{3}{5}, …, 0.1, 0.2, …$」等所謂的「正分數及正小數」概念。一如歲月不等人般，「數」這個概念也沒停下腳步！到了國中「0」、「負數」莫名地闖入了我們的教室，然後就一發不可收拾地「$-3, -2, -1$（負整數）；0（零）；1, 2, 3（正整數或自然數）」、「$\pm\frac{1}{2}, \pm\frac{3}{5}$（有理數或有理分數）」、「$\pm\sqrt{2}, \pm\sqrt[3]{5}$（無理數）」、「$\pm0.12, \pm1.23$（有限小數）」、「$\pm0.1\bar{2}, \pm1.\overline{23}$（循環小數）」通通跑來折磨我們剛要開始叛逆的小腦袋。

言歸正傳，前述這一堆充滿生物多樣性特徵的「數」就這樣組成了一個龐大無比的「實數（ℝ）」帝國！面對「實數」，數學家嚐試用「相對位置」概念來表現它。於是，「數線或實數線」就出現在我們的學習歷程中！那什麼是「數線」？這次秉著簡潔、有效、不掉書包的數學精神，就用下圖把「數線」的主要特徵、功用盡可能完整地表現出來：

重點整理1-1　數線概念剖析

以「0」為分隔基準點，「0」的「右側是正數且愈往右走正數愈大」，「0」的「左側是負數且愈往左走負數愈小（負的愈多）」。

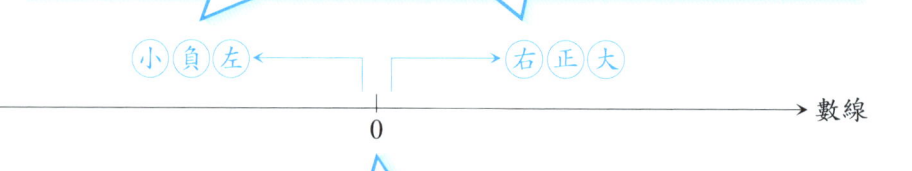

⟵ 小 負 左　　　右 正 大 ⟶

⟵─────────0─────────⟶ 數線

① 在數線上任意「位置上一個點」，除了「標記」這個點的「位置」外，通常我們還會給它一個「點的代號（如：A, B, C 或甲，乙，丙）」及一個可以表現其代表的「實數對應值（或稱之）為點的坐標」（如：1（讀作：正1）、-1（讀作：負1））。

② 數線上「點」的「代號及坐標」通常用「代號（坐標）」的形態來表現，如：$A(1)$、$B(-1)$、$C(2)$、甲(-2)、…

③還有！還有！數線上任意「兩個點（兩個位置）」「相隔多長或多遠」？
數學家也一併給了規範：

$A(a)$ 跟 $B(b)$ 相隔多遠 $\stackrel{定義}{=}$ $A(a)$ 跟 $B(b)$ 的距離

$\stackrel{定義}{=}$ 右邊點的坐標 $-_{減}$ 左邊點的坐標 $\stackrel{定義}{=}$ $\overline{AB}$

④特殊狀況：

數線上任意一個「點 $A(a)$」跟「原點 $O(0)$」的距離

$\stackrel{定義}{=}$ 實數或坐標的「絕對值」 $\stackrel{記}{=}$ $|a|$

⑤數稱數線上跟原點 $O(0)$ 等距離的兩點坐標互為「相反數」。

　　當你看了上述「數線」的解說，並自以為了解「數線」後，「數線」就要出招——弄些 QQ 來考驗你——你真懂嗎？懂多少？懂的品質好不好？你怎麼思考？你如何判讀這個 QQ 是在檢測你哪些面向的「數線」理解度？你如何選定「最佳或優質策略」來回答它？在回答 QQ 的過程有沒有需要「特別留意的陷阱」？

　　面對前述一波波的問號，我們將逐一來分析、歸納、提醒！而這樣的精神也將貫穿這套書，希望這樣的編寫軸線能有助讀者的數學學習成效提升！

重點整理1-2　應用的關鍵「特徵」及「策略」

應用 1

見「距離、坐標（位置的代表數）、含左右訊息的實數大小比較」，必「畫數線圖」並將題目已知訊息「標記在數線圖」上！

常配合下述概念來解題：
(A)「右正大且左負小」可判別「實數的大小」
(B) 線段長＝距離＝右邊點坐標 －減 左邊點坐標（當點可以判斷左右）
　　＝兩點「坐標差」的「絕對值」（當點無法判斷左右）
(C) 最終坐標＝起點坐標 ＋加 向右移動量 －減 向左移動量
(D) 因為「實數對應值或坐標 a」的絕對值＝點 $A(a)$ 跟原點 $O(0)$ 的距離，
　　所以，a 的絕對值＝$|a|$ 必定「非負」
(E) 因為 $A(a)$ 可能在原點 $O(0)$ 的「左邊（⇒ a 為負數）」、
　　「就在 $O(0)$ 上（⇒ a 為 0）」或「右邊（⇒ a 為正數）」，所以，可得：
　　$|a|=\begin{cases} a-0=a, a \geq 0 \text{（絕對值內「非負」時，「照抄」去絕對值符號）} \\ 0-a=-a, a \leq 0 \text{（絕對值內「非正」時，「全部變號」去絕對值符號）} \end{cases}$
(F) 坐標 a 的「相反數」$\overset{定義}{=}$ －負a　　　將「a」變號，即可！
(G) 只有「0 的絕對值＝0」

應用 2

見「絕對值符號」一定設法「去絕對值符號」！

見「絕對值符號」，必謹記「絕對值的最終結果，必非負」並善用「|非負|＝照抄；|非正|＝全部變號」及「含絕對值等式，由係數大的絕對值＝0」來討論去「絕對值符號」！

跟「絕對值」有關的討論，
「正、負、零」都要納入考量

重點整理 1-3　解開例題、弄懂策略

精選範例

例題 1　在數線上有 A、B 兩點，A 點表示的數是 6，A、B 相距 10 個單位長，求 B 點表示的數？

▶▶▶ Sol

∵依題意，可得數線圖：

```
   y    10     6    10    x
───●──────────●──────────●───
   B          A          B
```

（見「距離、坐標」必「畫數線圖」來協助解題）

∴由上述的數線圖，可得：$x - 6 = 10$ 或 $6 - y = 10$

（利用：距離 = 右邊點坐標 − 左邊點坐標）

（B 可能在 A 的「右邊、設坐標 x」，也可能在 B 的「左邊、設坐標 y」）

∴$x = 10 + 6 = 16$ 或 $y = 6 - 10 = -4$

▶▶▶ Ans

B 點的對應實數（坐標）為 16 或 −4

例題 2　下圖為五個車站 P、O、Q、R、S 在某一筆直道路上的位置。今有一公車距離 P 站 4.3 公里。距離 Q 站 0.6 公里，則此公車的位置會在哪兩站之間？

(A) R 站與 S 站　　(B) P 站與 O 站
(C) O 站與 Q 站　　(D) Q 站與 R 站

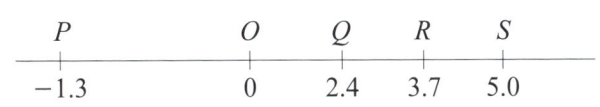

```
   P           O    Q    R    S
───●──────────●────●────●────●───
 −1.3         0   2.4  3.7  5.0
```

【基測 95】

▶▶▶ Sol

見「距離、坐標」必「畫數線圖」來協助解題

∵由題意，可得數線圖：

```
     P           O      Q      R      S
  ───┼───────────┼──────┼──────┼──────┼───
   -1.3         0     2.4    3.7    5.0
```

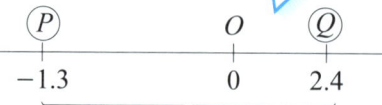

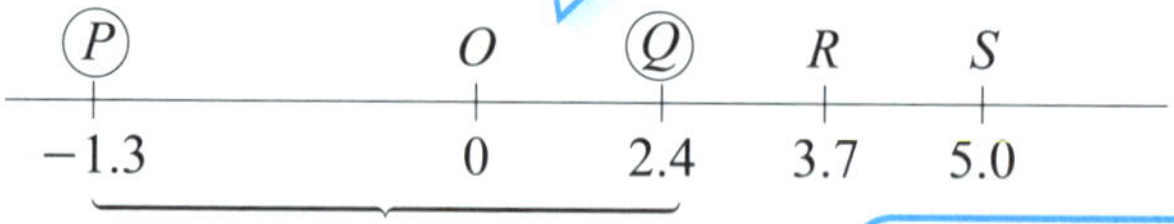

∵距 P 站 $4.3 >$ 距 Q 站 0.6
∴公車必在 P 的「右邊」

把題目訊息標記在數線圖上

∴由上述數線圖的訊息研判（公車在 P 的「右邊」且距 P 站 4.3 公里），

利用：最終坐標＝起點坐標＋向右移動量－向左移動量

可得知：公車坐標 $= -1.3 + 4.3 = 3$。
又因：$2.4 < ③ < 3.7$ ← 利用：坐標的大小，判斷公車的位置
所以，得知：公車在 Q 站跟 R 站之間

▶▶▶ Ans
(D)

例題 3 下圖表示數線上四個點的位置關係，且他們表示的數分別為 p、q、r、s。若 $|p-r|=10$，$|p-s|=12$，$|q-s|=9$，則 $|q-r|=$？
(A) 7　(B) 9　(C) 11　(D) 13

```
  ●────●──────────●──●──→
  p    q          r   s
```

【基測 97】

▶▶▶ Sol　見「距離、坐標（位置的代表數）」必「畫數線圖」來協助解題！

∵由題意，可得數線圖：

```
              10
         ┌─────────────┐
  ───┼───┼─────────┼──┼───
     p   q    (x)   r  s
              └─────┘
                9
         └─────────────┘
                12
```

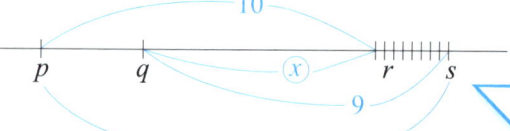

利用：坐標差的絕對值＝距離，並把題目訊息標記在數線圖上

設待求距離 $|q-r|$ 為 x

∴由上述數線圖，可得：
$10 + |r-s| = 12$　　$|p-r| + |r-s| = |p-s|$
且 $x + |r-s| = 9$　　$|q-r| + |r-s| = |q-s|$
∴可得：$|r-s| = 12 - 10 = 2$

∴可得：$x+2=9$ ← 把 $|r-s|=2$，代入：$x+|r-s|=9$
∴可得：$x=9-2=7$

▶▶▶ Ans
(A)

例題 4 設整數甲的絕對值比 5 大且不小於 12，試求甲數？

▶▶▶ Sol
依題意可得：
$5<|甲|\leq 12$ 且甲為整數
∵ 只知甲為整數，未知「正、負」
∴ 甲可能「非負」也可能「非正」
∴ $|甲|=\begin{cases}甲，當甲是非負\\-甲，當甲是非正\end{cases}$ ← 利用：「|非負| = 照抄；|非正| = 全部變號」，去絕對值符號

∵ $|甲|=6, 7, 8, 9, 10, 11, 12$ ← 利用：$5<|甲|\leq 12$ 且甲為整數

∴ $\begin{cases}甲=6, 7, 8, 9, 10, 11, 12\\-甲=6, 7, 8, 9, 10, 11, 12\end{cases}$

∴可得：甲 = ±6, ±7, ±8, ±9, ±10, ±11, ±12

▶▶▶ Ans
甲 = ±6, ±7, ±8, ±9, ±10, ±11, ±12

例題 5 $|12|+|7-9|+|-5|=乙$，試求乙的相反數？

▶▶▶ Sol
∵ $|12|=12$；$|7-9|=|-2|=2$；$|-5|=5$ ← 利用：「|非負| = 照抄；|非正| = 全部變號」，去絕對值符號
∴ $12+2+5=乙$
∴ 乙 = 19 ← 將上述「去絕對值符號」的結果，代回題目所給條件
∴ 乙的相反數 = -19

利用：坐標 a 的「相反數」$=-_負 a$（將 a 變號）

實數的生存法則

例題 6 設 a, b, c 三個整數滿足
$$3|a-5|+2|b+1|+|c+3|=1$$
試求 a, b, c 的值？

▶▶▶▶ Sol

絕對值方程式，必由「係數大者是否為零」下手討論！

∵ 如果：$|a-5|\neq 0$，則 $|a-5|\geq 1$ ←（∵ a 是整數 ∴ $a-5$ 也是整數）
∴ $3|a-5|+2|b+1|+|c+3|\geq 3+0+0 > 1$ ←（絕對值 ≥ 0）
∴ 題目所給等式不會成立！
∴ $|a-5|=0$
∴ $a-5=0$ ←（因只有「0 的絕對值 = 0」！）
∴ $a=5$

同理：如果 $|b+1|\neq 0$，則 $|b+1|\geq 1$ ←（∵ b 是整數 ∴ $b+1$ 也是整數）
∴ $3|a-5|+2|b+1|+|c+3|\geq 0+2+0 > 1$ ←（絕對值 ≥ 0）
∴ 題目所給等式不會成立！
∴ $|b+1|=0$
∴ $b=-1$ ←（因只有「0 的絕對值 = 0」！）

最後，再將上述結果代入題目所給等式，可得：
$|c+3|=1$
∴ 可得：$c+3=1$ 或 $-c-3=1$
∴ 可得：$c=1-3=-2$ 或 $c=-1-3=-4$

利用：「|非負| = 照抄」；「非正」= 全部變號，去絕對值符號

▶▶▶▶ Ans
$a=5$，$b=-1$，$c=-2$ 或 -4

例題 7 在數線上，$A(-40), B(-16)$，已知 C 為數線上某點，$\overline{BC}=10$，求 C 表示的數？

▶▶▶▶ Sol

見距離，坐標必「盡數線圖」來協助解題

∵ 依題意可得數線圖：

```
         A          C   10   B   10   C
    ─────●──────────●────────●────────●─────
        -40         y       -16       x
```

C 可能在 B 的「右邊，設坐標 x」，也可能在 B 的「左邊，設坐標 y」

∴ 由上述數線圖，可得 $x-(-16)=10$ 或 $-16-y=10$
∴ $x=10+(-16)=-6$ 或 $y=-16-10=-26$

> 距離＝右邊點坐標－左邊點坐標

▶▶▶ Ans
C 為 -6 或 -26

例題 8 如圖，已知數線上有 $A(x)$, $B(-5)$, $C(y)$, $D(5)$, $E(z)$ 五點，且 $\overline{AB}=\overline{BC}=\overline{CD}=\overline{DE}$，下列何者正確？

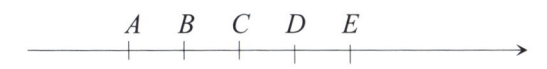

```
    A   B   C   D   E
————+———+———+———+———+————→
```

(A) $y>0$
(B) $x+(-5)+y+5+z>0$
(C) $x+z>0$
(D) $x+y+z=0$

▶▶▶ Sol

> 見「距離、坐標」必「畫數線圖」來協助解題

∵ 由題意，可得
```
    A    B    C    D    E
————+————+————+————+————+————→
    x   -5    y    5    z
```

> 把題目訊息標記在數線圖上

∵ $\overline{AB}=\overline{BC}=\overline{CD}=\overline{DE}$，其中 $\overline{BD}=|5-(-5)|=10$
∴ 由 $\overline{BD}=\overline{BC}+\overline{CD}$，可推得 $\overline{BC}=5=\overline{CD}$
∴ C 的坐標為 0
且 $\overline{AB}=\overline{BC}=\overline{CD}=\overline{DE}=5$

∴ 由上述可得數線圖
```
     A    B    C    D    E
————+————+————+————+————+————→
   -10   -5    0    5   10
```

∴ $x=-10$，$y=0$ 且 $z=10$
∴ (A) $y=0$ (B) $-10+(-5)+0+5+10=0$
  (C) $-10+10=0$ (D) $-10+0+10=0$
∴ 只有(D)正確

▶▶▶ Ans
(D)

實數的生存法則

例題 9 數線上有 A, B 兩點所表示的數分別為 a、b，且 $a<b$，$|b-a|=6$。若 B、C 兩點的距離為 9，則 A、C 兩點的距離為？

▶▶▶ Sol

見「距離、坐標（位置的代表數）」必「畫數線圖」來協助解題

∵ 由題意可得數線圖

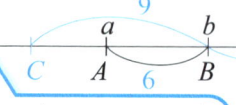

∵ $a<b$ ∴ b 在 a 的右邊

C 可能在 B 的右邊或在 B 的左邊

利用差的絕對值＝距離，並把題目訊息標記在數線圖上

▶▶▶ Ans

∴ 由圖可得知 A, C 兩點的距離為 $9-6=3$（左邊 C）

或 $6+9=15$（右邊 C）

例題 10 若 $|a+7|+|b-5|+|c|=0$，試求 $a+b+c$ 的值？

▶▶▶ Sol

只有 0 的絕對值＝0

依題意，可得：$|a+7|=0$，$|b-5|=0$，$|c|=0$

∴ $a+7=0$，$b-5=0$，$c=0$

∴ $a=-7$，$b=5$，$c=0$

代入題目等式，可得 $a+b+c=-7+5+0=-2$

▶▶▶ Ans

-2

例題 11 設 a, b, c 三個整數，若 $3|a-4|+|2+b|+5|c-7|=2$

試求 $a+b+c$ 的值？

▶▶▶ Sol

絕對值方程式，必由「係數大者是否為零」下手討論

∵ 如果 $|c-7|≠0$，則 $|c-7|≥1$

∵ c 是整數

∴ $c-7$ 也是整數

∴ $3|a-4|+|2+b|+\boxed{5|c-7|} ≥ 0+0+\boxed{5}>2$

∴ 題目所給等式不會成立

∴ $|c-7|=0$

絕對值 ≥ 0

∴ $c-7=0$

因只有「0 的絕對值＝0」！

∴ $c=7$

同理：如果 $|a-4|≠0$，則 $|a-4|≥1$

∵ a 是整數

∴ $a-4$ 也是整數

∴ $\boxed{3|a-4|}+|2+b|+5|c-7| \geq \boxed{3}+0+0 > 2$ ← 已知：$c=7$
∴ 題目所給等式不會成立！ ← 絕對值 ≥ 0
∴ $|a-4|=0$
∴ $a-4=0$ ← 因只有「0 的絕對值 = 0」
∴ $a=4$ ← 已知：$a=4$ 且 $c=7$

最後，再將上述結果代入題目所給等式，可得：$|2+b|=2$
∴ 可得 $2+b=2$ 或 $-2-b=2$ ← 利用：「非負」= 照抄；「非正」= 全部變號，去絕對值符號！
∴ 可得 $b=2-2=0$ 或 $b=-2-2=-4$

▶▶▶ Ans
$a+b+c = 4+0+7 = 11$ 或 $4-4+7 = 7$

例題 12　若 |甲數| > |乙數| ← 跟絕對值有關的「可能性討論」，「正、負、零」都要納入考量
下列何者錯誤？
(A) 甲可能大於乙　(B) 乙可能為 0　(C) 乙可能大於甲　(D) 甲可能為 0

▶▶▶ Sol
∵ 甲、乙可能正或負
∴ 可取甲為 ±2，乙為 ±1 或 $\boxed{0}$ ← 題目只要求：|甲數| > |乙數|

▶▶▶ Ans
(D)　← 利用：「|非負| = 照抄；|非正| = 全部變號」，去絕對值

例題 13　$|甲 - 8| + |3 - 乙| = 0$，求甲 + 乙的相反數？

▶▶▶ Sol
依題意，可得：$|甲 - 8| = 0$，$|3 - 乙| = 0$
∴ 甲 $- 8 = 0$，$3 -$ 乙 $= 0$ ← 因只有「0 的絕對值 = 0」
∴ 甲 $= 8$，乙 $= 3$
又因：甲 + 乙 $= 8 + 3 = 11$
∴ 甲 + 乙的相反數為 -11

▶▶▶ Ans
-11

筆記欄

CHAPTER 2

整數的運算要領

2-1 整數運算要領整理
2-2 解開例題、弄懂策略

因為，在小學階段，我們已接受足夠的「整數運算」訓練與刺激。所以，理論上，我們在小學畢業前應已熟稔「整數運算」的所有規則與陷阱！然而，上了國中──「負整數」闖了進來，而這個極易造成「迷思概念」的傢伙，讓我們面對

「小 −減 大」、「正 ×乘 負」、「負 ×乘 負」、
「正 ÷除 負」、「負 ÷除 正」、「負 ÷除 負」、
「−減 負」、「+加 負」、「括號外有負號或 ×乘、÷除 負」、……

該如何處理？如何避免犯錯？通常都會帶給同學莫大的困擾。因此，實際從同學身上，歸納一些「整數運算要領」給讀者。希望能有效解決上述困擾。

重點整理2-1　整數運算要領整理

要領 1

進行「整數綜合四則運算」，必須先掌握：「有括號（依序：先小括號、再中括號、後大括號）最優先處理」；其次是：「先乘除、後加減」。

要領 2

−減 正 = +加 負；−減 負 = +加 正

要領 3

大 −減 小 = 正；小 −減 大 = −負（大 −減 小）；「負 +加 負」先將負號外提！

要領 4

「負數」被「±、×、÷」一定要用「±（負）、×（負）、÷（負）」來處理！

亦即：先將「負數部份」加「小括號」

要領 5

「連續乘、除」，先依「只有奇數個負乘、除才為負」決定「最終正、負號」後，再作其他運算。

要領 6

「負號外提或內放」或「負數外提或內乘、除」，原本「括號內」的所有數，「通通要變號」。

要領 7

「數、符號」的「前面」沒有「正、負號」都代表「正數」。

要領 8

「算式」第一個「數、符號」的「前面」，其「正號、加號」必省略！

要領 9

「已知數跟括號；已知數跟符號；括號跟括號；括號跟符號；符號跟符號」的「中間」沒有「加、減、乘、除號」都代表「乘」。

> 但「已知數跟已知數」的「中間」沒「±、×、÷」可能是「2位數、3位數、……」的意義！如：「23」代表「二拾三」不是「2×3」

要領 10

「任何算式」乘以 0，必為 0。但「任何算式」除以 0，必無意義！

要領 11

> 留意：同級運算的交換次序，千萬不要只交換「運算符號」，要記得「連同運算符號後的數」一併交換！

同級運算（＋、－同級；×、÷是另一組同級）可交換先後次序！

> 例如：
> 甲 $\pm$ A $\mp$ B ＝ 甲 $\mp$ B $\pm$ A；甲 $\times$ A $\div$ B ＝ 甲 $\div$ B $\times$ A

要領 12

「負數」被代入「算式」時，一定要先加「小括號」！

重點整理2-2 解開例題、弄懂策略

精選範例

例題 1 試求 (1) $[(-12)-18]-[(-3)-28]$
(2) $(-12)-[(-18)-(-3)-28]$

▶▶▶ Sol

(1) $[(-12)-18]-[(-3)-28]$
$= [(-12)+(-18)]-[(-3)+(-28)]$
$= [-(12+18)]-[-(3+28)]$
$= -30-[-30]$
$= -30+31$
$= 31-30=1$

（−減 正＝＋加 負 及「負數」被±、×、÷，先將負數加「小括號」）

（「負＋負」先將負號外提及外提負號要「通通變號」！）

（−減 負＝＋加 正）

（同級運算可交換次序）

(2) $(-12)-[(-18)-(-3)-28]$
$= (-12)-[(-18)+3+(-28)]$
$= (-12)-[-(18+28)+3]$
$= (-12)-[-(46)+3]$
$= (-12)-[3-(46)]$
$= (-12)-[3-46]$
$= (-12)-[-(46-3)]$
$= (-12)+43$
$= 43+(-12)=43-12=31$

（−減 負＝＋加 正，−減 正＝＋加 負 及「負數」被±、×、÷，先將負數加「小括號」）

（「負＋負」先將負號外提及外提負號要「通通變號」！）

（同級運算可交換次序）

（小 −減 大 ＝ −負（大 −減 小））

（同級運算可交換次序）

▶▶▶ Ans
(1) 1 ； (2) 31

例題 2 試求 $72 \div (-3) - 2 \times [15 - 2 \times (3-7)]$?

▶▶▶ Sol

$72 \div (-3) - 2 \times [15 - 2 \times (3-7)]$
$= -(72 \div 3) - 2 \times \{15 - 2 \times [-(7-3)]\}$
$= -24 - 2 \times \{15 + (-2) \times (-4)\}$
$= -24 - 2 \times \{15 + (2 \times 4)\}$
$= -24 - 2 \times \{15 + 8\}$
$= -24 - 2 \times 23$
$= -24 - 46$
$= -24 + (-46)$
$= -(24 + 46)$
$= -70$

（註解）「乘、除式」的最終正、負號，只有奇數個負乘、除方為負；小 -減 大 = -負（大 -減 小）

－減 正 = +加 負且「負數」被±、×、÷先加小括號

「乘、除式」的最終正、負號，只有奇數負乘、除才為負

括號先處理

乘、除先處理

－減 正 = +加 負

「負＋負」先將負號外提及外提負號要「通通變號」！

▶▶▶ Ans

-70

例題 3 試求 $[(-2)^2 \times (-3)^2 - (-5) \times 4 + 6] \div (-2)$?

（註解）此處的 $(-2)^2 \stackrel{\text{定義}}{=} (-2) \times (-2)$；$(-3)^2 \stackrel{\text{定義}}{=} (-3) \times (-3)$

▶▶▶ Sol

$[(-2)^2 \times (-3)^2 - (-5) \times 4 + 6] \div (-2)$
$= \{(2^2 \times 3^2) - [-(5 \times 4)] + 6\} \div (-2)$
$= \{36 - (-20) + 6\} \div (-2)$
$= \{36 + 20 + 6\} \div (-2)$
$= 62 \div (-2)$
$= -(62 \div 2)$
$= -31$

「乘、除式」的最終正、負號，只有奇數個負乘、除才為負

「負數」被±、×、÷，先將負數加「小括號」

－減 負 = +加 正

「乘、除式」的最終正、負號，只有奇數個負乘、除才為負

▶▶▶ Ans

-31

實數的生存法則

> 此處的 $x^2 \stackrel{定義}{=} x \times x$；$3x \stackrel{定義}{=} 3 \times x$

例題 4 試將 x 用 -3 代入 x^2+3x+5 中，並求其值？

▶▶▶ Sol

> 「負數」被代入「算式」時，一定要先加「小括號」

$(-3)^2 + 3 \times (-3) + 5$
$= 9 - (3 \times 3) + 5$
$= 9 - 9 + 5$
$= 5$

> 「乘、除式」的最終正、負號，只有奇數個負乘、除才為負

> 「負數」被代入「算式」忘了先加「小括號」時，就容易產生如下失誤：
> -3 代入 x^2
> $= -3^2$
> $= -(3 \times 3)$
> $= -9$

▶▶▶ Ans

5

例題 5 最大的負數是 -1

▶▶▶ Sol

錯誤⋯最大的負「整」數，才是 -1；「-0.1」也是負數，卻比「-1」大！

例題 6 試求 (1) $(-18)-(-21)+(-16)$
　　　　　 (2) $(-45)-[-2003+(-54)]$

▶▶▶ Sol

> $-_{減}$ 負 $= +_{加}$ 正

(1) 原式 $= -18 \boxed{+21} -16$

> $+_{加}$ 負 $= -_{減}$ 正

　　　$= 3 - 16$

> $-18+21 = 21-18 = 3$

　　　$= -13$

(2) 原式 $= (-45)-[-(2003+54)]$

> 「負＋負」先將負號外提及外提負號「通通變號」！

　　　$= -45 - (-2057)$
　　　$= -45 + 2057$

> $-_{減}$ 負 $= +_{加}$ 正

　　　$= 2057 - 45$

> 同級運算可交換次序

　　　$= 2012$

▶▶▶ Ans

(1) -13　(2) 2012

例題 7 試求 $|(-7)+(-12)|-|3+(-12)|+(-6)$

▶▶▶ Sol

原式 $=|-(7+12)|-|3-12|-6$ （「負＋負」先將負號外提及外提負號要「通通變號」）

$=|-19|-|-9|-6$ （＋加 負 ＝ －減 正）

$=19-9-6$ （$3-12=-(12-3)=-9$）

$=10-6$ （負號去絕對值為正）

$=4$

▶▶▶ Ans （先求 $19-9=10$）

4

例題 8 在已知：$x^0=1$，$x\neq 0$ 且 $x^2=x\times_乘 x$ 的前提下，A、B、C、D 四個同學分別做了四道題目，如下：

$A：7^0-(-7)^0=2 \qquad B：(-8)^2-8^2=0$
$C：(-6^2)+6^2=0 \qquad D：(-5^0)+(-5)^0=-2$

請問哪個同學做對了？

（「負數」代入「算式」時，應加「小括號」）

▶▶▶ Sol

$A：\because 7^0=1, (-7)^0=1$ （取 $x=7$ 及 -7 當 $x^0=1$ 的 x）

$\therefore 7^0-(-7)^0=1-1=0$

$\therefore$ 錯誤

$B：\because (-8)^2=(-8)\times(-8)=64$， （「乘、除式」的最終正、負號，只有奇數個負、乘、除才為負）

$\quad 8^2=8\times 8=64$

$\therefore (-8)^2-8^2=64-64=0$

$\therefore$ 正確

$C：\because -6^2=-6\times 6=-36, 6^2=6\times 6=36$

$\therefore (-6^2)+6^2=-36+36=0$

$\therefore$ 正確

（（非零數）$^0=1$，並留意「次方 0 給誰用」！）

$D：\because -5^0=-1, (-5)^0=1$ （取 $x=5$ 當 $x^0=1$ 的 x，可得 $5^0=1$ 且取 $x=-5$ 當 $x^0=1$ 的 x，可得 $(-5)^0=1$）

$\therefore (-5^0)+(-5)^0=-1+1=0$

$\therefore$ 錯誤

▶▶▶ Ans

B、C

筆記欄

CHAPTER 3

懂了整數運算的基本應用

3-1 應用的關鍵「特徵」及「策略」
3-2 解開例題、弄懂策略

重點整理3-1　應用的關鍵「特徵」及「策略」

應用 1

「乘」v.s.「加、減」的分配律：

甲 × （乙 ± 丙） = 甲 × 乙 ± 甲 × 丙 = 乙 × 甲 ± 丙 × 甲 = （乙 ± 丙） × 甲

> 「除」v.s.「加、減」：「只有加、減㊗後除」，才具分配律。亦即：
> （乙 ± 丙） ÷ 甲 = 乙 ÷ 甲 ± 丙 ÷ 甲

- 「加、減」算式有「共乘同型項」，必先外提「同型項」！
- 「加、減」算式「括號外，共乘同型項」，則可讓「同型項」同乘「加、減項」而展開！

應用 2

規律性「正、負交錯」，依「大 v.s.大 或 大 v.s.小 或 其他規律」分組配對處理。

應用 3

「組成項」有共有的「接近基準（如：× 拾、× 百……）」，則往「接近基準」進行「增減」調整。

應用 4

見「平均值」，必由「總量」下手列式解題！

> 總量 = 所有個別量的總和
> 　　 = 平均值 ×乘 總個數

「平均值」問題，有時會用「對應參考基準量」的「相對差量」來設定已知訊息，解題時，應留意！

> 相對差量 =^{定義} 真實量 −_{減} 參考基準量

應用 5

單位標準 ×_乘 讀數 = 絕對總量

「單位標準」改變的「讀數」判別,必由「絕對總量不變」下手列式解題!

應用 6

「整數解個數」、「時間、樓層、路燈、植樹的間隔數」問題,
一定要用「簡單狀況實例」來協助思考!

> 如:$-1 \leq x < 2$ 有 $-1, 0, 1$ 共 $2-(-1)$ = 3 個整數;
> ◉ 1 點走到 3 點,間隔 $3-1$ = 2 小時時間;
> ◉ 2 樓走到 4 樓,間隔 $4-2$ = 2 層樓高度;
> ◉ 頭尾都立一支路燈,有 2 間隔,共立 $2+1$ = 3 支路燈

應用 7

「循相同模式不斷延伸」的數學問題,必用「縮小規模」概念來協助思考!

重點整理3-2　解開例題、弄懂策略

精選範例

例題 1　已知 $119 \times 21 = 2499$，試求 $119 \times 21^3 - 2498 \times 21^2 = ?$

▶▶▶ Sol

$119 \times 21^3 - 2498 \times 21^2$
$= (119 \times 21 - 2498) \times 21^2$　　先外提同型項 21^2
$= (2499 - 2498) \times 441$　　將 119×21 及 21^2 分別乘開
$= 1 \times 441$　　括號先處理
$= 441$

見「加、減」算式有「乘同型項或共同項」必先外提同型項！

▶▶▶ Ans

441

例題 2　試求 $\left\{x(\dfrac{1}{y}+\dfrac{1}{z})+y(\dfrac{1}{z}+\dfrac{1}{x})+z(\dfrac{1}{x}+\dfrac{1}{y})+3\right\} \div (x+y+z)$ 之值，其中已知 $\dfrac{1}{x}+\dfrac{1}{y}+\dfrac{1}{z}=8$

▶▶▶ Sol

乍看之下，本題「沒有同型項」！但仔細觀察，卻又可看到「題目給的關鍵已知條件」$\dfrac{1}{x}+\dfrac{1}{y}+\dfrac{1}{z}=8$ 在算式中，卻又以「只缺部份項」的形態存在。

∴只需「補上缺項」，便可「創造出 $\dfrac{1}{x}+\dfrac{1}{y}+\dfrac{1}{z}$」的「同型項或共同項」！

∴可得：

$\left\{x(\dfrac{1}{y}+\dfrac{1}{z})+y(\dfrac{1}{z}+\dfrac{1}{x})+z(\dfrac{1}{x}+\dfrac{1}{y})+3\right\} \div (x+y+z)$

$=\left\{x(\boxed{\dfrac{1}{x}}+\dfrac{1}{y}+\dfrac{1}{z})+y(\dfrac{1}{x}+\boxed{\dfrac{1}{y}}+\dfrac{1}{z})+z(\dfrac{1}{x}+\dfrac{1}{y}+\boxed{\dfrac{1}{z}})+3\boxed{-1-1-1}\right\} \div (x+y+z)$

∵前面分別多加了 $x \times \dfrac{1}{x} = y \times \dfrac{1}{y} = z \times \dfrac{1}{z} = 1$
∴應予以扣回

$= \{x \times 8 + y \times 8 + z \times 8\} \div (x+y+z)$
$= 8 \times (x+y+z) \div (x+y+z)$
$= 8 \times 1$
$= 8$

把 $\dfrac{1}{x}+\dfrac{1}{y}+\dfrac{1}{z}=8$ 代入

把共同項 8，先外提

▶▶▶ Ans
8

∵同級運算可交換先後次序
∴先處理：$(x+y+z) \div (x+y+z) = 1$

指原來待求算數值的式子

見算式有「…」便知：
不可能直接計算！

例題 3 　試求 $(9999+9997+9995+\cdots+9001) - (1+3+5+\cdots+997+999)$

▶▶▶ Sol

規律性「正、負交錯」必分組配對處理！

原式 $= (9999-999)+(9997-997)+\cdots+(9001-1)$

括號
先處理

$= 9000 + 9000 + \cdots + 9000$
$= 9000 \times 500$
$= 4500000$

採用「大 v.s.大」的形態分組配對處理

由「$-999, -997, \cdots, -1$」可知：
共 $\dfrac{-1-(-999)}{2}+1 = 500$ 組

（用：$-5, -3, -1$ 共 ③ $= \dfrac{-1-(-5)}{2}+1$ 組來聯想！）

▶▶▶ Ans
4500000

例題 4 　試求 $2-3+4+5-6+7+8-9+10+\cdots$ 到 120 項的值？

∵算式呈現「$A-B+C$」這種「規律性正、負交錯」特徵
∴我們用「$A-B+C$」這個「規律」予以分組配對處理！

▶▶▶ Sol

原式 $= (2-3+4)+(5-6+7)+(8-9+10)+\cdots(119-120+121)$

$= 3+6+9+\cdots+120$

$= \dfrac{(3+120) \times 40}{2}$

$= \dfrac{123 \times 40}{2}$

$= 123 \times 20$

$= 2460$

由 3、6、9 分別為 $\boxed{1} \times 3$、
$\boxed{2} \times 3$、$\boxed{3} \times 3$ 共 3 個數，
可知：$3, 6, 9, \cdots$，
$120 = (\boxed{40} \times 3)$ 共 40 個數

∵「三個數」一組
∴120 項可分成 40 組
又因：第 40 組之前已有
「39 組共 $39 \times 3 = 117$ 個數」出現
∴第 40 組的第 1 項是
「由數字 2 開始的第 118 項」
∴第 40 組的第 1 項 $= 119$

▶▶▶ Ans
2460

等差梯形和：$a_1 + \cdots + a_n = \dfrac{(a_1+a_n) \times n}{2}$

也可以用：$\underbrace{(3+120)+(6+117)+\cdots\cdots}_{\text{共 20 組}}$ （採「小 v.s.大」分組）來處理

例題 5　試求 2991 + 2995 + 3000 + 2989 + 3011 + 3005 + 2998 + 2993 的值？

▶▶▶ Sol

原式 = (3000 − 9) + (3000 − 5) + (3000 + 0)
　　　+ (3000 − 11) + (3000 + 11) + (3000 + 5)
　　　+ (3000 − 2) + (3000 − 7)　　　共八組

= 3000 × 8 + (−9 − 5 + 0 − 11 + 11 + 5 − 2 − 7)
　　　　　　　　　　正、負對消

= 24000 − (9 + 2 + 7)
= 24000 − 18
= 23982

∵ 算式的組成項都蠻接近「3000」這個「基準量」
∴ 我們用「往基準量」靠近，並進行「增減調整」策略來解題！

外提「負號」時，括號內「全部變號」

▶▶▶ Ans
23982

∵ 八共組
∴ 有 8 個 3000

例題 6　試求 531 × 527 的值？

▶▶▶ Sol

原式 = (500 + 31) × (500 + 27)
= $\boxed{500}$ × (500 + 27) + $\boxed{31}$ × (500 + 27)
= [500 × $\boxed{500}$ + 500 × $\boxed{27}$] + [31 × $\boxed{500}$ + 31 × $\boxed{27}$]
= [25000 + 13500] + [16500 + 837]
= 45000 + 837
= 45837

∵ 本題「只有兩項相乘」
∴ 你想「直接計算」也可行！
但：若你仔細觀察，你可以看出「531 及 527」都很接近「500」這個「基準量」！因此，你也可以用「往基準量靠近，並進行增減調整」策略來解題！

「乘 v.s.加減」的利用：分配律予以展開！

再用一次：「乘 v.s.加、減」的分配律予以展開！

▶▶▶ Ans
45837

例題 7 試求 2468×25 的值？

▶▶▶ Sol

原式 $= 2468 \times (100 \div 4)$
$= 2468 \boxed{\times 100} \boxed{\div 4}$ ◀── 去括號
$= (2468 \boxed{\div 4}) \times 100$
$= 617 \times 100$
$= 61700$

同級運算可以交換先後次序

∵ 25 可以改寫成「$100 \div 4$」
∴ 有機會可以將算式往「100」這個「基準量」調整
∴ 我們可以採用：「往基準量靠近，並進行增減調整」策略來解題！

▶▶▶ Ans
61700

例題 8 試求 $9 + 49 + 299 + 8999 + 99999$ 的值？

▶▶▶ Sol

原式 $= (10 - \boxed{1}) + (50 - \boxed{1}) + (300 - \boxed{1}) + (9000 - \boxed{1}) + (100000 - \boxed{1})$
$= (10 + 50 + 300 + 9000 + 100000) - 1 - 1 - 1 - 1 - 1$
$= 109360 - 5$
$= 109355$

∵ 算式的組成項，都有「接的接近基準」，
　如：$9 \to 10$，$49 \to 50$，$299 \to 300$，…
∴ 我們採用：
「往基準量靠近，並進行增減調整」策略來解題！

「好的基準」較好計算，先配對處理！

▶▶▶ Ans
109355

例題 9 甲班學生共 41 人，第一次段考數學科平均 65 分，及格有 10 人，不及格的平均分數是 55 分，求及格的平均分數？

▶▶▶ Sol

設及格平均 x 分，故可得：

$65 \times 41 = x \times 10 + 55 \times (41 - 10)$
　全班總分　　及格總分　　　不及格總分
$\Rightarrow 2665 = 10x + 1705$
$\Rightarrow 960 = 10x$
$\Rightarrow x = 96$

見「平均值」，必由「總量」下手列式解題，其中：
全班總量 = 及格總量 + 不及格總量
且總量 = 平均值 ×乘 總個數

▶▶▶ Ans
96 分

例題 10　小明第一次段考分數，以數學 88 分為準，其他七科分數和數學相差分數如下表：

科　　目	數學	國文	英語	歷史	地理	公民	生物	健教
相差分數	0	+5	+7	+2	−5	+8	?	+4

(1)英語、地理各考多少分？
(2)若八科平均 91 分，則生物考多少分？

本題所給訊息是：對應「數學 88 分」的
「相對差量 $\stackrel{定義}{=}$ 真實量 $-_{減}$ 參考基準量」訊息
∴各科真實量 = 相對差量 $+_{加}$ 參考基準量

▶▶▶ Sol

(1)由題目訊息，可知：$\begin{cases} 英語實得分數 = \boxed{7} + 88 = 95 \\ 地理實得分數 = \boxed{-5} + \boxed{88} = 88 - 5 = 83 \end{cases}$

算式的第 1 個數值，「正號；加號」必省略！

正負先對消　　同級運算可以交換先後次序

(2)設生物的「相對差量分數」為 x
∴生物實得分數 $\boxed{x} + 88$ ← 這不是「實得分數」喔！
∴$91 \times 8 = 88 \times 8 + (0 + 5 + 7 + 2 - 5 + 8 + x + 4)$
　　　　　八科總分
∴$728 = 704 + 21 + x$
∴$x = 728 - 704 - 21$
　　$= 3$
∴生物實得分數 $= 3 + 88 = 91$

見「平均值」，必由「總量」下手列式解題，其中
八科總分 = 平均分數 × 8 科
　　　　 = 八科實得分數總和

▶▶▶ Ans
(1)英語 95 分，地理 83 分；
(2)生物 91 分

例題 11　一物品以 15 公斤為重量單位，測得的數為 12，若改以 20 公斤為重量單位，測得的數為多少？

▶▶▶ Sol

設以 20 公斤為重量單位，測得讀數為 x

∴依題意可得：$15 \times \boxed{12} = 20 \times \boxed{x}$

∴可得：$20x = 180$

∴$x = 9$

> ∵本題顯然是：
> 「單位標準」改變的「讀數」判別問題。
> ∴利用「絕對總量不變」來解題！

> 絕對總量＝單位標準 × 讀數

▶▶▶ Ans

9

例題 12　一銅線以 30 公尺為長度單位，測得的數為 8，若改以 12 公尺為長度單位，測得的數為多少？

▶▶▶ Sol

設以 12 公尺為長度單位，測得讀數為 x

∴依題意可得：$30 \times \boxed{8} = 12 \times \boxed{x}$

∴可得：$12x = 240$

∴$x = 20$

> ∵本題顯然是：
> 「單位標準」改變的「讀數」判別問題
> ∴利用「絕對總量不變」來解題！

> 絕對總量＝單位標準 × 讀數

▶▶▶ Ans

20

例題 13　大詩從一本書的 154 頁閱讀到 167 頁，小明從 95 頁閱讀到 235 頁，小華從 79 頁閱讀到 237 頁。他們總共閱讀了多少頁？

▶▶▶ Sol

∵1 頁到 3 頁共：$\boxed{3}$ 頁 $= (3 - 1) + \boxed{1}$ ← 首尾相減 +1

∴依題意及上述「簡單狀況實例」的觀察心得，

可得：$\underbrace{(167 - 154 + 1)}_{\text{大詩}} + \underbrace{(235 - 95 + 1)}_{\text{小明}} + \underbrace{(237 - 79 + 1)}_{\text{小華}} = 314$

▶▶▶ Ans

314 頁

> ∵本題顯然是「整數解個數」問題
> ∴為了避免弄不清「首尾數字相減後，要不要 ±1」的困擾
> ∴用「簡單狀況實例」來協助思考！

實數的生存法則

例題 14　在一條筆直道路的一旁有等間隔的 11 棵樹。第 1 棵樹與第 4 棵樹的距離是 120 公尺。試問第 1 棵樹到最後一棵樹之間的距離？

▶▶▶ Sol

∵ 第 1 棵到第 4 棵共：$\begin{cases} 3_{間距} = 4-1 \\ 距\ 120\ 公尺 \end{cases}$　首尾相減

∵ 本題顯然是「間隔」概念問題
∴ 為了避免弄不清「首尾相減後，要不要 ±1」的困擾
∴ 用「簡單狀況實例」來協助思考！

∴ 可得：每個間距長 $= 120 \div 3 = 40$ 公尺

又由題意及上述「簡單狀況實例」的觀察心得，
可得：$40_{公尺} \times (11-1)_{間距個數} = 40 \times 10 = 400$ 公尺

▶▶▶ Ans
400 公尺

例題 15　有一長條型鍊子，其外型由邊長為 1 公分的正六邊型排列而成。下圖表示此鍊之任一段花紋，其中每個黑色六邊形與 6 個白色六邊形相鄰。若此鍊上有 35 個黑色六邊形，則此鍊共有幾個白色六邊形？
(A)140　(B)142　(C)210　(D)212

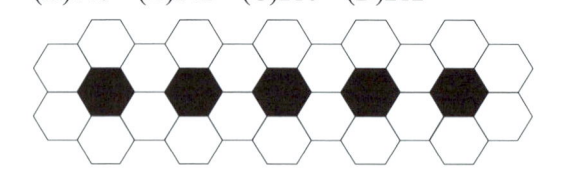

【基測 97】

∵ 本題顯然是：「循相同模式不斷延伸」的問題
∴ 我們採用：「縮小規模」概念來協助思考！

▶▶▶ Sol
首先，我們將「規模縮小」成「3 個黑色六邊形」

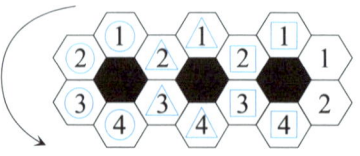

∵ 題目要求「35 個」
∴ 最保險方式也縮小規模到「奇數個」！

∴ 由上圖得知：
　每個「黑色」的「左側」都接鄰「4 個白色」
　最右「黑色」的「右側」比「其他黑色」多接鄰「2 個白色」
∴ 由上述「縮小規模」得到的觀察心得，可得：

$\boxed{35}$ 個「黑色」的「左側」共接鄰「$\boxed{35} \times 4$ 個白色」

且最右「黑色」的「右側」再多接鄰「$\boxed{2}$ 個白色」

∴所求 $= \boxed{35} \times 4 + \boxed{2} = 140 + 2 = 142$ 個白色

▶▶▶ Ans

142 個

（此處：2^{2009} 代表「2009」個「2」相乘）

例題 16 若 $2^{2009} - 2^{2008} - 2^{2007} = k \times 2^{2009}$，求 $k = ?$

▶▶▶ Sol

$2^{2009} - 2^{2008} - 2^{2007}$ （見「加、減」算式有「乘同型項或共同項」必先外提同型項！）

$= 2^{2007}(2^2 - 2^1 - 1)$ （先外提同型項 2^{2007}）

$= 2^{2007}(4 - 2 - 1)$

$= 2^{2007} \times 1$ （將次方乘開）

$= 2^{2007}$

$\Rightarrow 2^{2007} = k \times 2^{2009}$

$\Rightarrow 1 = k \times 2^2$ （兩側同約去 2^{2007}）

$\Rightarrow k = \dfrac{1}{2^2} = \dfrac{1}{4}$

▶▶▶ Ans

$\dfrac{1}{4}$

（此處「4^9」代表「9」個「4」相乘）

例題 17 $4^9 + 4^9 + 4^9 + 4^9 = 4^\square$，求 $\square = ?$

▶▶▶ Sol

$4^9(1 + 1 + 1 + 1)$ （把「同型項」4^9，先外提）

$= 4^9 \times 4$

$= 4^9 \times 4^1$

$= 4^{9+1} = 4^{10}$

▶▶▶ Ans

$\square = 10$

此處：$x^n = n$ 個 x 相乘

例題 18 求 $(-1)^1 + (-1^2) + (-1)^3 + (-1^4) + \cdots + (-1)^{49} + (-1^{50})$ 的值？

▶▶▶ Sol

留意：次方給誰用

∵ (-1) 的奇數次方還是 -1 且

$(-1^2) = -(1^2) = -1$，$-1^4 = -(1^4) = -1$，……

∴ 原式共有 50 個 -1「相加」

∴ 原式 $= -50$

▶▶▶ Ans

-50

例題 19 利用表㈠、㈡的規律，求 $(999999) \times (999999) + 1999999 = ?$

表㈠

$9 \times 9 = (10 - 1)^2$
$99 \times 99 = (10^2 - 1)^2$
$999 \times 999 = (10^3 - 1)^2$
$\vdots$

表㈡

$19 = 2 \times 10 - 1$
$199 = 2 \times 10^2 - 1$
$1999 = 2 \times 10^3 - 1$
$\vdots$

此處「9^2」代表「2」個「9」相乘

▶▶▶ Sol

由表可推得：$999999 \times 999999 = (10^6 - 1)^2$ 且

$1999999 = 2 \times 10^6 - 1$

∴ $(999999) \times (999999) + 1999999$

$= (10^6 - 1)^2 + (2 \times 10^6 - 1)$

$= [(10^6)^2 - 2 \times 10^6 \times 1 + 1^2] + 2 \times 10^6 - 1$

$= 10^{12} - 2 \times 10^6 + 1 + 2 \times 10^6 - 1$

$= 10^{12} - 2 \times 10^6 + 2 \times 10^6$

$= 10^{12}$

$(10^6 - 1)(10^6 - 1)$

∵ $10^6 = 6$ 個「10」相乘
∴ $(10^6)^2 = $ 兩組「6 個 10 相乘」$= $「$12$」個「$10$」相乘

▶▶▶ Ans

10^{12}

懂了整數運算的基本應用

此處：95^2 代表「2」個「95」相乘

例題 20 計算 $(95^2 - 93^2 - 91^2 + 89^2) + (87^2 - 85^2 - 83^2 + 81^2)$
$+ (79^2 - 77^2 - 75^2 + 73^2) = ?$

▶▶▶ Sol

$(95^2 - 93^2 \boxed{- 91^2 + 89^2}) + (87^2 - 85^2 \boxed{- 83^2 + 81^2}) + (79^2 - 77^2 \boxed{- 75^2 + 73^2})$

「正負」配對

$= (95^2 - 93^2) - (91^2 - 89^2) + (87^2 - 85^2) - (83^2 - 81^2)$
$+ (79^2 - 77^2) - (75^2 - 73^2)$

負號外提要變號

$= (95+93) \times (95-93) - (91+89) \times (91-89) +$
$(87+85) \times (87-85) - (83+81) \times (83-81) +$
$(79+77) \times (79-77) - (75+73) \times (75-73)$

$= 188 \times 2 - 180 \times 2 + 172 \times 2 - 164 \times 2 + 156 \times 2 - 148 \times 2$

$= 2(188 - 180 + 172 - 164 + 156 - 148)$ 先外提同型項 2

$= 2(8 + 8 + 8)$ 正負配對，先處理

$= 2 \times 24$

$= 48$

先用「分配律」導一般化公式：
$a^2 - b^2 = (a+b)(a-b)$

▶▶▶ Ans

48

例題 21 有 a, b, c, d, e 五種積木，由第一層照字母疊，由左而右，由上而下，請問第 18 層左邊算起第 18 個是哪一種積木？

第 1 層到第 18 層的最後 1 個，共用 $(1 + \cdots + 18)$ 個積木

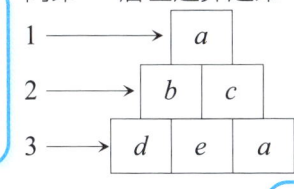

```
1 ──→  [ a ]
2 ──→  [ b ][ c ]
3 ──→  [ d ][ e ][ a ]
```

第 18 層的「最後一個」

▶▶▶ Sol

∵ 依序用「a、b、c、d、e」
∴ 每 5 個會從新由 a 開始

$(\boxed{1} + 2 + 3 + 4 + \cdots + \boxed{18}) \div 5$

$= [(1 + 18) + (2 + 17) + \cdots + (9 + 10)] \div 5$

「大 v.s.小」配對

$= (19 \times 9) \div 5$

$= 171 \div 5$

$= 34 \cdots 1$ 意謂：用了「34 組 a、b、c、d、e」後，再用「1 個」a

▶▶▶ Ans

a

筆記欄

CHAPTER 4

算盤展開圖及位值的威力

4-1 淺談算盤展開圖
4-2 不同記數系統的轉換
4-3 應用的關鍵「特徵」與「策略」—位值的威力
4-4 解開例題、弄懂策略

重點整理4-1　淺談算盤展開圖

「算盤展開圖」（Chip abacus expanded form），10 的 0 次方到 10 的 n 次方展開式，德國數學家認為這種表達型態很像中國的算盤，所以稱它為「算盤展開式」，也有向中國古代神奇的數學成就致敬之意。

算盤展開式是用來培養類比、類推等轉換能力的利器，它以 10 為記數基礎，在 10 進位的數學世界裡，如果可以盡量將算式往 10 的區間靠攏，可以節省很多計算時間，正確度也會比較高；一旦靈活運用，很多困難的數學問題都可以迎刃而解。

以下，試以一個例題，說明算盤展開式的概念：

某個社團作財富調查，調查結果如下：

a_n 個人擁有「10 的 n 次方」元；a_{n-1} 個人擁有「10 的 $n-1$ 次方」元……；a_0 個人擁有「10 的 0 次方」元，即 1 元。

也就是說，財富調查結果如下表：

財富	10^n	10^{n-1}	10^{n-2}	……	10^3	10^2	10	1
人數	a_n	a_{n-1}	a_{n-2}	……	a_3	a_2	a_1	a_0

那麼，社團成員共擁有多少錢？

答案如下：社團成員共擁有

$$a_n \times \boxed{10^n} + a_{n-1} \times \boxed{10^{n-1}} + a_{n-2} \times \boxed{10^{n-2}} + \cdots$$
$$+ a_3 \times \boxed{10^3} + a_2 \times \boxed{10^2} + a_1 \times \boxed{10} + a_0 \times \boxed{1} \text{ 元}$$

怕讀者不太理解上述「形態較為抽象」的解說，再用一個實際例子說明：

補充說明

假設現有一個社團的財富調查表如下：

財富	10^3	10^2	10	1
人數	4	3	2	1

社團成員共擁有：

$4 \times 10^3 + 3 \times 10^2 + 2 \times 10^1 + 1 \times 10^0$ 元

$= 4 \times 1000 + 3 \times 100 + 2 \times 10 + 1 \times 1$ 元

$= 4321$ 元（讀作：四三二一 元）

> 「4321」這組「冷冰冰」的數碼組合，如果只是依序讀其「數碼發音」，根本無法體會其「數值」的「大小」！但若細究「4321」代表「4個1000，3個100，2個10，1個1」而改讀作「4千3百2拾1」，那「4321」就有溫度與生命感了！

由前述例子，讀者應該察覺：

原來我們熟知的「10 進位」記數系統，可以用「算盤展開圖」來呈現其～「滿10就向左前進1位」及「感受數值大小」的精細內容！

緊接著，數學家又發揮「自尋煩惱」的特長，把「滿10進位」的「10進位」算盤展開圖，「類推」到「滿N進位」的「非10的N進位」記數系統上！

亦即：把

10^3	10^2	10	1
a	b	c	d

「10進位」記數系統的算盤展開圖

$abcd_{(10)} \stackrel{簡記}{=} abcd \stackrel{10進位數值}{=}$
$a \times \boxed{10^3} + b \times \boxed{10^2} + c \times \boxed{10} + d \times \boxed{1}$

每個「位置」，它對應的「數值大小」都不相同！如：「10」對應的「數值大小」為「幾個10」。故稱「位（置）（數）值」。

「類推」成

N^3	N^2	N	1
a	b	c	d

「N 進位」記數系統的算盤展開圖

$abcd_{(N)} \stackrel{\text{10進位數值}}{=} a \times \boxed{N^3} + b \times \boxed{N^2} + c \times \boxed{N} + d \times \boxed{1}$

∵「10 進位」滿 $\boxed{10}$ 就進位
∴「10 進位」只會出現「$\boxed{0}$、1、2、3、4、5、6、7、8、$\boxed{9}$」這 $\boxed{10}$ 個數碼！
同理：「N 進位」系統，只會出現「$\boxed{0}$, 1, …, $\boxed{N-1}$」等 $\boxed{N}$ 個數碼！

重點整理4-2　不同記數系統的轉換

「非10」的 N 進位記數系統，很有用！
（如：電腦系統就用到「0，1」組成的「2進位」記數系統）
但，對已習慣「10進位」記數系統的我們而言，
「$3456_{(N)}$」是一組沒感覺的「符號組合」而已！
所以，我們要學會：
（甲）把「人」沒 *fu* 的「$3456_{(N)}$」換成：人有 *fu* 的「$abcd$」，
（乙）把「人」已習慣的「$abcd$」轉成「其他世界習慣的」「$3456_{(N)}$」，
　　以利「其他世界」也了解「人」給了什麼數值。及
（丙）兩個「非10」進位世界：「N 進位」世界 v.s.「M 進位」，如何相互轉換？

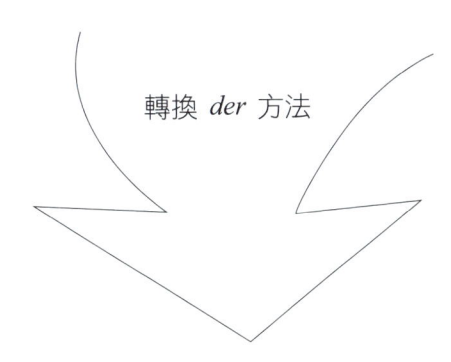

轉換 *der* 方法

例① $N \xrightarrow{\text{換成}} 10$ 的解法：直接利用「算盤展開圖」的10進位「數值等式」
試求
(1) $572_{(8)} = ?_{(10)}$
(2) $11011_{(2)} = ?_{(10)}$

Sol (1)「8」進位的算盤展開圖如下：

8^2	8	1
5	7	2

∴由上圖可知：$572_{(8)}$ 的十進位數值為

$5 \times \boxed{8^2} + 7 \times \boxed{8} + 2 \times \boxed{1}$

$= 320 + 56 + 2$

$= 378$

N^3	N^2	N	1
a	b	c	d

的 10 進位數值等式為：
$abcd_{(N)} = a \times \boxed{N^3} + b \times \boxed{N^2} + c \times \boxed{N} + d \times \boxed{1}$

(2)「2」進位的算盤展開圖如下：

2^4	2^3	2^2	2	1
1	1	0	1	1

∴由上圖可知：$11011_{(2)}$ 的十進位數值為

$1 \times \boxed{2^4} + 1 \times \boxed{2^3} + 0 \times \boxed{2^2} + 1 \times \boxed{2} + 1 \times \boxed{1}$

$= 16 + 8 + 0 + 2 + 1$

$= 27$

Ans (1) $572_{(8)} = 378_{(10)} \overset{簡記}{=} 378$

(2) $11011_{(2)} = 27_{(10)} \overset{簡記}{=} 27$

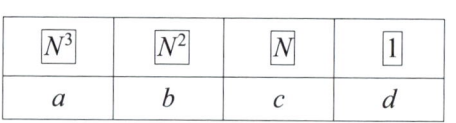

N^3	N^2	N	1
a	b	c	d

的 10 進位數值等式為：
$abcd_{(N)} = a \times \boxed{N^3} + b \times \boxed{N^2} + c \times \boxed{N} + d \times \boxed{1}$

例② $\boxed{10 \overset{換成}{\rightarrow} N}$ 的解法：利用「滿 N 進位」原則並由「最高位」填起。

試求
(1) $97_{(10)} = ?_{(5)}$
(2) $1435_{(10)} = ?_{(3)}$

如：10 進位的「8」要轉成 3 進位時，需問自己：「8」滿「幾個 3」及不滿「3」需留在原地的剩多少？

Sol (1) ∵ $\boxed{5^2} = 25 < \boxed{97} < 125 = \boxed{5^3}$

亦即：97 可以滿「多個 5^2」，但不滿「5^3」

∴ $\boxed{97}$ 顯然「不會在 $\boxed{5^3}$ 欄位出現」！

∴ 可得：$97_{(10)}$ 換成 $?_{(5)}$ 時，其算盤展開圖的「最高位」是「$\boxed{5^2}$」！

∴可得：待填數字的「5進位」算盤展開圖

5^2	5	1
3	4	4

step ①
∵ $97 = 3 \times 5^2 + 22$
∴ 5^2 欄位應填上 3
（亦即：97 足夠提供 3 個 5^2）

step ②
∵填完 5^2 欄位剩下 22
且 $22 = 4 \times 5 + 1$
∴ 5 欄位應上 4
（亦即：22 足夠提供 4 個 5）

step ③
∵填完 5 欄位剩下 4
且 $4 = 4 \times 1$
∴ 1 欄位應填上 4

∴經過 step ①～step ③ 的研判，我們完成上述算盤展開圖，並可得知：
$97_{(10)} = 344_{(5)}$

(2)看了(1)的解題過程，如果讀者已理解了「$10 \xrightarrow[成]{換} N$」的轉換原理，歐吉桑另外提供如下的「不停除以 N，再逆轉抄寫」算法，協助讀者快速完成「$10 \xrightarrow[成]{換} N$」的解題：

$3 \underline{|\ 1435}$
　$3 \underline{|\ 478}$ … 餘 1
　　$3 \underline{|\ 159}$ … 餘 1
　　　$3 \underline{|\ 53}$ … 餘 0
　　　　$3 \underline{|\ 17}$ … 餘 2
　　　　　$3 \underline{|\ 5}$ … 餘 2
　　　　　　 1 … 餘 2

逆轉抄寫

留意：
這個「餘 2」不是「1435」除以「3^6」後的「餘」喔！

這個「商 1」是除以「3^6」的「商」，其效果如同「1435」可以提供 1 個 3^6

接著再「逆轉抄寫」便可得所求：
$1435_{(10)} = 1222011_{(3)}$

Ans (1) $97_{(10)} = 344_{(5)}$
　　　(2) $1435_{(10)} = 1222011_{(3)}$

實數的生存法則

例③ $\boxed{N \xrightarrow{\text{換成}} M}$ 的解法：利用 $\boxed{N \xrightarrow{\text{換成}} 10 \xrightarrow{\text{換成}} M}$

試求 $281_{(9)} = ?_{(7)}$

Sol (1)首先將「$281_{(9)}$」換成「十進位」：

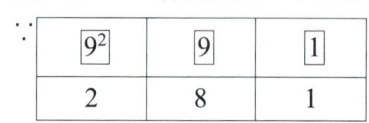

∵

9^2	9	1
2	8	1

∴可得：$281_{(9)}$ 的十進位數值為

$2 \times \boxed{9^2} + 8 \times \boxed{9} + 1 \times \boxed{1}$

$= 162 + 72 + 1$

$= 235$

N^3	N^2	N	1
a	b	c	d

的 10 進位數值等式為：
$abcd_{(N)} = a \times \boxed{N^3} + b \times \boxed{N^2} + c \times \boxed{N} + d \times \boxed{1}$

(2)再將(1)求得的「$235_{(10)}$」換成「7 進位」：

```
7 ) 235
7 )  33 … 餘 4
      4 … 餘 5
```

利用：「不停除以 7，再逆轉抄寫」

逆轉抄寫

∴可得：$235_{(10)} = 454_{(7)}$

∴由(1)、(2)，可得：$281_{(9)} = 454_{(7)}$

Ans $281_{(9)} = 454_{(7)}$

算盤展開圖及位值的威力

重點整理4-3　應用的關鍵「特徵」與「策略」——位值的威力

∵「算盤展開圖」的每個欄位，其代表的「10進位數值大小」都不相同
∴不同「位置」的欄位，它代表的「數值」也都不同！
∴用「位值」這個稱呼來命名它！

應用1

「N進位運算」，「高位數字」，涉及「位數判斷或個位、十位、百位、……的變化」及複雜年齡換算問題，必用「算盤展開圖」的位值概念來列式解題。

> 常需搭配：「高位（值）」數字「影響力較大」來思考！

應用2

「嵌數」問題，必由「是否進位，那一個符號出現最多，最高位（值）數字／最低位（值）數字」等重點下手！

> 只問「特定位數」，如只問：「個位數字、十位數字、…」問題，只需鎖定「個位數字、十位數字、…」來解題，即可！
> 亦即：不是「個位數字、十位數字、…」的項，通通不用理會它。

043

實數的生存法則

重點整理4-4 解開例題、弄懂策略

精選範例

例題 1 將八進位數 $267_{(8)}$ 轉換成十進位 = ?

▶▶▶ Sol

利用算盤展開圖

$\boxed{8^2}$	$\boxed{8^1}$	$\boxed{1}$
2	6	7

∴由上圖可知：$267_{(8)}$ 的十進位值為

$2 \times \boxed{8^2} + 6 \times \boxed{8^1} + 7 \times \boxed{1}$

$= 2 \times 64 + 48 + 7$

$= 183$

▶▶▶ Ans

183

例題 2 試求 $19.C_{(16)}$ 轉換成八進位，其中 $C = 12$

▶▶▶ Sol

利用算盤展開圖

16^1	$\boxed{16^0} = 1$	16^{-1}
1	9	C

由標準算盤展圖

N^3	N^2	N^1	1
a	b	c	d

及 $\boxed{1 = N^0}$，

可將上圖推廣到「含小數點」的算盤展開圖：

N^3	N^2	N^1	$\boxed{N^0 = 1}$	N^{-1}	N^{-2}
a	b	c	d	e	f

∴由上圖可知 $19.C_{(16)}$ 的十進位為

$16 \times \boxed{1} + 1 \times \boxed{9} + \dfrac{1}{16} \times \boxed{12}$

$= 16 + 9 + \dfrac{12}{16}$

$= 25 + \dfrac{6}{8}$

∵最後要求八進位
∴先約分成跟「8」有關的數

又因：

8^1	$8^0 = 1$	8^{-1}
3	1	6

▶▶▶ Ans

$31.6_{(8)}$

- 「$25 + \dfrac{6}{8}$」$\div 8 = \boxed{3} \cdots$ 餘「$1 + \dfrac{6}{8}$」
- 「餘 $1 + \dfrac{6}{8}$」$\div 8^0 = \boxed{1} \cdots$ 餘「$0 + \dfrac{6}{8}$」
- 「餘 $0 + \dfrac{6}{8}$」$\div \dfrac{1}{8} = \boxed{6}$

例題 3　一個男孩在寫出父親的年齡後，接著寫上他自己的年齡，構成一個 4 位數，然後他從這個 4 位數中減去他們的年齡差，得到數字 3586。試求男孩及其父親的年齡？

∵ 這是一個非單純「幾年前、幾年後年齡倍數關係」的「年齡問題」，而是一個涉及「兩組年齡結合成一個 大位數 」的「年齡問題」
∴ 我們應當優先考慮採用「算盤展開圖的位值概念」來列式解題！

▶▶▶ Sol

設父親 ab 歲且兒子 cd 歲
∴ 由父、子年齡組成的「4 位數」，其算盤展開圖，如下：

$\boxed{1000}$	$\boxed{100}$	$\boxed{10}$	$\boxed{1}$
a	b	c	d

注意！這裡的「ab 及 cd」是兩個「二位數」而不是「$a \times b$ 及 $c \times d$」

但因：題目給的已知條件，只有
「$abcd$ 減 $(ab - cd) = 3586$」
太過單薄
∴ 我們需「減少變數」！
∴ 我們只好把「ab」跟「cd」分別看成是「用 2 個符號」
來表現的「單一 或 不可分割」變數！
∴ 在上述要求下，依題意的已知訊息，可得：

通常：「變數」數量比「已知條件」多太多時，解題過程會變得相當艱難！

ab & cd 視為「不可分割」的「單一」變數

$\underset{\text{父子年齡合併所組成的 4 位數}}{abcd} = \boxed{ab00} + \boxed{cd} = \boxed{100 \times ab} + \boxed{1 \times cd} = 100 \times ab + cd$

及 $\boxed{3586} = \underset{\text{父子年齡合併所組成的 4 位數}}{abcd} - \underset{\text{父子年齡差}}{(ab - cd)} = (100 \times ab + cd) - (ab - cd) = \boxed{99} \times ab + \boxed{2} \times cd$

實數的生存法則

「3586 ÷ 99」得「商 36，餘 22」

又因：3586 = $\boxed{99} \times \boxed{36} + \boxed{22}$
　　　　　　= $99 \times \boxed{36} + 2 \times \boxed{11}$

∵ 已知「3586 = $\boxed{99} \times ab + \boxed{2} \times cd$」
∴ 應設法將「3586」化成跟「大數字 99」及「小數字 2」有關的等式

再將上式跟「3586 = $99 \times ab + 2 \times 11$」比較，
可得：$ab = 36$ 且 $cd = 11$

▶▶▶ Ans
父 36 歲；子 11 歲

例題 4 試求 $10^{92} - 83$ 的所有位數之數字和？

∵ 題目要求算「所有位數」的「數字和」
∴ 我們一定要掌握它的「個位、十位、百位、⋯」的每一個數字
∴ 一定要動用到「算盤展開圖的位值概念」來協助解題！

▶▶▶ Sol
∵ $10^{92} - 83$

$= \underbrace{100\cdots000}_{10^{92}\text{是一個 93 位數}}^{92\text{個 0}} - 83 = (\underbrace{99\cdots9900}_{92\text{位數}}^{90\text{個 9 且 2 個 0}} + 100) - 83 = \underbrace{99\cdots99}_{90\text{個 9}} \boxed{00} + \boxed{17}$

100 − 83 = 17

拆出一個「100」以便跟「83 互動」

$= \underbrace{99\cdots99}_{90\text{個 9}} \boxed{17}$

∴ 所求 = $\boxed{90} \times 9 + 1 + 7 = 818$

90 個「9」及 1 個「1」、1 個「7」

由「簡單實際狀況」：
$\underbrace{10000}_{5\text{位數}}^{4\text{個 0}} = \underbrace{9900}_{4\text{位數}}^{2\text{個 9 且 2 個 0}} + 100$

聯想類推！

▶▶▶ Ans
818

例題 5 有 2018 個由數字 1 所組成的不同正整數「1」、「$\underbrace{11}_{2\text{個}}$」、「$\underbrace{111}_{3\text{個}}$」、⋯、

「$\underbrace{111\cdots11}_{2018\text{個}}$」，將這 2018 個數相加所得的總和，其末三位數是多少？

∵ 題目涉及「特定位數（末三位）」的處理，
∴ 應採用「算盤展開圖的位值概念」來協助解題！

▶▶▶ Sol

$1 + \underbrace{11}_{2\text{個}} + \underbrace{111}_{3\text{個}} + \underbrace{1111}_{4\text{個}} + \cdots + \underbrace{111\cdots11}_{2018\text{個}}$ 的 末 3 位數

∵ 題目只求「加總」後的「末 3 位數」
∴ 鎖定「末 3 位數」來「加總」即可！

$= \boxed{(1+11)} + \underbrace{\boxed{111}}_{3\text{位數}} + (1000 + \underbrace{\boxed{111}}_{4\text{位數}}) + \cdots + (\underbrace{111\cdots1000}_{2018\text{個}} + \boxed{111})$ 的 $\boxed{\text{末 3 位數}}$

$= \boxed{(1+11)} + (111 \times 2016)$ 的 $\boxed{\text{末 3 位數}}$

$= 12 + 223776$ 的 $\boxed{\text{末 3 位數}}$

$= 223788$ 的 $\boxed{\text{末 3 位數}}$

∴ 所有 $= 788$

▶▶▶ Ans

788

> 原來有「2018 個」數字，其中只有「1，11」兩個「不滿足三位數」，其他「2018 − 2 = 2016」個數字都可以「拆出 111」

例題 6 設 A、B、C、D 是 1～9 中的四個相異整數，其中 ABC 代表一個三位數（非 $A \times B \times C$），試求使直式成立的三位數 ABC 的值？

$$\begin{array}{r} ABC \\ \times D \\ \hline 1673 \end{array}$$

> ∵ 題目為典型的「嵌數」問題。
> ∴ 一定要由「是否進位、符號較多、最高位（值）數字／最低位（值）數字」等特徵著眼思考！

▶▶▶ Sol

由題目所給「直式」訊息，可得下述觀察重點：

① ABC 及 D 都是 1673 的正因數

② ABC 乘以 D 後，會「進位且只進位 1」

　∴ 可得：$D \neq 1$

　∴ D 只能是「2, 3, 4, 5, 6, 7, 8, 9」的其中一個整數

　又因已知：D 是「1673」的正因數

∴ 應試著把「2, 3, 4, 5, 6, 7, 8, 9」逐一去除「1673」，

　看看誰可以整除「1673」！

∵ 用 2～9 分別去「1673」後，發現「只有 7」可以整除

　「1673」且「$1673 = \boxed{239} \times \boxed{7}$」

∴ 可得：$ABC = 239$ 且 $D = 7$

> ∵ $ABC \times D = 1673$，其中 A、B、C、D 都是 1～9 中的相異整數

> 已知：$1673 = AB \times D$

▶▶▶ Ans

$ABC = 239$

> ∵ 如果 $D = 1$，
> 　則 $ABC \times D$ 不會進位
> ∴ $D \neq 1$

例題 7 試求 $\left|\dfrac{1111}{11111} - \dfrac{111}{1111}\right| = ?$　　（引進符號取代同型項，簡化題目）

▶▶▶ Sol

設 $\begin{cases} \dfrac{\boxed{1111}}{\boxed{11111}} = \dfrac{A}{11110+1} = \dfrac{A}{10A+1} \\ \dfrac{\boxed{111}}{\boxed{1111}} = \dfrac{B}{1110+1} = \dfrac{B}{10B+1} \end{cases}$

（$11110 = 1111 \times 10$ …位值展開）
（$1110 = 111 \times 10$ …位值展開）

又因：$\dfrac{A}{10A+1} = \dfrac{A(10B+1)}{(10A+1)(10B+1)} = \dfrac{10AB+A}{(10A+1)(10B+1)}$

且 $\dfrac{B}{10B+1} = \dfrac{B(10A+1)}{(10B+1)(10A+1)} = \dfrac{10AB+B}{(10B+1)(10A+1)}$

（先通分，再整併）

$\therefore \left|\dfrac{1111}{11111} - \dfrac{111}{1111}\right| = \left|\dfrac{10AB+A}{(10A+1)(10B+1)} - \dfrac{10AB+B}{(10A+1)(10B+1)}\right|$

$= \left|\dfrac{A-B}{(10A+1)(10B+1)}\right| = \left|\dfrac{\boxed{1111}-\boxed{111}}{\boxed{11111} \times \boxed{1111}}\right| = \dfrac{1000}{12344321}$

▶▶▶ Ans

$\dfrac{1000}{12344321}$

例題 6 試求 $2005 \times 20062006 - 2006 \times 20052005 = ?$

▶▶▶ Sol

（引進符號取代同型項，簡化式子）

$\boxed{2005} \times 20062006 - \boxed{2006} \times 20052005$

$= \boxed{a} \times (20060000 + 2006) - \boxed{b} \times (20050000 + 2005)$
$= a \times (10000 \times b + b) - b \times (10000 \times a + a)$
$= a \times 10001 \times b - b \times 10001 \times a$
$= 10001 \times a \times b - 10001 \times a \times b$
$= 0$

▶▶▶ Ans

0

（「位值」展開）

CHAPTER 5

「整數」的因數與倍數

5-1 你必須要先知道的因倍數概念

5-2 應用的關鍵「特徵」及「策略」

5-3 解開例題、弄懂策略

重點整理5-1　你必須要先知道的因倍數概念

> ● 「倍數」可以拆成「因數」的乘積
> ● 「因、倍數」必限縮在「整數」世界內討論

① 三個 整數 甲、乙、丙，如果滿足 甲＝乙×丙 ，則稱：「乙、丙」是甲的 因數 ，甲是「乙、丙」的 倍數 。

② 質數 $\stackrel{\text{定義}}{=}$ 「只」有兩個「相異正因數」的「正」整數。

∵「1」只有「1」一個正因數
∴「1」不是「質數」

● 「2」是「最小」也是「唯一」的偶質數
● 質數 $\stackrel{\text{只能}}{=}$ 1 × 自己 或 (−1) × (−自己)

③ 合數 $\stackrel{\text{定義}}{=}$ 「不只」兩個「相異正因數」的整數。

「1」不是質數，也不是合數　　「4」是「最小正合數」

「非1的數」可以寫成「非1 × 非1」形態，必為「合數」

④ 如果 甲數 同時為某幾個整數的「共同因數」，我們便稱 甲數 是這些整數的「公因數」。

公因數中最大的那一個「正整數」，就是這幾個整數的「最大公因數 (g.c.d)」（必為正整數），記為：$(a, b, \ldots\ldots)$，例如：30, 25, 70 最大公因數＝(30, 25, 70)。

⑤ 如果 甲數 同時為某幾個整數的「共同倍數」，我們便稱 甲數 是這些整數的「公倍數」。

公倍數中最小的那一個「正整數」，就是這幾個整數的「最小公倍數 (l.c.m)」（必為正整數），記：$[a, b\ldots\ldots]$，例如：30, 25, 70 的最小公倍數＝[30, 25, 70]。

⑥如果兩個（或更多個）整數的最大公因數是 1，我們便稱兩個（或更多個）整數「互質」。

一些「因倍數」概念的細部重點：
- 「因數可正、可負」；「倍數可正、可負、可 0」
- 「質數、質因數、最大公因數、最小公倍數必正」
- 任何整數：
  必有「±0 及 ±自己」的「倍數」，
  必有「±1 及 ±自己」的「因數」
- 一個正數「自己是自己的最大正因數及最小正倍數」！
- 「0」是任何數組的「非正整數」的「公倍數」，
  但不是「最小公倍數 (l.c.m)」 ← 最小公倍數一定是「正整數」
- 「1」是任何數組的「最小正公因數」，
  但不是「最小公因數」
  ← 非最大公因數及非最小公倍數，不一定是「正整數」
- 數組「互質」⇔ 數組滿足：「只有 1」是「正公因數」
  或「1」是「最大公因數」或「沒有非 1」的「正公因數」
  ← 因此：「1」跟「任意整數」一定「互質」！

重點整理5-2　應用的關鍵「特徵」及「策略」

應用 1　（稱為「質數篩檢法」）

$\sqrt{n} \overset{定義}{\Leftrightarrow}$ 滿足：$\sqrt{n}$ 自己 $\times \sqrt{n}$ 自己 $= n$ 的「正數」

「如果 n 不為質數，則 n 必有不大於 $\sqrt{n}$ 的質因數」
～～～通常依序檢驗「不大於 $\sqrt{n}$」的「2, 3, 5, 7, 11, 13, 17, 19, 23, 29, 31, 37, …」是否能整除 n，如果：有一個能整除 n，則 n 就不是質數；反之，則 n 為質數

- 判別「繁雜數」是否為「質數」或執行「（標準）因數分解」的利器！
- 只需檢驗「不大於 $\sqrt{n}$」的「質數」能不能「整除 n」，即可！

說明：$\because n$ 不為質數
　　　$\therefore$ 可設：$n = p \times q$，其中 p, q 為 n 的「非 1 正因數」
　　　　　接著用「矛盾證明」的思維來進行論證，亦即：
　　　　　如果「$p > \sqrt{n}$ 且 $q > \sqrt{n}$」，則「$p \times q > \sqrt{n} \times \sqrt{n} = n$」
　　　　　會得一個與「$n = p \times q$」相互抵觸的結果！
　　　$\therefore$ 可知：「p, q」至少有一個「不大於 $\sqrt{n}$」。
　　　$\therefore$ 不失一般性，假設「p 不大於 $\sqrt{n}$」，
　　　　　又因：「p 的質因數（有可能是自己），也必定不大於 $\sqrt{n}$ 且也會是 n 的質因數」。
　　　$\therefore$ 得證：如果 n 不為質數，則 n 必有不大於 $\sqrt{n}$ 的質因數。

「整數」的因數與倍數

在小學，我們比較「習慣」用「整除（甲可以被乙、丙整除）」來理解「（公）因倍數」！但在國、高中時，卻比較喜歡用「甲＝乙×丙」來表現「（公）因倍數」訊息！

應用 2

見「質數」，必聯想 $\begin{cases} \text{「2」是唯一「偶質數」} \\ \text{質數} \underset{\text{分解}}{\overset{\text{只能}}{=}} 1 \times \text{自己 或} (-1) \times (-\text{自己}) \end{cases}$

亦即：若將「質數」分解成「$m \times n$」，則「m, n」必為「$\pm 1, \pm$自己」的組合。

複雜數 a, b 的 $g \cdot c \cdot d$ 也可以用「輾轉相除法： $a = bq + r \Rightarrow (a,b) = (b,r)$ 商、餘 被除數、除數 來求取！

見「甲＝乙×丙」，必聯想：「乙、丙」是甲的因數，甲是「乙、丙」的（公）倍數

一定是「正整數」

「正」整數自己是：自己的（最大）正因數，也是（最小）正倍數

應用 3

見「最大公因數 ($g.c.d$)」及「最小公倍數 ($l.c.m$)」問題，常搭配「令 $a = \boxed{d} \times h; b = \boxed{d} \times k$」，其中「$\boxed{d} = (a,b)$」並滿足：$(h,k) = (h \pm k, hk) = 1$，再討論「$h, k$」的可能數值，來解題！

善用「自己必整除自己」

- 已知「$g.c.d$」的數組，其「任一數」被 $g.c.d$ 除後的「商」，跟其他的數，一定「不會再有共同的非1（質）因數」

  亦即：數 $= g.c.d \underset{\text{乘}}{\times}$「與其他數互質之數」

- 多個數的「公因數」一定是「最大公因數」的「因數」，且多個數的「公倍數」一定是「最小公倍數」的「倍數」
- $[a, b] = d \times h \times k$
- $a \times b = (a, b) \times [a, b]$

實數的生存法則

應用 4

多個數,已知「兩兩相乘(或相加)」,必「先 全部 相乘(或相加),再跟 已知 分別相除(或相減)」或「從兩兩相乘的 共同項 是數組的公因數」下手解題!

例: $ab=6$;$bc=8$;$ca=12$(給三組「兩兩相乘」)
  $\Rightarrow (abc)\times(abc)=(ab)\times(bc)\times(ca)$ ← 先全部相乘
  $=6\times 8\times 12=2^6\times 3^2=(2^3\times 3^1)\times(2^3\times 3^1)$
  $\Rightarrow abc=\pm 2^3\times 3^1 \Rightarrow c=\dfrac{abc}{ab}=\dfrac{\pm 2^3\times 3^1}{6}=\pm 2^2$ ← 再跟已知的 $ab=6$ 相除

例: $a+b=6$;$b+c=8$;$c+a=12$(給三組「兩兩相加」)
  $\Rightarrow (a+b+c)+(a+b+c)=(a+b)+(b+c)+(c+a)$ ← 先全部相加
  $=6+8+12=2\times(3+4+6)=2\times 13$
  $\Rightarrow a+b+c=13 \Rightarrow c=(a+b+c)-(a+b)=13-6=7$ ← 再跟已知的 $a+b=6$ 相減

例: $ab=6$;$bc=8$(只給兩組「兩兩相乘」)
  $\Rightarrow b$ 是數組「6, 8」($ab=6$;$bc=8$)的公因數 $\Rightarrow b=\pm 1, \pm 2$

> 若「圖形拼湊」涉「邊角 v.s. 邊角」關係的「互動」,為掌握此「互動」應「繪圖」以彰顯此「互動」

應用 5

「圖形拼湊」問題,必由「(總)長度、(總)面積、(總)體積」公式下手列式!

留意:「是否有要求正方形(面積 = 邊長 × 邊長)、正方體(體積 = 邊長 × 邊長 × 邊長)」,常配合「標準因數分解」或「質數 = 1 × 自己」概念來解題。

> 既然「已繪圖」,就要記得將「已知訊息」標記在「圖形上」

054

「整數」的因數與倍數

應用 6

> 留意：最後「不再剪」的「正方形」也應計入

「正方形剪裁」問題：必取「次大邊」當「正方形邊長」，可求得「剪出最少正方形數」

> 如：長 15、寬 10 的長方形，如何剪？可剪出最少正方形。
> Ans：先剪出邊長 10 的正方形，剩下長 10、寬 5 的長方形，再剪出邊長 5 的正方形，剩下長 5、寬 5 的正方形，便停止！共剪出 3 個正方形。

見「（正）因數」互動，必用

「質因數」的連乘積，欲形成「尾部」有「0」，必由「2,5」組合下手

應用 7

標準因數分解的進階應用：

若 $A = p_1^{k_1} \times p_2^{k_2} \times p_3^{k_3} \times \cdots \times p_n^{k_n}$，則

見：「大數」，必「因數分解」

(A) 對標準因數分解式：$A = p_1^{k_1} \times p_2^{k_2} \times p_3^{k_3} \times \cdots \times p_n^{k_n}$，

必要時可以「補乘 1」成

$A = \boxed{1} \times \boxed{A = p_1^{k_1} \times p_2^{k_2} \times p_3^{k_3} \times \cdots \times p_n^{k_n}}$，以提醒自己「1 也是 A 的非質數正因數」！

(B) A 的正因數必具備「$p_1^{x_1} \times p_2^{x_2} \times p_3^{x_3} \times \cdots \times p_n^{x_n}$」之型態且

$0 \leq x_i \leq k_i, i = 1, \cdots, n$。

涉「全部」因數的問題，必用！

「0 次到最大次方」「總和」的「乘積」

由 (B) 可以直接推論出：

「次方 + 1」相乘

⊙ A 的正因數個數 $= (k_1 + 1) \times (k_2 + 1) \times (k_3 + 1) \times \cdots \times (k_n + 1)$

⊙ A 的正因數和 $= (p_1^0 + p_1^1 + \cdots + p_1^{k_1}) \times \cdots \times (p_n^0 + p_n^1 + \cdots + p_n^{k_n})$

∵「每個括號」取「一個數」出來「相乘」，便得一個「A 的正因數」
∴ 展開後，得「一個又一個」正因數「相加」

利用「$A = P \times \dfrac{A}{P}$」的「正因數成對或 $P = \dfrac{A}{P} = \sqrt{A}$ 單獨存在」可導出：

⊙ A 的正因數積 $= A^{\frac{\text{正因數個數}}{2}}$

A 可以寫成：整數² = A

⊙ A 的正因倒數和 $= \dfrac{A \text{ 的正因數和}}{A}$

⊙ A 是「完全平方數」
⇒「正因數個數」必「奇數個」且有一個正因數自乘 = A

⊙ A 的正因數「最小 × 最大 = 次小 × 次大 = ⋯ = A」

常配合：
「因數」的質因數「種類及次方」不能比「倍數」的質因數「種類及次方」還「多」；意即：

⊙「因數」的質因數：種類可以少、次方可以少，甚至少到 0 次，但絕不可多於「倍數」的質因數「種類及次方」

(C) 因倍數判別規則：

> 「因倍數」判斷，優先取「大數」規則來使用！

1. 「2、4、8」的因倍數判別規則：

   個位數字、末兩位數字、末三位數字分別為 2、4、8 的倍數。

2. 「3、9」的因倍數判別規則：

   所有位數之總和，分別為 3、9 的倍數。

3. 「5、25」的因倍數判別規則：

   個位數字是 0 或 5（5 的倍數）；末兩位數字是 00（25 的倍數）

4. 「7、13」的因倍數判別規則：

   「由右至左」「每 3 個數字」成一個區間，依序為「第一區間、第二區間、……」，其（奇數區間和）減去（偶數區間和）分別為 7、13 的倍數。

5. 「11」的因倍數判別規則：

   「由右至左」，依序畫分為「第一位數、第二位數、……」，其（奇數位數和）減去（偶數位數和）為 11 的倍數。

可用：「算盤展開圖」來推導上述「因倍數判別規則」！

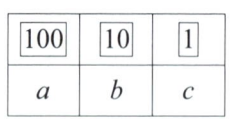

如：

100	10	1
a	b	c

$\Rightarrow$ 三位數 $abc = a \times \boxed{100} + b \times \boxed{10} + c \times \boxed{1}$

是「3、9」的倍數，必滿足：

$abc = (a \times 99 + b \times 9) + \boxed{(a+b+c)}$ 是「3、9」的倍數

$\Rightarrow$「$a+b+c$」是「3、9」的倍數

應用 8

見「除法、商、餘數、整除」，必用「除法等式：$a_{被除數} = b_{除數} \times q_{商} + r_{餘}，0 \leq r < |b|$」，並設法去掉「餘」，以便跟「（公）因數，（公）倍數」概念結合。

> 「餘 ≥ 0」且「餘 < |除數|」

> 「去餘」，變「整除」

> 「無整除」關係（⇔「無因倍數」關係）的「兩個整數」，就會造就所謂的「（有理）分數」。

「整數」的因數與倍數

應用 9

對「特定數字 k 的餘數」問題：
必先將「所有整數」，分成「$kn, kn+1, \ldots\ldots, kn+(k-1)$」等 k 類整數

> 配合「除法等式」！

> 亦即：將「所有整數」分成：被 k 除，餘「$0, 1, 2, \cdots, k-1$」等 k 類數

應用 10

「相遇、重逢、再一次」問題：
不是找 g.c.d.（最大公因數），便是找 l.c.m（最小公倍數），
但需先弄清楚「多久時間相遇、重逢一次」！

> 「變數」在「分母」的整數解問題，必用：
> ⊙ 去分母化整式
> ⊙ 分解整式，並移項「除」
> ⊙ 進行「可能因倍數」討論
> ⊙ 最後「解答」應代入「原分式」檢驗
>   會不會使分母為「0」？

應用 11

利用「整數離散性」進行「可能因數」的討論。

> 方程式的整數解，必：
> ⊙ 先化整式
> ⊙ 由係數大者，下手討論

應用 12

尤拉互質公式

由 $\boxed{1 \text{ 至 } A = p_1^{k_1} \times p_2^{k_2} \times p_3^{k_3} \times \cdots\cdots \times p_n^{k_n}}$ 中，

與 $\boxed{p_1 \text{ 互質}}$ 而與 $\boxed{p_2 \text{ 不互質}}$ 的正整數，共有 $A \times \boxed{\left(1-\dfrac{1}{p_1}\right)} \left(\dfrac{1}{p_2}\right)$ 個。

（互質 v.s. 非倍數；不互質 v.s. 倍數）

說明：如同，1～100 中「2」的倍數有「$100 \div 2 = 100 \times \dfrac{1}{2}$」個

∴ 1～A 中「與 p_2 不互質 $\overset{等同}{=}$ p_2 的倍數」有「$A \times \dfrac{1}{p_2}$」個

　且分別是：p_2 的「1 倍」，p_2 的「2 倍」，……，p_2 的「$A \times \dfrac{1}{p_2}$」倍

∴「所求」應從上述「$A \times \dfrac{1}{p_2}$」個 p_2 的倍數中，找出「有幾個」正整數滿足

「不是 p_1 的倍數（$\overset{等同}{\Leftrightarrow}$ 與 p_1 互質）」？

又因：1～$A \times \dfrac{1}{p_2}$ 中「與 p_1 不互質（$\overset{等同}{\Leftrightarrow}$ p_1 的倍數）」有「$A \times \dfrac{1}{p_2} \times \dfrac{1}{p_1}$」個

∴ 1～$A \times \dfrac{1}{p_2}$ 中「與 p_1 互質」有

「$A \times \dfrac{1}{p_2} - A \times \dfrac{1}{p_2} \times \dfrac{1}{p_1} = A \times \dfrac{1}{p_2} \times \left(1-\dfrac{1}{p_1}\right)$」個

∴ 得證：尤拉互質公式

> p_2 的「1 倍～$A \times \dfrac{1}{p_2}$ 倍」
> 中又與「p_1 不互質」者，
> 其「倍數 1～$A \times \dfrac{1}{p_2}$」必
> 為「p_1 倍數」

實數的生存法則

重點整理5-3　解開例題、弄懂策略

精選範例

例題 1　(1)求 4095 的標準分解式。
(2)從 1 到 15 的整數中，哪些數與 4095 互質？

▶▶▶ Sol

(1)
```
5 | 4095
3 |  819
3 |  273
7 |   91
     13
```

用「質數」2、3、5、7、11、13……去「除除看」！

$\because \sqrt{91} \approx 9$　∴只需檢驗「2, 3, 5, 7 ≤ 9」能否整除 91，即可！且檢驗發覺 7 可以整除 91

當遇到一個「較陌生」的整數，我們通常會擔心：用「質數」去「除除看」的動作，要進行到「何種地步」才能確保：「沒有」應繼續而沒繼續「除除看」的疑懼？

此時，用「質數篩檢法」（只需檢驗「不大於 $\sqrt{n}$」的「質數」）便可袪除此疑懼！

$\therefore 4095 = 3^2 \times 5 \times 7 \times 13$

(2)又因：$1=1$；$2=2$；$\boxed{3=3}$；$4=2\times 2$；$\boxed{5=5}$；$\boxed{6=2\times 3}$；$\boxed{7=7}$；$8=2^3$；$\boxed{9=3\times 3}$；$\boxed{10=2\times 5}$；$11=11$；$\boxed{12=2^2\times 3}$；$\boxed{13=13}$；$\boxed{14=2\times 7}$；$\boxed{15=3\times 5}$

∴上述加框者與 4095 皆有共同因數「3 或 5 或 7 或 13」
∴加框者皆不與 4095 互質
∴所求為：1、2、4、8、11

經「標準（因數）分解」後，找不到「共有質因數」者，必互質。

▶▶▶ Ans

(1) $3^2 \times 5 \times 7 \times 13$
(2) 1、2、4、8、11

∵「4095」由「3、5、7、13」組成
∴對「1～15」，我們也要先找它們和「3、5、7、13」的關聯性

「整數」的因數與倍數

例題 2 已知三個質數的和為 74，試求：較大兩個質數的和？

▶▶▶ **Sol**

∵「三質數和」= 74 為「偶數」

∴ 必「至少」有一個質數為「偶數」 ← 因：奇 + 奇 + 奇 = 奇

又因：「2」是唯一「偶質數」

∴ 必有一個「質數」為「2」

∴ 另兩個質數和 = 74 − $\boxed{2}$ = 72

▶▶▶ **Ans**

72

> ∵「N」代表「正整數」
> ∴「$a \in N$」，
> 意謂「a」是「正整數」

> 此處 $a^2 \stackrel{\text{定義}}{=} a \times a$

例題 3 設 $a \in N$，若 $p = (a^2 - 22a + 121)(a^2 - 2a + 137)$ 是質數，則 $p^2 - 9 = $ _____

▶▶▶ **Sol**

由「質數」特性，可得：

$\boxed{a^2 - 22a + 121} = \pm 1$ 或 $\boxed{a^2 - 2a + 137} = \pm 1$

> ∵ 質數 $\stackrel{\text{只能}}{=} (\pm 1) \times (\pm 自己)$
> ∴ p 的「分解式」，必有「一項」是「± 1」！

但因：$\begin{cases} a^2 - 22a + 121 = (a-11)^2 \geq 0 \\ a^2 - 2a + 137 = (a-1)^2 + 136 \geq 136 \end{cases}$

∴ $\begin{cases} a^2 - 22a + 121 \neq -1 \\ a^2 - 2a + 137 \neq \pm 1 \end{cases}$

∴ $a^2 - 22a + 121 = 1$

∴ $a^2 - 22a + 120 = 0$

⇒ $(a-12)(a-10) = 0$ ⇒ $a = 12, 10$

∴ $p = a^2 - 2a + 137 = 257, 217$

> 把 $a = 12, 10$ 代入 $p = a^2 - 2a + 137$

> ⊙ $(a-11)^2$
> $= (a-11) \times (a-11)$
> $= a \times (a-11) - 11 \times (a-11)$ ← 分配律
> $= a \times a - a \times 11 - 11 \times a - 11 \times (-11)$
> $= a^2 - 22a + 121$ ← 分配律
> ⊙ 同理：
> $(a-1)^2 = a^2 - 2a + 1$

又因：

Case (1) 當 $a = 12$ 時，$p = 1 \times 257 = 257$ 為質數

Case (2) 當 $a = 10$ 時，$p = \boxed{1 \times 217} = \boxed{7 \times 31}$ 不為質數

> 質數 $\stackrel{\text{只能}}{=} (\pm 1) \times (\pm 自己)$

∴ $a = 12$ ∴ $p = 257$

∴ $p^2 - 9$

$= 257^2 - 9$

$= 66040$

▶▶▶ **Ans**

66040

實數的生存法則

例題 4 若 a 是正整數且 $(2a-7) \times (2a+3)$ 是質數，則 $a=$?

▶▶▶ Sol

$\because (2a-7) \times (2a+3)$ 是「質數」

∴ $2a-7 = \pm 1$ 或 $2a+3 = \pm 1$

又因：「$2a+3$」>「$2a-7$」且 $2a+3 > 0$

∴「$2a-7$」也是「正整數」

∴ $2a - 7 \stackrel{當}{=} 1$

∴ $2a = 8$

∴ $a = 4$

> 質數 $\stackrel{只能}{=} (\pm 1) \times (\pm 自己)$

> ∵ a 是正整數

> $2a$「加正」比 $2a$「減正」大

> ∵「$2a-7$」<「$2a+3$」
> ∴ 取「小數 $\stackrel{當}{=} 1$」

> ∵ $2a+3 > 0$，質數 > 0 且
> $(2a-7) \times (2a+3)$ 是質數 > 0
> ∴ $2a - 7 > 0$

▶▶▶ Ans

$a = 4$

例題 5 已知某個三位數，其百位、十位、個位數字分別為 $1, a, b$。若這個三位數跟 72 的最大公因數是 12，試求 $a+b$ 之值？

> □ 只能取「跟 2、3」無關的「質數組合」

▶▶▶ Sol

利用：「數 $= g.c.d$」×「與其他數互質之數」

因 $12 = 2^2 \times 3$ 為「三位數 $1ab$」跟「$72 = 2^3 \times 3^2$」的最大公因數

∴ 可以設：「（三位數）$1ab = 12 \times$ □」，其中 □ = 與「72」互質之「正整數」

又因：$12 \times \boxed{5}$（<100 不合）；$12 \times \boxed{7}$（<100 不合）；$12 \times \boxed{11} = \boxed{132}$；$12 \times \boxed{13} = \boxed{156}$；

$12 \times \boxed{17} = 204$（$>200$ 不合）

∴ $a + b = 3 + 2$ 或 $5 + 6$

∴ $a + b = 5$ 或 11

> 「$1ab$」為「百位數字 = 1」的「三位數」

▶▶▶ Ans

$a + b = 5$ 或 11

> ∵「$1ab$」只可能是「$1\boxed{32}$ 及 $1\boxed{56}$」
> ∴「$a+b$」只剩「$3+2$、$5+6$」兩種可能！

> $12 \times$ □
>
> Q：可不可以「填入」：
> 5×7、5×11、…… 呢？
> （為了與「2、3」互質）
> （不可以「含 2、3」）
>
> Ans：當然不行！

> ∵ $12 \times \boxed{17} = 204 > 200$
> 已超過「$1ab$」的「最大值」
> ∴「5×7、5×11、……」
> 都不適合當 □！

「整數」的因數與倍數

> 意謂：a, b 是正整數

例題 6 設 $a, b \in N$，$a - b = 34$，$[a, b] = 255$（a, b 的最小公倍數），試求 a, b 之值？

▶▶▶ Sol

> 涉及兩個整數的 g.c.d（最大公因數）與 l.c.m（最小公倍數）之討論，必設「$a = d \times h$，$b = d \times k$」且 $(h \pm k, h \times k) = 1$

設 $a = d \times h$，$b = d \times k$，$d = (a, b)$

> $\because (hk, h \pm k) = 1$ $\therefore d = (255, 34)$

$\therefore [a, b] = d \times h \times k = 255$ 且 $a - b = d \times (h - k) = 34$

又因：d 為 255 及 34 的最大公因數

> 最小公倍數 $= [a, b] = d \times h \times k$，
> 最大公因數 $= d = (a, b)$ 且 $(a, b) \times [a, b] = a \times b$

$\therefore d = 17$

> $d \times h \times k = 255$ 且 $d \times (h - k) = 34$

$\therefore \begin{cases} h \times k = 15 \\ h - k = 2 \end{cases}$

$\therefore h = 5$ 且 $k = 3$

$\therefore \begin{cases} a = d \times h = 17 \times 5 = 85 \\ b = d \times k = 17 \times 3 = 51 \end{cases}$

> $\because h \times k = 15$
> $\therefore$
>
> | h | 15 | 5 | 3 | 1 |
> |---|---|---|---|---|
> | k | 1 | 3 | 5 | 15 |
>
> 又因：$h - k = 2$
> $\therefore h = 5$ 且 $k = 3$

▶▶▶ Ans

$a = 85$，$b = 51$

> 意謂：a, b, c 是正整數

例題 7 設 $a, b, c \in N$，並滿足 $(a, b) = 5$，$(b, c) = 2$，$(c, a) = 3$，$[a, b] = 30$ 且 $[b, c] = [c, a] = 120$，試求 a, b, c 之值？

> 涉及兩個整數的 g.c.d（最大公因數）與 l.c.m（最小公倍數）之討論，可利用「$(a, d) \times [a, b] = a \times b$」來解題。

▶▶▶ Sol

$\therefore \begin{cases} a \times b = (a, b) \times [a, b] = 5 \times 30 = 150 = 2 \times 3 \times 5^2 \\ b \times c = (b, c) \times [b, c] = 2 \times 120 = 240 = 2^4 \times 3 \times 5 \\ a \times c = (a, c) \times [a, c] = 3 \times 120 = 360 = 2^3 \times 3^2 \times 5 \end{cases}$

> 見「兩兩乘」，則「全部乘」
>
> 先「因數分解」，才容易「乘除」！

$\therefore (abc)^2 = 2^8 \times 3^4 \times 5^4$

$\therefore abc = \pm(2^4 \times 3^2 \times 5^2)$

> $\because a, b, c$ 為「正」整數 $\therefore$「負」不合

$\therefore a = \dfrac{a \times b \times c}{\boxed{b \times c}} = 3 \times 5$，$b = \dfrac{a \times b \times c}{\boxed{a \times c}} = 2 \times 5$，$c = \dfrac{a \times b \times c}{\boxed{a \times b}} = 2^3 \times 3$

$\therefore a = 15$，$b = 10$，$c = 24$

> 取「$a \times b \times c = 2^4 \times 3^2 \times 5^2$」
> 分別除以「$b \times c = 2^4 \times 3 \times 5$」，
> 「$a \times c = 2^3 \times 3^2 \times 5$」，「$a \times b = 2 \times 3 \times 5^2$」

▶▶▶ Ans

$a = 15$，$b = 10$，$c = 24$

> 「全部乘」後，再「分別除」！

實數的生存法則

例題 8 a 是一個正整數，其所有正因數有：1、2、4、7、14、28。則 a 與 210 的最大公因數為何？
(A)4   (B)7   (C)14   (D)28   【基測 90】

▶▶▶ Sol

∵ a 的最大正因數為「28」
∴ $a = 28 = 2^2 \times 7$
又因：$210 = 2 \times 3 \times 5 \times 7$
∴ 所求 $= 2 \times 7 = 14$（取共有質因數的最小次方）
∴ 選(C)

> 善用：「正」整數是
> ● 自己的「最大」正因數
> ● 自己的「最小」正倍數

▶▶▶ Ans
(C)

例題 9   欲將 n 個邊長為 1 的小正方形，拼成一個長、寬皆大於 1 的矩形，且不會剩下任何小正方形，則 n 不可能為下列哪一個數？
(A)81   (B)85   (C)87   (D)89   【基測 90】

▶▶▶ Sol

設矩形長、寬分別為 x、y
∴ 矩形面積 $= n$（n 個小正方形）$= x \times y$（長 × 寬）
∵ $x > 1$ 且 $y > 1$
∴ n 不為「質數」
(A) $81 = 3 \times 27$（合數）
(B) $85 = 5 \times 17$（合數）
(C) $87 = 3 \times 29$（合數）
(D) $89 = 1 \times 89$（質數）
∴ 選(D)

> 「圖形拼湊」問題，必由「（總）面積、（總）體積」下手

> ∵「質數」只能寫成「1 × 自己」
> ∴「非1數」可以寫成「非1 × 非1」形態，必為「合數」

▶▶▶ Ans
(D)

「整數」的因數與倍數

例題 10 將 182 個面積為 1 的正方形，分別緊密的拼成面積為 84 與 98 的兩長方形 ABCD 與 EFGH。若 $\overline{AB}=\overline{EF}$ 且 $\overline{EF}>10$，則 $\overline{AB}=$?
(A)12 (B)14 (C)17 (D)21 【基測 94】

「圖形拼湊」必由「（總）面積，（總）體積」公式下手

▶▶▶ Sol

題目已知：$\overline{EF}=\overline{AB}>10$

∵ 兩塊長方形面積分別為 $84=\overline{AB}\times\overline{CD}$ 及 $98=\overline{EF}\times\overline{GH}=\overline{AB}\times\overline{GH}$
∴ $\overline{AB}=\overline{EF}>10$ 已知條件 為 84、98 的公因數

見「甲＝乙×丙」必聯想「因、倍」數

∵ $84=14\times 6$ 且 $98=14\times 7$
∴ 大於 10 的公因數為「14」
∴ $\overline{AB}=14$
∴ 選(B)

意謂：待求的 $\overline{AB}$ 是 84、98「大於 10」的「公因數」

因「圖形拼湊」涉及「邊 v.s.邊」的互動，所以「需繪圖」來協助思考

```
D        A E            H
         ↔
    84        98
C        B F            G
         ↔
```

要記得將「已知訊息」標記在「圖」上

▶▶▶ Ans

$\overline{AB}=\overline{EF}>10$

(B)

例題 11 如下圖，有甲、乙、丙、丁四種不相似的矩形，已知邊長均為正整數，其中有 2 個甲、1 個乙、2 個丙、1 個丁。今將這 6 個圖形拼成一個大的矩形，則其兩鄰邊的邊長分別為多少？

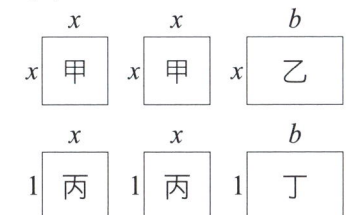

(A) $2x+1$、$x+b$
(B) $2x+b$、$x+1$
(C) $x+b$、$2x+1$
(D) $x+1$、$2x+2b$

```
     x        x        b
  ┌───┐    ┌───┐    ┌───┐
x │ 甲 │  x│ 甲 │  x│ 乙 │
  └───┘    └───┘    └───┘
     x        x        b
  ┌───┐    ┌───┐    ┌───┐
1 │ 丙 │  1│ 丙 │  1│ 丁 │
  └───┘    └───┘    └───┘
```

【基測 90】

063

▶▶▶ Sol

「圖形拼湊」由「（總）面積」下手

∵ 大矩形的面積
$= 2x^2 + bx + 2x + b$ 公因數外提
$= x(2x+b) + (2x+b)$ 公因數外提
$= (2x+b)(x+1)$
$\stackrel{令}{=}$ 長 × 寬   長方形面積 = 長 × 寬
∴ 邊長分別為 $2x+b$ 與 $x+1$
∴ 選(B)

▶▶▶ Ans

(B)

例題 12 有甲、乙兩種長方形紙板各若干張，其中甲的長為 85 公分，寬為 30 公分。乙的長為 85 公分，寬為 40 公分，如圖(A)所示。今依同種紙板不相鄰的規則，將所有紙板由左至右緊密排成圖(B)的長方形 ABCD，則下列哪一個選項可能是 $\overline{AC}$ 的長度？

(A) 770 公分
(B) 800 公分
(C) 810 公分
(D) 980 公分

為了「更清楚」掌握題目訊息，應將「已知訊息」標記在「圖形」上

注意：最「右」只有一個「甲」

【基測 90】

▶▶▶ Sol

四邊形 $ABCD$ = (甲 + 乙) × n 個 + 甲

∴ $\overline{AC}$ = (30 + 40) × n + 30 = 70 × n + 30

(A) 770 = 70 × 11
(B) 800 = 70 × 11 + 30
(C) 810 = 70 × 11 + 40
(D) 980 = 70 × 14

∴選(B)

▶▶▶ Ans

(B)

「甲乙」一組「重複出現」

設有「n 組」甲 + 乙

由「$\overline{AC}$」總長度下手

∵「圖形」$ABCD$，由「一堆 甲乙 」及「最右一個甲」拼湊而成
∴利用：「圖形拼湊」，必由「（總）長度、面積、體積」下手

例題 13 有 10 個正因數的最小正整數為何？

▶▶▶ Sol

1. 因為 10 = 10 × 1 = 5 × 2，
   所以，可能的數值必具備：
   $\square^{(10-1)} \times \boxed{\square}^{(1-1)} = \square^9$ 或 $\square^{(5-1)} \times \square^{(2-1)} = \square^4 \times \square^1$ 之型態。

利用「A 的正因數個數 = $(k_1+1) \times (k_2+1) \times (k_3+1) \times \cdots \times (k_n+1)$」概念來解題。

「10 × 1」的「1」是「無價值」因數

必須把「10」各種可能形態的「連乘積」都列出，才能往下討論！
如：換成「12」，則
$12 = \boxed{1} \times 12$ ←「無價值」因數
$= 2 \times 6 = 2 \times 2 \times 3$
$= 3 \times 4$

2. 其次，為使數值最小，必須將「小的質數放在大的次方下」。

∴可能符合的數值有：2^9 及 $2^4 \times 3^1$ 兩個

∴最小數值為 $2^4 \times 3^1 = 48$

▶▶▶ Ans

48

大的次方放在小的底數上，數值才會小

「$2^9 = 512$」 > 「$2^4 \times 3^1 = 48$」

實數的生存法則

> 見「大數」，必「因數分解」

> 所求的「主對象是99000」滿足「特定要求」的「正因數」

例題 14 可以整除 990000，而且本身是 9 的倍數，但不被 125 整除的正整數有幾個？又它們和是多少？

> 見「因數」問題，必「因數分解」

▶▶▶ Sol

> 利用「A 的正因數必具備型態 $p_1^{x_1} p_2^{x_2} p_3^{x_3} \times \cdots \times p_n^{x_n}$」概念來解題。

(1) 個數：

$\because 990000 = 2^4 \times 3^2 \times 5^4 \times 11^1$ 且

所有可能的正因數必具備 $\boxed{2^x \times 3^y \times 5^z \times 11^w}$ 之形態，

其中 $\boxed{x=0\sim 4, y=0\sim 2, z=0\sim 4, w=0\sim 1}$。

但因：題目又要求 $2^x \times 3^y \times 5^z \times 11^w$ 它必須是 9 的倍數

所以，y 至少為 2。

> $\because$「$9=3^2$」且所求是「9」的倍數
> $\therefore$ 所求「3 的次方」$\geq$「$\boxed{2}$」

同理，因為題目又要求 $2^x \times 3^y \times 5^z \times 11^w$ 它必須不是 125 的倍數，故 z 最多為 2。

$\therefore$ 可得：

$x=0\sim 4$ (5 個選擇～$\boxed{2^0, 2^1, 2^2, 2^3, 2^4}$)

$y=2$ (1 個選擇～$\boxed{3^2}$)

$z=0\sim 2$ (3 個選擇～$\boxed{5^0, 5^1, 5^2}$)

$w=0\sim 1$ (2 個選擇～$\boxed{11^0, 11^1}$)

> $\because$「$125=5^3$」且所求不是「125」的倍數
> $\therefore$ 所求「5 的次方」$<$「$\boxed{3}$」

故得知：所求個數 $= 5 \times 1 \times 3 \times 2 = 30$

(2) 和：

$$(2^0+2^1+2^2+2^3+2^4) \times 3^2 \times (5^0+5^1+5^2) \times (11^0+11^1) = 103788$$

$\underbrace{2^0 \times 3^2 \times 5^0 \times 11^0}+\underbrace{2^1 \times 3^2 \times 5^0 \times 11^0}+\cdots+\underbrace{2^4 \times 3^2 \times 5^0 \times 11^0}+\cdots+2^0 \times \underbrace{3^2 \times 5^2 \times 11^1}+\underbrace{2^1 \times 3^2 \times 5^2 \times 11^1}+\cdots+\underbrace{2^4 \times 3^2 \times 5^2 \times 11^1}$

> $\because$ 每一個「展開項」都是「符合要求」的「正因數」
> $\therefore$ 展開式 = 符合要求的正因數和

> 把「符合」題目要求的「所有質因數次方項」予以「先加、再乘」便可得所求

▶▶▶ Ans

(1) 個數 = 30 個

(2) 和 = 103788

例題 15 試求使得連乘積 $975 \times 935 \times 972 \times n$，末尾四位數字都是零的最小自然數 n

> 自然數 $\overset{定義}{=}$ 正整數

▶▶▶ Sol

> 見「大數」，必「因數分解」

$\because 975 \times 935 \times 972 \times n$

$= (5^2 \times 3 \times 13) \times (5 \times 11 \times 17) \times (2^2 \times 3^5) \times n$

$= \boxed{2^2} \times 3^6 \times \boxed{5^3} \times 11 \times 13 \times 17 \times \boxed{n}$

> 一組「2×5」得一次「10 倍化」效果

∴ 要使得「末尾四位數字」都是零，至少要「可以被 $2^4\times 5^4$ 整除」
∴ n 至少要等於 $2^2\times 5=20$

> 由已有的「$2^2\times 5^3$」補足到「$2^4\times 5^4$」

▶▶▶ Ans
20

> 質因數「連乘積」欲造「尾部」有「0」，必由「2, 5」組合下手

例題 16 有一群人，5 個 5 個數的話餘 1，7 個 7 個數的話餘 3，9 個 9 個數的話餘 5。若這群人有 n 個，且 $900\leq n\leq 1000$，則 $n=$？

> 「商」未知，自行引進「代號」

> 見「除，餘」，必用：
> 除法等式 $a_{被除數}=b_{除數}\times q_{商}+r_{餘}$，$0\leq r<|b|$。

> k 個 k 個「一數」，效果等同「被 k 除」或「除以 k」

▶▶▶ Sol
∴ $n=5\times a+1=7\times b+3=9\times c+5$
∴ $n+4=5\times (a+1)=7\times (b+1)=9\times (c+1)$
∴ $n+4=[5, 7, 9]\times k$，其中 〔5, 7, 9〕代表 5, 7, 9 的「最小公倍數」
∴ $n+4=315\times k$
∴ $900\leq 315\times k-4\leq 1000$
⇒ $904\leq 315\times k\leq 1004$
∴ $2.86\leq k\leq 3.18\Rightarrow k=3$
∴ $n=315\times 3-4=941$

> 「n」被「5、7、9」除，分別餘「1、3、5」

▶▶▶ Ans
941

> ∵「5 v.s. 1」、「7 v.s. 3」、「9 v.s. 5」都「差 4」
> ∴ 只要再「同加 4」便可以去「餘」而與「（公）因數、（公）倍數」結合！

例題 17 求符合下列餘數問題指定條件的 x, n 值，其中 x, n 為正整數。
(1) $280\div x$ 餘 16 且 $900\div x$ 餘 42，求最大 x。
(2) $n\div 9$ 餘 8，$n\div 8$ 餘 7，$n\div 7$ 餘 6，求最小 n。
(3) $n\div 3$ 餘 1，$n\div 5$ 餘 1，$n\div 7$ 餘 1，求最小 n。
(4) $n\div 7$ 餘 2，$n\div 17$ 餘 4，求 $n\div (7\times 17)$ 之餘。

▶▶▶▶ Sol

(1) 『減餘法』：（涉「除、餘」，必用：除法等式 $a_{被除數}=b_{除數}×q_{商}+r_{餘}$，$0≤r<b$。）

∵ $280=ax+\boxed{16}$ 且 $900=bx+\boxed{42}$　（除法等式）

∴ $264=ax$ 且 $858=bx$

∴ x 為 264 與 858 之公因數

∵ x 需取最大

∴ $x=(264,858)=66$

（設法去掉「餘」，以便跟「（公）因數、（公）倍數」概念結合！）

(2) 『補足法』：

∵ $n=9x+\boxed{8}=8y+\boxed{7}=7z+\boxed{6}$　（除法等式）

∴ $n+1=9(x+1)=8(y+1)=7(z+1)$

∴ $n+1$ 為 9，8，7 之公倍數

∵ n 需取最小

∴ $n+1=[9,8,7]×1=504×1=504$

∴ $n=503$

(3) 『扣減法』：

∵ $n=3x+\boxed{1}=5y+\boxed{1}=7z+\boxed{1}$　（除法等式）

∴ $n-1=3x=5y=7z$

∴ $n-1$ 為 3，7，5 之公倍數

∵ n 需取最小

∴ $n-1=[3,5,7]×1=105×1=105$

∴ $n=106$

(4) 『直線觀察法』：（除法等式）

∵ $n=7x+2=17y+4$

且 $n\overset{可設}{=}7×17×a+A$，其中

$1≤A<7×17$ 滿足：$\begin{cases}A÷7\text{ 餘 }2 \Leftrightarrow A\text{ 是 7 倍數}+2\\ A÷17\text{ 餘 }4 \Leftrightarrow A\text{ 是 17 倍數}+4\end{cases}$

⇒ 取「大數 17」來觀察：

$A=\begin{cases}17×\boxed{1}+4=21\sim\text{不滿足「}A÷7\text{ 餘 }2\text{」}\\ 17×\boxed{2}+4=38\sim\text{不滿足「}A÷7\text{ 餘 }2\text{」}\\ 17×\boxed{3}+4=55\sim\text{不滿足「}A÷7\text{ 餘 }2\text{」}\\ 17×\boxed{4}+4=\boxed{72}\sim\text{滿足「}A÷7\text{ 餘 }2\text{」}\end{cases}$

停止　（找到便停止）

（「A」其實就是「n 被 $7×17$ 除」的「餘」）

（∵ 題目要求「被 $7×17$ 除」
∴ 需寫出「被 $7×17$ 除」的「除法等式」）

（取大數 17 來觀察 A，討論會較快！）

（∵ $7×17×a$ 一定可以被 7 及 17 整除
∴ n 被 7 及 17 除的「餘」會與 A 被 7 及 17 除的「餘」相同）

$\therefore n = 7 \times 17 \times a + 72$

$\therefore n \div (7 \times 17)$ 餘 72

$A \overset{取}{=} 72$ 會滿足「$A \div 7$ 餘 2」且「$A \div 17$ 餘 4」

▶▶▶ **Ans**

(1) 66　(2) 503　(3) 106　(4) 72

例題 18　已知正整數 m 可以寫成兩個整數的平方和。試問 m 除以 8 的餘數可能為何？

涉「除、餘」，必用「除法等式」

對「特定數字 k 的餘數」問題，必先將所有整數分成「kn、$kn+1$、…、$kn+(k-1)$」等 k 類整數。

▶▶▶ **Sol**

任一整數 m 被 8 除，「餘數」可能為「0、1、2、3、4、5、6、7」。

故可設：

$m = \begin{cases} 8k, & 8k+4 \\ 8k+1, & \boxed{8k+7} \\ 8k+2, & \boxed{8k+6} \\ 8k+3, & \boxed{8k+5} \end{cases}$

$8k+7 = 8(k+1)\boxed{-1}$;
$8k+6 = 8(k+1)\boxed{-2}$;
$8k+5 = 8(k+1)\boxed{-3}$

「所有整數 v.s. 特定數 k」，必分「被 k 除，餘：$0, 1, \cdots, k-1$」來處理！

$\Rightarrow m \overset{可設}{=} \begin{cases} 8k, 8k+4 \\ 8k \pm 1 \\ 8k \pm 2 \\ 8k \pm 3 \end{cases}$

$(8k+4)^2 = (8k+4)(8k+4) \overset{分配律}{=} 64k^2 + 64k + 16 \overset{8的倍數}{=} 8t + \boxed{0}$

〜以下，仿之！

$\Rightarrow m^2 = \begin{cases} 64k^2, 64^2 + 64k + 16 \overset{設}{=} 8t + \boxed{0} \\ 64k^2 \pm 16k + 1 \overset{設}{=} 8t + \boxed{1} \\ 64k^2 \pm 32k + 4 \overset{設}{=} 8t + \boxed{4} \\ 64k^2 \pm 48k + 9 \overset{設}{=} 8t + \boxed{1} \end{cases}$

$\therefore$ 任一正整數的平方被 8 除餘數可能為 0、1、4

$\therefore$「兩個整數的平方和」被 8 除的餘數可能為：

$\boxed{0+0}$、$\boxed{0+1}$、$\boxed{0+4}$、$\boxed{1+1}$、$\boxed{1+4}$、$\boxed{4+4}$（再被「8」除，也是餘 0）

$\therefore$ 餘數可為 0、1、2、4、5
　　　　　　　　　　交換

▶▶▶ **Ans**

0、1、2、4、5
　　　交換

實數的生存法則

例題 19 $\dfrac{8}{y}-\dfrac{6}{x}=-1$ 之整數解共幾組？

(A)16 組　(B)17 組　(C)18 組　(D)19 組

▶▶▶ Sol

步驟 1 去分母：

$xy+8x-6y=0$

> 「分式」是個令人厭煩的東西，日後看到它，一定想法設法「去分母」！

> 但要注意：如果題目「只是要你整理算式」，那就只能「整理」，不可作任何「改變算式的乘除、補項、……」動作！

步驟 2 分解：

$$\begin{array}{c} x \quad\searrow\swarrow\quad -6 \\ y \quad\nearrow\nwarrow\quad +8 \end{array}$$

> 「變數在分母」型的「整數解」問題，必「先去分母，再分解」！

∵ 展開 $(x-6)(y+8)$ 可得：

$(x-6)(y+8)=\boxed{xy+8x-6y}-48=\boxed{0}-48$

∴ 可得：

$(x-6)(y+8)=-48$

步驟 3 移項除：

∵ $x-6=\dfrac{-48}{y+8}$ 為「整數」

> ∵「x」是整數解
> ∴ $x-6$ 為整數
> ∴ $\dfrac{-48}{y+6}$ 也是整數

> 「分數」是整數 ⇔「分子」可以被「分母」整除

∴ $y+8$ 為 -48 之因數

∴ $y+8=\pm 1,\pm 2,\pm 3,\pm 4,\pm 6,\pm 8,\pm 12,\pm 16,\pm 24,\pm 48$ 共 20 組整數解

（列出「48」的所有「因數」）

> 「正、負」因數都要

∵ 可得 20 組整數 y，

∴ 再代回 $x-6$，也可得 20 組整數 x

> $y+8=8\Rightarrow y=0$

∴ $y=\begin{cases} -7,-6,-5,-4,-2,\boxtimes,4,8,16,40 \\ -9,-10,-11,-12,-14,-16,-20,-24,-32,-56 \end{cases}$

「只」有 19 組合乎要求的「非零 y」

> $\dfrac{8}{y}-\dfrac{6}{x}=-1$ 的「y 不可以為 0」
> ～最後「解」應代回原分式檢驗！

∴ $x=\begin{cases} -42,-18,-10,-6,-2,\boxtimes,2,3,4,5 \\ 54,30,22,18,14,12,10,9,8,7 \end{cases}$

「只」有 19 組合乎要求的「非零 x」

> $y+8=8\Rightarrow x-6=-6\Rightarrow x=0$

∴ 共「19」合乎要求的解

∴ 選(D)

> $\dfrac{8}{y}-\dfrac{6}{x}=-1$ 的「x 不可以為 0」
> ～最後「解」應代回原分式檢驗！

▶▶▶ Ans

(D)

> 「變數在分母」型的「整數解」問題，必用：

∵「x=4」代入，得「3y+z=0」
∴必無「符合要求」之解　∴不再繼續列表！

例題 20　設 x, y, z 為正整數，試問有幾組 (x, y, z) 滿足 $5x+3y+z=20$。

求「方程式」整數解，必由「係數大」者，開始討論

∵「x」係數大 ∴鎖定「x」當主角

▶▶▶ Sol

x	①		②		③	
$3y+z$	15	∵$x=1$ ∴$3y+z=15$	10	∵$x=2$ ∴$3y+z=10$	5	∵$x=3$ ∴$3y+z=5$
y	1	2	3	4	5̸	1	2	3	4̸	1	2̸
z	12	9	6	3	0̸	7	4	1	−2̸	2	−1̸

已不符合「x, y, z」為「正整數」的要求

∴共有 $(x, y, z) = (\boxed{1}, 1, 12), (\boxed{1}, 2, 9), (\boxed{1}, 3, 6),$
$(\boxed{1}, 4, 3), (\boxed{2}, 1, 7), (\boxed{2}, 2, 4),$
$(\boxed{2}, 3, 1), (\boxed{3}, 1, 2)$

等「8 組」解

▶▶▶ Ans

8 組

例題 21　一個七位數 234567□
(1)若此數含有因數 3，求□ = ?
(2)若此數含有因數 4，求□ = ?
(3)若此數含有因數 11，求□ = ?

▶▶▶ Sol

(1) $2+3+4+5+6+7+\square$
　＝ $27+\square$
　∴□可為 0、3、6、9

「3、9」的因倍數判別規則：
所有位數之總和，分別為 3、9 的倍數

(2) ∴ $7\square \div 4 = 0$
　∴□可為 2、6

「2、4、8」的因倍數判別規則：
個位數字，末兩位數字，末三位數字分別為 2、4、8 的倍數

(3)$(2+4+6+\square)-(7+5+3)$
　$=(12+\square)-15$
　$=\square-3$
∴ □可為 3

「11」的因倍數判別規則：
「奇數位數和」－「偶數位數和」為 11 的倍數

別忘了：「0」是任何整數的倍數

▶▶▶▶ Ans
(1) 0、3、6、9　(2) 2、6　(3) 3

例題 22　求 $(3^2\times 5^3\times 7, 2^3\times 5^2\times 7)=$ ？

▶▶▶▶ Sol　題目要求最大公因數

$(3^2\times 5^3\times 7, 2^3\times 5^2\times 7) = 5^2\times 7$

把所有項的「共同」因數，通通取出來

▶▶▶▶ Ans
$5^2\times 7$

例題 23　已知學校學生人數在 200～300 人之間，將學生每 8 人一組，每 10 人一組，每 12 人一組都剩下 3 人，求學生人數 = ？

▶▶▶▶ Sol　求最小公倍數

∵ $[8, 10, 12]=[\boxed{2^3}, 2\times\boxed{5}, 2\times\boxed{3}]=\mathbf{120}$

∴ 所求學生人數為：「120」的倍數 + 3（剩下人數）

又因：題目要求學生人數在 200～300 人之間

∴ 所求為：$120\times\boxed{2}+3$（剩下人數）= 243 人

▶▶▶▶ Ans
243 人

也可以用「除法等式」來處理：

學生人數 $=8a+3$
　　　　$=10b+3$
　　　　$=12c+3$

「8 人一組」⇔ 除以「8」，同理其他

∴ 學生人數 $-3=8a=10b=12c$

∴ 學生人數 $-3 =$ 「8, 10, 12」最小公倍數「120」的「倍數」

　　　　　　$= \boxed{120\times 1}$ 或 $\boxed{120\times 2}$ 或 $\boxed{120\times 3}$ 或…
　　　　　　　不足 200　　　　　　　　　　超過 300

∴ 學生人數 $= 240+3$
　　　　　　$= 243$

「整數」的因數與倍數

例題 24 將 204 個面積為 1 平方單位的正方形，分別緊密地拼成面積為 85 平方單位與 119 平方單位的兩長方形 $ABCD$ 和 $EFGH$，若 $\overline{AB}=\overline{EF}$，且 $\overline{EF}>10$，求 $\overline{AB}=$?

▶▶▶ Sol

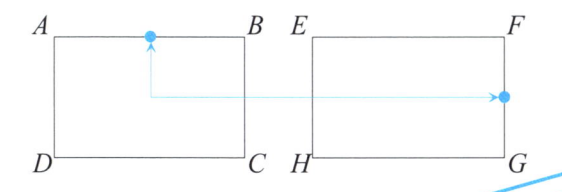

「圖形拼湊」必由「（總）長度、（總）面積、（總）體積」公式下手

∵ $85 = 5 \times \boxed{17} = \overline{AD} \times \boxed{\overline{AB}}$，

　$119 = 7 \times \boxed{17} = \overline{EH} \times \boxed{\overline{EF}}$

且 $\overline{AB}=\overline{EF}>10$

∴ $\overline{AB}$ 為「85, 119」的「大於 10 公因數」

∴ $\overline{AB}=17$

```
 5│85       17│119
   17           7
```

▶▶▶ Ans

17

例題 25 設 $(108, 135)=$ 甲數，則甲數有幾個相異質因數？

▶▶▶ Sol

先求出甲數：$(108, 135) = (2^2 \times \boxed{3^3}, \boxed{3^3} \times 5) = 27$

又因：$27 = 3^3$

∴ 只有「3」一個質因數

```
 3│108      5│135
 3│ 36      3│ 27
 3│ 12      3│  9
 2│  4         3
      2
```

▶▶▶ Ans

1 個

實數的生存法則

例題 26 小明拿了一張長為 135 cm、寬為 30 cm 的紙,剛好剪出 n 個面積大小不一的正方形,求 n 的最小值 = ?

▶▶▶ Sol

剪下① $30 \times 30 \xrightarrow{剩} \boxed{105} \times 30$,　（因大小不同,所以用短邊當正方形的邊長）

剪下② $30 \times 30 \xrightarrow{剩} \boxed{75} \times 30$,　（圖形「剪裁」,取「次大邊」當「正方形」邊長,可剪出「最少正方形」）

剪下③ $30 \times 30 \xrightarrow{剩} \boxed{45} \times 30$,

剪下④ $30 \times 30 \xrightarrow{剩} 15 \times \boxed{30}$,

剪下⑤ $15 \times 15 \xrightarrow{剩} 15 \times 15$　（最後剩下的「15×15」也是「正方形」,當第 6 個正方形）

∴恰可剪成 6 個正方形

∴$n = 6$

▶▶▶ Ans

6

例題 27 已知 a、b、c 為三正整數,且 a、b 的最大公因數為 12,a、c 的最大公因數為 18,若 $50 < a < 100$,下列何者正確?

(A) 8 是 a 的因數,8 是 b 的因數

(B) 8 是 a 的因數,8 不是 b 的因數

(C) 8 不是 a 的因數,8 是 c 的因數

(D) 8 不是 a 的因數,8 不是 c 的因數

▶▶▶ Sol

∵ $\begin{cases} a、b \text{ 可以被 12 整除} \Rightarrow a、b \text{ 是 12 的倍數} \\ a、c \text{ 可以被 18 整除} \Rightarrow a、c \text{ 是 18 的倍數} \end{cases}$　（公因數定義）

∴ a 是 12、18 的公倍數　（公倍數是「最小公倍數」的倍數）

又因:$[12, 18] = 36$ 且 $50 < a < 100$

∴ a 為 36 的公倍數又介於 50～100 之間

∴ $a = 72$

再因:$a = 72 = 2^3 \times 3^2$

且 $(2^3 \times 3^2, b) \stackrel{令}{=} 12 = 2^2 \times 3$　（題目訊息「$(a, b) = 12$」且已知 $a = 2^3 \times 3^2$）

```
2 | 72
2 | 36
2 | 18
3 |  9
      3
```

∴ b 不可能含「$2^2 \times 3$」之外的更多「2, 3」因數
∴ b 不可能為「$2^3 = 8$」的倍數
∴ 選(B)

▶▶▶ Ans
(B)

> ∵ 如果 b 有「$2^2 \times 3$」之外的「2，3」因數，則 a，b 的最大公因數就不會「只是 $12 = 2^2 \times 3$」

例題 28 正整數 x 的所有正因數共 9 個，由小到大排列為
$$\boxed{1}、\boxed{2}、\boxed{4}、\boxed{5}、10、\boxed{a}、\boxed{b}、\boxed{c}、\boxed{N}$$，求 $a+b+c=$?

▶▶▶ Sol
∵ $x = 1 \times N = 2 \times c = 4 \times b = 5 \times a = 10 \times 10 = 100$
∴ $c = 50$，$b = 25$，$a = 20$
∴ $a + b + c = 95$

▶▶▶ Ans
95

> ∵ N 是含「2, 4, 5」等因數的「平方數」
> ∴ N 至少是「$2^2 \times 5^2$」
> 且正因數個數恰 $(2+1) \times (2+1) = 3 \times 3 = 9$ 個

> ⊙ A 的正因數：
> 最大 × 最小
> = 次大 × 次小
> = ⋯ = A
>
> ⊙ A 是完全平方數
> ⇔ A 的正因數「個數」必奇數
> 且有一個正因數自乘 = A
>
> ⊙ A 的正因數個數
> = A 的「質因數次方 + 1」相乘

例題 29 2709 的因數中，由大而小排序，第二大的因數是？最小的因數是？

▶▶▶ Sol
∵ 第一大因數，一定是自己
∴ 第二大因數，為 903
且最小是 −2709

```
3 ) 2709
     903
```

> 陷阱是「因數」而非「正」因數

▶▶▶ Ans
第二大：903，最小 −2709

> 最小正因數是 1

> 「正」整數一定是自己的
> ⊙ 最大（正）因數
> ⊙ 最小正倍數

實數的生存法則

例題 30 100 到 1000 的正整數之間（含），(1)共有幾個偶數？(2)這些偶數中，不是 3 的倍數的有幾個？

▶▶▶ Sol

(1)(1000 − 100) ÷ 2 + 1 = 451（個）

> ∵ 1～1000 有「1000 ÷ 2」個且 1～100 有「100 ÷ 2」個，但「100 也是偶數」
> ∴ 共有(1000 ÷ 2) − (100 ÷ 2) + 1（個）

(2)先求：是偶數（= 2 的倍數）又是 3 的倍數的個數，亦即；先求「6 的倍數」有幾個？

∵ 6 的倍數有：**166 − 16 = 150（個）**

∴ 所求為：451 − 150 = 301（個）

> ∵ 1～1000 有「1000 ÷ 6 的商」個
> 且 1～100 有「100 ÷ 6 的商」個
> ∴ 共有：166 − 16 = 150（個）

▶▶▶ Ans

(1) 451 個　(2) 301 個

例題 31 有編號 1-30 號的卡片，先把 3 的倍數的卡片拿掉，再從剩下的卡片中，拿掉 2 的倍數，最後由小排至大，求第 5 張卡片是幾號？

▶▶▶ Sol

1　~~2~~　~~4~~　5　7　~~8~~　~~10~~　11　[13]　~~14~~　~~16~~　17　19　~~20~~　~~22~~
23　25　~~26~~　~~28~~　29

> ∵ 只有「1～30」需檢查
> ∴ 先拿掉「3」的倍數後，再逐一拿掉「2」的倍數即可！

▶▶▶ Ans

13

例題 32 馬路上從 6 km 處開始種樹，每隔 4 km 種一棵，從 10 km 處開始種花，每隔 9 km 種一朵，求下一次在何處會同時種樹和花？（已知第一次在 10 km 處）

▶▶▶ Sol

∵ [4, 9] = 36　　意謂：每間隔 36 km 會同時種花、種樹

且已知第一次在 10 km 處，同時「種花、種樹」

∴ 所求為：10 + 36 = 46 km 處

▶▶▶ Ans

46 km 處

「整數」的因數與倍數

例題 33 甲每上 4 天班休息 1 天，乙每 3 天休 1 天，兩人在 8 月 1 日同一天休息，求下一次同時休息是幾月幾號？

▶▶▶ **Sol**

（3 天班 + 1 天休 = 乙的 1 輪）
（4 天班 + 1 天休 = 甲的 1 輪）

∵ [5, 4] = 20

∴ "再"「20」天，甲、乙又會同時休息

∴ 所求為：8 月 1 日的「再 20 天」為 8 月 21 日

▶▶▶ **Ans**

8 月 21 日

例題 34 一塊長 40 cm，寬 24 cm，高 16 cm 的蛋糕要切成相同大小的正方體（邊長為整數且大於 2 cm）給 n 位同學，請問最少可以分給幾位？最多可以分給幾位？

▶▶▶ **Sol**

設正方體邊長 x cm（$x > 2$） （題目要求）

∵ x 必為 40、24、16 的公因數 （因為要「等分」）

∴ x 為 (40, 24, 16) = 8 的因數 （「公因數」必為「最大公因數」的因數）

又因：8 的因數有 1、2、4、8 且題目要求大於 2 cm

∴ 1、2 不合

∴ 可知：$x = 8$ 或 4

∴ $\begin{cases} ① \ x = 8：\dfrac{40}{8} \times \dfrac{24}{8} \times \dfrac{16}{8} = 5 \times 3 \times 2 = 30（人）& \text{（邊長 8）}\\ ② \ x = 4：\dfrac{40}{4} \times \dfrac{24}{4} \times \dfrac{16}{4} = 10 \times 6 \times 4 = 240（人）& \text{（邊長 4）}\end{cases}$

▶▶▶ **Ans**

最少 30 人

最多 240 人

實數的生存法則

例題 35 有一個三位數,其百位和個位都為 8,如果它能被 3 和 11 整除,它也可以被何者整除?
(A)14　(B)21　(C)39　(D)44

▶▶▶ **Sol**

依題意,可得算盤展開圖,如下:

百	十	個
8	x	8

① ∵ 能被「3」整除

∴ $8+x+8=16+x$ 是「3 的倍數」且 $x=0\sim 9$ 的整數

∴ $x=2, 5, 8$

② ∵ 能被「11」整除

∴ $8+8-x=16-x$ 是「11 的倍數」且 $x=0\sim 9$ 的整數

∴ $x=5$

∴ 由①及②,可知:$x=5$ 且所求 $=858$

又因:
$$\begin{array}{r|l} 2 & 858 \\ \hline 3 & 429 \\ \hline 11 & 143 \\ \hline & 13 \end{array}$$

∴ 選(C)　　$39 = 3 \times 13$

∵ 可被 3 整除　∴ 是 3 的倍數

3 倍數判別規則:所有位數的總和是 3 的倍數

∵ 可被 11 整除　∴ 是 11 的倍數

11 倍數判別規則:奇數位數和減偶數位數和,是 11 的倍數

$1\sim N$ 中,

● a 的倍數有「不大於」$\dfrac{N}{a}$ 的「最大整數」個　等同:$N \div a$ 的「商」

● a 及 b 的倍數有「不大於」$\dfrac{N}{[a,b]}$ 的「最大整數」個

∴ 是 a,不是 b 的有:$\dfrac{N}{a} - \dfrac{N}{[a,b]}$ 個　等同:$N \div [a,b]$ 的「商」

a 及 b

▶▶▶ **Ans**

(C)

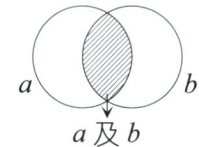

例題 36 在小於 2000 的正整數中,是 3 的倍數但不是 7 的倍數的有幾個?

▶▶▶ **Sol**

∵ 題目問小於 2000

∴ $1\sim 1999 \Rightarrow \begin{cases} \dfrac{1999}{3} \fallingdotseq 666 \\ \dfrac{1999}{[3,7]} = \dfrac{1999}{21} \fallingdotseq 95 \end{cases}$

取「不大於」的最大整數,其中「≒」意謂「近似值」

∴ 是 3 的倍數,但不是 7 的倍數有:$666 - 95 = 571$(個)

▶▶▶ **Ans**

571(個)

「整數」的因數與倍數

例題 37 針對三個數的算式，何者正確？
甲：2×2 是三個數的公因數
乙：$2^2 \times 7$ 是三個數的公因數
丙：$2^2 \times 3 \times 7$ 是三個數的最大公因數
丁：$2^2 \times 3^2 \times 7 \times 11 \times 10$ 是 3 個數的最小公倍數

```
2 | 252  396  280
2 |  26  198  140
7 | (63)  99   70
3 |   9   99   10
3 |   3   33   10
      1   11   10
```

▶▶▶ Sol

Ⓐ 甲：正確

Ⓑ 乙：
```
2 | 252  396  280
2 | 126  198  140
7 | (63)  99   70
3 |   9   99   10
3 |   3   33   10
      1   11   10
```
（容易看錯混淆）
（「99」紋風不動，還是「99」）

∵「7」並不能整除「396」
∴ $2^2 \times 7$ 只是「252 及 280」的公因數

Ⓒ 丙、丁：將「因數分解」改成較好的「個別分解」方式，來解題！

```
② | 252      396     280
② | 126      198     140
 7 | 63    3 | 99   2 | 70
 3 |  9    3 | 33   5 | 35
      3        11       7
```
（分道揚鑣，個別分解）

∴ $\begin{cases} 252 = 2^2 \times 3^2 \times 7 \\ 396 = 2^2 \times 3^2 \times 11 \\ 280 = 2^3 \times 5 \times 7 \end{cases}$

（取共有的最小次方）

∴ $\begin{cases} (252, 396, 280) = 2^2 \times 3^2 \\ [252, 396, 280] = \boxed{2^3} \times 3^2 \times 5 \times 7 \times 11 \\ \qquad\qquad\qquad = 2^2 \times 3^2 \times 7 \times 11 \times 10 \end{cases}$

（取共有的最大次方及所有非共有項）

▶▶▶ Ans

甲、丁

實數的生存法則

例題 38 (1)將 48510 分解成質因數的乘積？
(2)寫出在 1 和 250 之間且與 48510 互質的所有合數？

【95 自聯招】

> 合數就是比 1 大而不是質數的整數

▶▶▶▶ Sol

本題為因數概念的應用

(1) $48510 = 2 \times 3^2 \times 5 \times 7^2 \times 11$

```
2 | 48510
3 | 24255
3 |  8085
5 |  2695
7 |   539
7 |    77
        11
```

(2)設所求合數為 x，

∵ x 與 48510 互質，

∴ x 不可為 2, 3, 5, 7, 11 之倍數

又因：x 為合數

∴ x 為大於 11 之質數的乘積，亦即：

$\begin{cases} 13 \times 13 = 169 \\ 13 \times 17 = 221 \\ 13 \times 19 = 247 \\ 13 \times 23 = 299 > 250，不合。\\ 17 \times 17 = 289 > 250，不合。\\ 17 \times 19 = 323 > 250，不合。\end{cases}$

> 由「標準因數解」知：
> 任何合數，必可寫成質因數之連乘積

∴ 所求為 169, 221, 247

▶▶▶▶ Ans

(1) $2 \times 3^2 \times 5 \times 7^2 \times 11$

(2) 169, 221, 247

「整數」的因數與倍數

例題 39 小明發現「119」這個數字很神奇，它被 2 除時餘為 1，被 3 除時餘為 2，被 4 除時餘為 3，被 5 除時餘為 4，被 6 除時餘為 5，請問有此特性的三位數還有幾個？

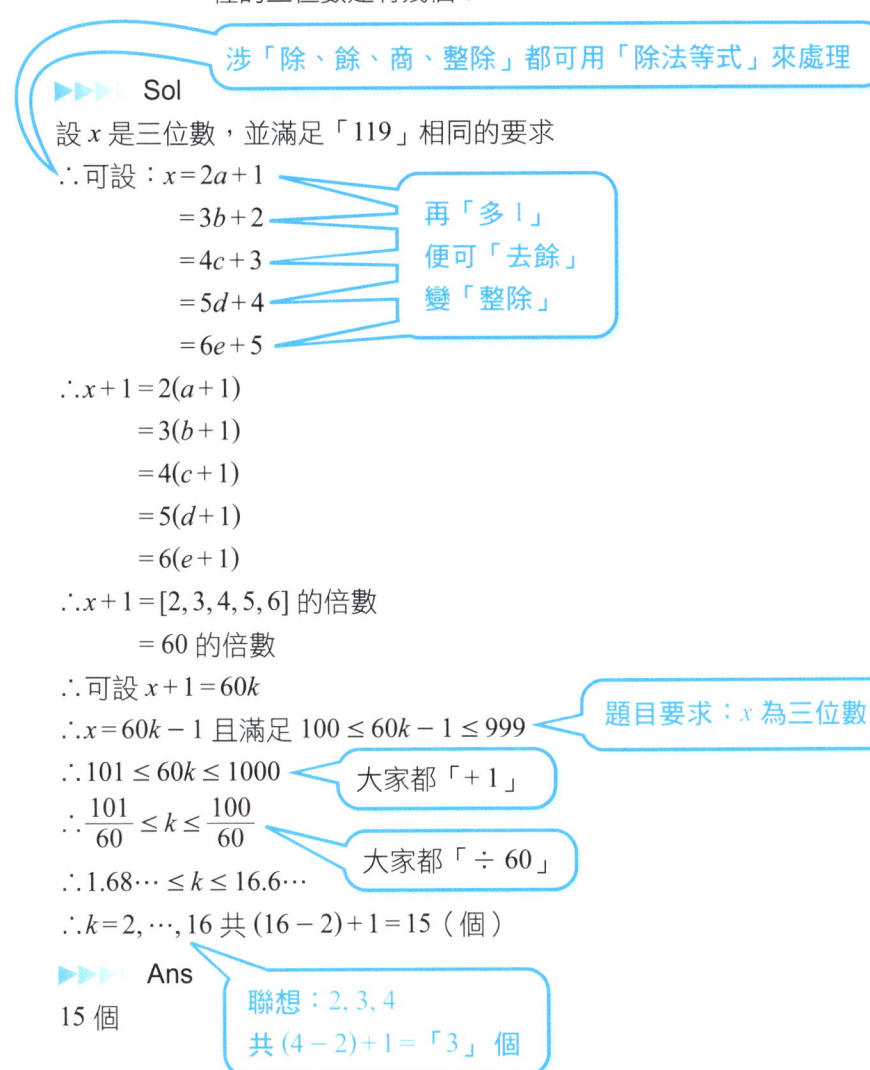

> 涉「除、餘、商、整除」都可用「除法等式」來處理

▶▶▶ **Sol**

設 x 是三位數，並滿足「119」相同的要求

∴ 可設：$x = 2a+1$
　　　　　$= 3b+2$
　　　　　$= 4c+3$　　　再「多 1」便可「去餘」變「整除」
　　　　　$= 5d+4$
　　　　　$= 6e+5$

∴ $x+1 = 2(a+1)$
　　　　$= 3(b+1)$
　　　　$= 4(c+1)$
　　　　$= 5(d+1)$
　　　　$= 6(e+1)$

∴ $x+1 = [2, 3, 4, 5, 6]$ 的倍數
　　　　$= 60$ 的倍數

∴ 可設 $x+1 = 60k$

∴ $x = 60k-1$ 且滿足 $100 \leq 60k-1 \leq 999$ ◀── 題目要求：x 為三位數

∴ $101 \leq 60k \leq 1000$ ◀── 大家都「+1」

∴ $\dfrac{101}{60} \leq k \leq \dfrac{1000}{60}$ ◀── 大家都「÷60」

∴ $1.68\cdots \leq k \leq 16.6\cdots$

∴ $k = 2, \cdots, 16$ 共 $(16-2)+1 = 15$（個）

▶▶▶ **Ans**

15 個

> 聯想：2, 3, 4
> 共 $(4-2)+1 = $「3」個

例題 40
有一個三位數，用 3 除餘 2，用 5 除也餘 2，用 7 除也餘 2，此數的百位數字為 6，求此數 ＝？

▶▶▶ Sol 〔涉「除，餘，商，整除」問題，必用「除法等式」〕

設此三位數為 x

∴ 可設：$x = 3a + \boxed{2} = 5b + \boxed{2} = 7c + \boxed{2}$

∴ $x - 2 = 3a = 5b = 7c$ 〔同減 2，便可「去餘」變「整除」〕

∴ $x - 2 =$ [3, 5, 7] 的倍數 ＝ 105 的倍數

又因：x 的百位數為「6」

∴ 取「105」的「6 倍」來當「$x - 2$」 〔「105 × 6」會造就「百位數字 ＝ 6」〕

∴ $x - 2 = 105 \times 6 = 630$

∴ $x = 632$

▶▶▶ Ans

632

例題 41
設 A、B 兩數都只含有質因數 3 和 5 且 $g.c.d = 75$。已知 A 有 12 個因數，B 有 10 個因數，求 $A + B =$？

▶▶▶ Sol

依題意，可得：

$\begin{cases} A = 3^m \times 5^n \\ B = 3^p \times 5^q \end{cases}$

且 $(A, B) = 75 = 3 \times 5^2$

∴ $\begin{cases} m, p：有 1 數恰為「1」且都 \geq 1 \\ n, q：有 1 數恰為「2」且都 \geq 2 \end{cases}$

〔可推得：$\begin{cases} (m+1), (p+1)：有 1 數恰為「2」且都 \geq 2 \\ (n+1), (q+1)：有 1 數恰為「3」且都 \geq 3 \end{cases}$〕

∴ $\begin{cases} (m+1)(n+1) \stackrel{令}{=} 12 = 1 \times 12 = 2 \times 6 = 3 \times 4 = 4 \times 3 = 6 \times 2 = 12 \times 1 \\ (p+1)(q+1) \stackrel{令}{=} 10 = 1 \times 10 = 2 \times 5 = 5 \times 2 = 10 \times 1 \end{cases}$

〔質因數的「次方 ＋ 1」相乘 ＝ 因數個數〕

〔意謂：可能的 $\begin{cases} m \times n = 1 \times 5 = 2 \times 3 = 3 \times 2 \\ = 5 \times 1 \\ p \times q = 1 \times 5 = 5 \times 1 \end{cases}$〕

「整數」的因數與倍數

$$\therefore \begin{cases} A = 3^1 \times 5^5 ; 3^2 \times 5^3 ; 3^3 \times 5^2 ; 3^5 \times 5^1 \\ B = 3^1 \times 5^4 ; 3^4 \times 5^1 \end{cases}$$

$$\therefore \begin{cases} A = 3^3 \times 5^2 = 27 \times 25 = 675 \\ B = 3^1 \times 5^4 = 3 \times 625 = 1875 \end{cases}$$

$\therefore A + B = 675 + 1875 = 2550$

> 由 A 配 B，檢驗 $(A, B) = 75 = 3 \times 5^2$，如：
> $\therefore A$ 取 $3^1 \times 5^5$ 配 B 的 $3^1 \times 5^4$ 及 $3^4 \times 5^1$
> 　都不符合
> $\therefore A \neq 3^1 \times 5^5$
> $\therefore$ 發現只有 $A = 3^3 \times 5^2$ 配 $B = 3^1 \times 5^4$
> 　符合 $(A, B) = 75$

▶▶▶ Ans
2550

例題 42 寫出 3 個小於 10 的自然數，使它們 3 個數中有 2 個數的最大公因數為 1，其餘每 2 個一組的最大公因數皆大於 1。

> 2 個數的最大公因數為 1 ⇒ 互質

▶▶▶ Sol

~~1~~　2　~~3~~　4　~~5~~　6　~~7~~　8　9
　　　　　‖　　　‖　　　‖　‖
　　　　　2^2　2×3　2^3　3^2

取：「4, 6, 9」便可！

▶▶▶ Ans
4, 6, 9

$(4, 9) = 1$
$(4, 6) = 2 > 1$
$(6, 9) = 3 > 1$

> $\because$ 一組互質且其他組的最大公因數 > 1，
> 亦即：此 3 數 a, b, c 需滿足：「a, b」
> 　互質而「a, c」、「b, c」不互質
> $\therefore a, b, c$ 都不是質數
> $\therefore$ 由 1～9 的
> 　「非 1 及非質數：
> 　　4, 6, 8, 9」來找 a, b, c

> $\because$ 當三數皆質數時，必兩兩互質

例題 43 假設 a, b, c 是三個正整數。若 25 是 a, b 的最大公因數，且 3, 4, 14 都是 b, c 的公因數，則下列何者正確？

(1) c 一定可以被 56 整除。

(2) $b \geq 2100$。

(3) 若 $a \leq 100$，則 $a = 25$。

(4) a, b, c 三個數的最大公因數是 25 的因數。

(5) a, b, c 三個數的最小公倍數大於或等於 $25 \times 3 \times 4 \times 14$。

【95 學測】

> 凡見兩數 g.c.d 與 l.c.m 問題，必用 $a = dh, b = dk$，$(a, b) = d, [a, b] = dhk, (h, k) = (hk, h \pm k) = 1$ 等概念來解題。

▶▶▶ Sol

$\therefore \begin{cases} 25 \text{ 為 } a, b \text{ 之「最大」公因數} \overset{可設}{\Rightarrow} a = 5^2 \times k_1, b = 5^5 \times k_2, (k_1, k_2) = 1 \\ 3, 4, 14 \text{ 為 } b, c \text{ 之公因數} \overset{可設}{\Rightarrow} b = 3 \times 2^2 \times 7 \times k_3, c = 3 \times 2^2 \times 7 \times k_4 \end{cases}$

> k_1, k_2 互質

> 意謂：b 有 $\boxed{5^2}$、$\boxed{3 \times 2^2 \times 7}$ 的因數

083

實數的生存法則

因 b 有 5^2，$3 \times 2^2 \times 7$ 的因數

$\therefore \begin{cases} a = \boxed{5^2} \times k_1 \\ b = 3 \times 2^2 \times 7 \times \boxed{5^2} \times k_5, b = 5^2 \times k_2, b = 3 \times 2^2 \times 7 \times k_3 \\ c = 3 \times 2^2 \times 7 \times k_4 \end{cases}$，其中 $(k_1, k_2) = (k_1, k_5) = 1$

且「k_1 不為 2, 3, 7 的倍數」

∵ 已把 $(a, b) = 5^2$ 列出
∴ 剩下的「k_1 及 k_5」
　不可能再有公因數
∴ $(k_1, k_5) = 1$

∵若 k_1 為「2 或 3 或 7」的倍數，則 $(a, b) > 25$
∴k 不為「2, 3, 7」的倍數

(1) ∵ $56 = 7 \times \boxed{2^3}$ 且 $c = 3 \times \boxed{2^2} \times 7 \times k_4$，
　∴除非 k_4「還有」2 的因數，c 才會被 56 整除　∴不選
(2) $b = 3 \times 2^2 \times 7 \times 5^2 \times k_5 = 2100 \times k_5 \geq 2100$　∴要選

$k_5 \geq 1$

(3) 若 $a \leq 100 \Rightarrow a = 5^2 \times k_1 \leq 100 \Rightarrow k_1 \leq 4$
　但因為 k_1 不為 2, 3, 7 的倍數，所以 $k_1 = 1$
　∴ $a = 25$　∴要選

$A | B$ 意味：A 整除 B

(4) ∵ $(a, b, c) | (a, b)$
　∴ $(a, b, c) | 25$　∴要選

三個數的公因數，一定可以整除三數中的二個數的公因數

(5) ∵ $a = 5^2 \times k_1$，$b = 3 \times 2^2 \times 7 \times 5^2 \times k_5$，$c = 3 \times 2^2 \times 7 \times k_4$，
只能保證：$[a, b, c] \geq \boxed{2^2} \times 3 \times \boxed{5^2} \times 7 \geq \boxed{25} \times 3 \times \boxed{4} \times 7$，
但不能保證 $[a, b, c]$ 不一定大於等於 $25 \times 3 \times 4 \times \boxed{14}$　∴不選
∴選(2)(3)(4)

$[a, b, c]$ 至少含「$2^2 \times 3^1 \times 5^2 \times 7$」

▶▶▶▶ Ans

(2)(3)(4)

已出現的「最大次方」因數連乘積

已知訊息：k_1 不為 2, 3, 7 的倍數

「整數」的因數與倍數

例題 44　$2^{20}-1$ 與 $2^{19}+1$ 的最大公因數為＿＿＿＿。

【91 學測】

利用：$2^{20}-1 = (2+1) \times (2^{19}-2^{18}+2^{17}-2^{16}+\cdots+2-1)$
$2^{19}+1 = (2+1) \times (2^{18}-2^{17}+2^{16}-2^{15}+\cdots-2+1)$

d 整除 a，d 整除 b
及 $d|a, d|b \Rightarrow d|ma \pm nb$ 來解題

∵ a, b 都是 d 的倍數
∴ $ma \pm nb =$ 倍數的倍數加減，仍為 d 的倍數

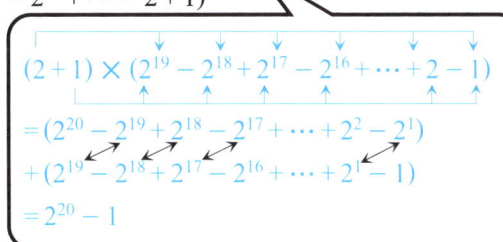

$(2+1) \times (2^{19}-2^{18}+2^{17}-2^{16}+\cdots+2-1)$
$= (2^{20}-2^{19}+2^{18}-2^{17}+\cdots+2^2-2^1)$
$+ (2^{19}-2^{18}+2^{17}-2^{16}+\cdots+2^1-1)$
$= 2^{20}-1$

▶▶▶ Sol

設 $d \in N$ 且 $d|(2^{19}-2^{18}+2^{17}-2^{16}+\cdots+2-1)$，$d|(2^{18}-2^{17}+2^{16}-2^{15}+\cdots-2+1)$，

則 $d|[(2^{19}-2^{18}+2^{17}-2^{16}+\cdots+2-1)+(2^{18}-2^{17}+2^{16}-2^{15}+\cdots-2+1)]$

兩項、兩項「相對消」

$A|B \Leftrightarrow A$ 可以整除 B

∴ $d|2^{19}$

∴ $d = 1$ 或 2 或 2^2 或 $\cdots$ 或 2^{19}

但因：$2, 2^2, \cdots, 2^{19}$ 均不為 $2^{20}-1$，$2^{19}+1$ 之公因數

∴ $d = 1$

∴ $(2^{20}-1, 2^{19}+1) = (2+1) \times d = (2+1) \times 1 = 3$

$2^{20}-1 =$ 偶 -1
且 $2^{19}+1 =$ 偶 $+1$
都為「奇數」

▶▶▶ Ans

3

$2^{20}-1$ 及 $2^{19}+1$ 除了「$(2+1)$」外，沒有其他「非 1 正公因數」

「$d \in N$」意味 d 為正整數

例題 45　某校新生共有男生 1008 人，女生 924 人報到，學校想將他們依男女合班的原則平均分班，且要求各班有同樣多的男生，也有同樣多的女生；並限制各班總人數在 40 與 50 人之間，則共分＿＿＿班。

【93 學測】

▶▶▶ Sol

基本代數及因數概念應用。

設共分成 n 班

∵ 各班有相同的男生人數及相同的女生人數，

∴ n 為 1008 與 924 的公因數

「等分」概念

∵ $(1008, 924) = (2^4 \times 3^2 \times 7, 2^2 \times 3 \times 7 \times 11) = 84$ ← 84 的所有因數

∴ n 可為 1, 2, 3, 4, 6, 7, 12, 14, 21, 28, 42, 84

又因：每班的人數為 $\dfrac{1008+924}{n} = \dfrac{1932}{n}$，須介於 40 與 50 之間

∴ $40 < \dfrac{1932}{n} < 50 \Rightarrow \dfrac{1932}{50} < n < \dfrac{1932}{40} \Rightarrow 38\dfrac{32}{50} < n < 48\dfrac{12}{40}$ ← 換成帶分數

∴ $39 \le n \le 48$ 且為 84 的正因數

∴ $n = 42$

∴ 分 42 班

> 84 的正因數有 1, 2, 3, 4, 6, 7, 12, 14, 21, 28, 42, 84

> 先同乘「n」去分母，可得：
> $\begin{cases} 40n < 1932 \Rightarrow n < \dfrac{1932}{40} \\ 1932 < 50n \Rightarrow \dfrac{1932}{50} < n \end{cases}$
> ∴ 合併成：
> $\dfrac{1932}{50} < n < \dfrac{1932}{40}$

▶▶▶ Ans

42

```
2 | 1008      2 | 924
2 |  504      2 | 462
2 |  252      3 | 231
2 |  126      7 |  77
3 |   63          11
3 |   21
      7
```

例題 46 在一個圓的圓周上，平均分佈了 60 個洞，兩洞間稱為一間隔。在 A 洞打上一支木樁並綁上線，然後依逆時針方向前進每隔 9 個間隔就再打一支木樁，並綁上線，依此繼續操作，如右圖所示。試問輪回到 A 洞需再打樁前，總共已經打了幾支木樁？【91 學測】

> 重逢問題，不是找 g.c.d 便是找 l.c.m。

> 由 A 當第 1 個洞，再 180 個洞，共 180 個間隔

▶▶▶ Sol

∵ 輪回到 A 洞須再經 $[60, 9] = [2^2 \times 3 \times 5, 3^2] = 180$ 個洞，

且每 9 個間隔打 1 支木樁，

∴ 輪回到 A 洞須再打樁前，總共已經打了 $\dfrac{180}{9} = 20$ 支木樁

▶▶▶ Ans

20

CHAPTER 6

分數與小數的運算要領

6-1　分數運算要領整理

6-2　小數運算要領整理

6-3　解開例題、弄懂策略

重點整理6-1　分數運算要領整理

> 但「分母」太醜或「帶分數」太多時，就不要「先化假分數」！

其實，「分數」的運算要領很簡單！
只要經過一些處理，再鎖定「分子、分母」套用「整數運算要領」便可順利完成「分數的運算」！

> 「整數」也是一種「特別的（帶）分數」⇒ 整數 $\underset{數化}{\overset{分}{=}}$ $\frac{整數}{1}$

要領 1

「帶分數」最好先化成「假分數」

① 真分數 $\overset{定義}{=}$ 分子絕對值「小於」分母絕對值的分數，如：$\frac{2}{3}, \frac{-3}{4}$

② 假分數 $\overset{定義}{=}$ 分子絕對值「不小於」分母絕對值的分數，如：$\frac{3}{2}, \frac{-4}{3}$

③ 帶分數 $\overset{定義}{=}$ 整數 + 真分數，如：$1\frac{1}{2}, -2\frac{3}{4}$

> 「最簡」分數 $\overset{定義}{=}$ 分子、分母「互質」的分數
> 亦即：執行完「上、下能約就約」動作後的「分數」

如果，你沒將「帶分數」先化成「假分數」，那就要注意：
「帶分數 = 整數 + 真分數」在「運算」時，應記得「帶分數」的
「整數、真分數」是「一組有隱性括號的整體」

> 尤其在進行「除法」運算時，尤應小心

例：$5 - 3\frac{1}{2} = 5 - (3 + \frac{1}{2})$；$5 \times 3\frac{1}{2} = 5 \times (3 + \frac{1}{2})$；$5 \div 3\frac{1}{2} = 5 \div (3 + \frac{1}{2})$；

例：$\pm 3\frac{5}{7}$
$= \pm(3 + \frac{5}{7})$
$= \pm 3 \pm \frac{5}{7}$

「帶分數」的（不先化成「假分數」的前提下）
● 「加減」：「整數」、「真分數」分開「加減，再相加」
● 「乘」：常用「整數 + 真分數」及「分配律」來處理。

例：$2\frac{2}{3} - 1\frac{1}{6} = (2 - 1) + (\frac{2}{3} - \frac{1}{6})$　「分開加減」，再「相加」

例：$2\frac{2}{3} \times 1\frac{1}{6} = (2 + \frac{2}{3}) \times (1 + \frac{1}{6})$

分數與小數的運算要領

要領 2

> 「單一分數」的「分子、分母」之「上下」同除以「相同數」，稱之為「約分」

分數的「加、減」運算程序：

> 取多組原分母的最小公倍數當共同的新分母，稱之為「通分」

> 「單一分數」的「分子、分母」之「上下」，同乘「相同數」，稱之為「擴分」

① 將數個分數「通分」化「同分母」。
② 分數的「負號優先擺在分子」。
③ 已通分後的分母當「共同的新分母」，再進行「分子」間「與原始算式相同」的「加減運算」。
④ 「有繁雜分母」不容易「通分」時，可將「有相同繁雜分母」的部份「先合併整理」！
⑤ 可將「括號外」有「能將繁雜分母約分掉」的「乘、除項」，用「分配律」予以「去括號展開」。

> 原分母比共同的新分母少乘什麼，則原分子就多乘什麼當新分子

> 「通分」後的「分數加、減」就會變成「分子間的整數加、減」

> 要留意：「外提、內乘（除）一個「負數（負號）」時，「括號內要全部變號」！

要領 3

分數的「乘、除」運算程序：

① 分數的「負號優先擺在分子」。
② 將「除號後面」的數，予以「倒數」。亦即：可以「除」化「倒數乘」！
③ 「分子、分母（上、下）」有「公因數」時，「能約分，儘量約掉」。

> 分數$_1 \div$ 分數$_2 =$ 分數$_1 \times \dfrac{1}{\text{分數}_2}$

$\dfrac{a \times 甲}{a \times 乙} = \dfrac{甲}{乙}$（上、下的乘法共同項 a，可對消）

> 新分子 / 新分母 $= \dfrac{\text{分子}_1 \times \text{分子}_2}{\text{分母}_1 \times \text{分母}_2}$

④ 「真分數」或「假分數」相乘時，把「分子相乘做為新分子」，「分母相乘做為新分母」，所得的新分數就是分數的乘積。
⑤ 要留意：「外提、內乘（除）」一個「負數（負號）」時，「括號內要全部變號」！
⑥ 利用「只有奇數個負數（負號）乘除，才是負」原則，先確定「乘除式的最終正負」，再「全部改為正數乘除」。

> 執行完「將除化倒數乘」動作後，「分數乘、除」就會變數「分子 v.s. 分子」及「分母 v.s. 分母」的「整數乘」

089

實數的生存法則

重點整理6-2　小數運算要領整理

我們會遇到的「小數」種類，大致可以分成兩類：
「（帶）小數」，如：0.234、1.234、50.234、⋯
　　　　　　　　　　0+0.234　1+0.234　50+0.234

及

「有限循環（節）小數，如：$0.\overline{3} = 0.33\cdots3\cdots$、$1.0\overline{23} = 1.0232323\cdots23\cdots$、⋯」。

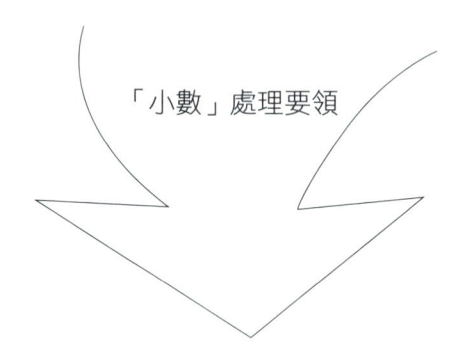

「小數」處理要領

要領 1

先將「小數點對齊」，要依「整數運算要領」進行運算的處理！

要領 2

有理分數 =(定義) 分子、分母都是「整數」的分數

先將「（帶）小數」予以「（有理）分數化」，再依「分數運算要領」進行運算的處理。

1. 利用 ×(乘) 10、100、1000、⋯⋯的方式，將「小數的絕對值」予以「整數化」。
2. 利用 ÷ 10、100、1000、⋯⋯的方式，還原回原小數的絕對值數值大小，必要時，再進行「最簡分數化」約分。
3. 冠上原始小數的「正負號」給所得「分數」。

如：將 ± 2.85 化成分數
(1) 2.85 × 100 = 285（整數化）
(2) $285 \div 100 = \dfrac{285}{100} = \dfrac{57}{20} = 2\dfrac{17}{20}$

除法還原並最簡分數化

(3) 冠上原始小數的「正負號」
∴ 所求 = $\pm 2\dfrac{17}{20}$

要領 3

用「引進符號」概念把「有限循環（節）小數」予以「（有理）分數化」，再依「分數運算要領」進行運算的處理。

> 1. 令 $x =$ 有限循環（節）小數的循環節部分。
> 2. 利用 ×乘 10、100、1000、……的方式，將「小數的絕對值」之「小數點退到循環節的後一位」。
> 3. 利用 x 的代數方程式，求出 x 的分數值。
> 4. 冠上原始「有限循環（節）小數」的「正負號」給所求「分數」。
>
> 如：將 $\pm 1.0\overline{32}$ 化成分數
> (1) 令 $x = 0.0\overline{32}$（$\overline{32}$ 為循環節）
> ∴ $1000x = 32.3232\cdots\cdots$
> (2) $1000x = 32.\overline{32} = 32 + 0.\overline{32} = 32 + 10x$
> (3) 解代數方程式：$990x = 32 \Rightarrow x = \dfrac{32}{990} = \dfrac{16}{495}$
> (4) 冠上原始有限循環（節）小數的「正負號」
>
> $10x = 0.\overline{32} = 03232\cdots$

取「循環節」部分來引入符號

設法將小數點退到原循環節 $0.0\overline{32}$ 的後一位

∴ 所求 $= \pm 1\dfrac{16}{495}$（別忘了補上整數部分）

要領 4

混雜型算式，必先「（有理）分數化」

只有「小數 v.s. 小數 v.s. 整數」問題，才直接用「小數的要領1」來處理。否則，一律「先將小數，予以（有理）分數化」！

常配合有「同型或共同項」時，先引進「符號」，取代以簡化算式

「繁雜分數」算式，要善用「分子、分母」上下「能約就約」，不要急著展開！

重點整理6-3　解開例題、弄懂策略

精選範例

例題 1　試求 $1 \div 0.1 \times 0.01 \div \dfrac{1}{1000} \times 0.0001$ 之值

▶▶▶ Sol

$1 \div \boxed{0.1} \times \boxed{0.01} \div \dfrac{1}{1000} \times \boxed{0.0001}$

混雜型算式，先「（有理）分數化」

$= 1 \div \dfrac{1}{10} \times \dfrac{1}{100} \div \dfrac{1}{1000} \times \dfrac{1}{10000}$

先把「小數」化「分數」

$= 1 \times 10 \times \dfrac{1}{100} \times 1000 \times \dfrac{1}{10000}$

把「除」化「倒數乘」

$= \dfrac{1}{1} \times \dfrac{1}{10} \times \dfrac{1}{10}$

「分子、分母」之「上、下能約就約」

$= \dfrac{1}{100}$

「分數乘」，必「分子間」、「分母間」互「乘」

▶▶▶ Ans

$\dfrac{1}{100}$

「整數1」也「分數化」成「$\dfrac{1}{1}$」

例題 2　試求下列各式之值：

(1) $4.25 + (1\dfrac{3}{4} - \dfrac{2}{3}) \div (-13)$　　(2) $6.4 \div (-0.4) - 9 \times (-1\dfrac{2}{3})$

▶▶▶ Sol

(1) $\boxed{4.25} + (1\dfrac{3}{4} - \dfrac{2}{3} \div (-13)$

「帶分數」先化「假分數」（含「整數」$\dfrac{分數}{=}\dfrac{整數}{1}$）

$\underset{\text{化分數}}{\overset{\text{小數}}{=}} \dfrac{\overset{17}{\cancel{425}}}{\underset{4}{\cancel{100}}} + (\dfrac{7}{4} - \dfrac{2}{3}) \boxed{\div (\dfrac{-13}{1})}$

「除」化「倒數乘」

$= \dfrac{17}{4} + (\dfrac{7 \times 3}{4 \times 3} - \dfrac{2 \times 4}{3 \times 4}) \times (\dfrac{1}{-13})$

「分數加減」，先將「分母通分，化相同」，再進行「（新）分子間的加減」

「分子、分母」之「上、下能約就約」

$= \dfrac{17}{4} + \dfrac{21-8}{12} \times (\dfrac{-1}{13})$ ← 負號先抓到分子且能約先約

$= \dfrac{17}{4} + \dfrac{\overset{1}{\cancel{13}}}{12} \times (\dfrac{-1}{\underset{1}{\cancel{13}}})$

$= \dfrac{17}{4} + [\dfrac{1 \times (-1)}{12}]$ ← 「負數」被「±、×、÷」先加「括號」

$= \dfrac{17 \times 3}{4 \times 3} + (\dfrac{-1}{12})$ ← 「分數加減」，先將「分母通分，化相同」

$= \dfrac{51-1}{12}$ ← 「通化」化「相同分母」後，再進行「（新）分子間的加減」

$= \dfrac{\overset{25}{\cancel{50}}}{\underset{6}{\cancel{12}}}$ ← 「分子、分母」之「上、下能約就約」

$= \dfrac{25}{6}$

「分數乘」，必「分子間」、「分母間」互「乘」

(2) $\boxed{6.4} \div \boxed{(-0.4)} - 9 \times (-1\dfrac{2}{3})$

「分數」的「負號」給「分子」且「帶分數」先化「假分數」

$\overset{小數}{\underset{化分數}{=}} \dfrac{64}{10} \boxed{\div (\dfrac{-4}{10})} - 9 \times (\dfrac{-5}{3})$

$= \dfrac{\overset{16}{\cancel{64}}}{\underset{1}{\cancel{10}}} \boxed{\times (\dfrac{\overset{1}{\cancel{10}}}{\underset{1}{\cancel{-4}}})} - \dfrac{\overset{3}{\cancel{9}}}{1} \times (\dfrac{-5}{\underset{1}{\cancel{3}}})$ ← 「分子、分母」之「上下能約就約」

$= [\dfrac{16 \times 1}{-1}] - [\dfrac{3 \times (-5)}{1}]$

「分數乘，必「分子間」、「分母間」互乘

$= -16 + 15$

$= -1$

「負數」被「±、×、÷」先加「括號」

▶▶▶ Ans

(1) $\dfrac{25}{6}$ (2) -1

「除」化「倒乘數」

實數的生存法則

例題 3 試求下列各式之值：

$(1)\left(\dfrac{5}{6}-\dfrac{4}{21}\right)\times(-84)\div\left(-\dfrac{2}{3}\right)$ $(2)\dfrac{5}{3}\times\left(-\dfrac{9}{10}\right)-\left[(-2)-5\div\dfrac{20}{7}\right]$

▶▶▶▶ Sol

「分母」先「通分」化「相同」

$(1)\left(\dfrac{5}{6}-\dfrac{4}{21}\right)\times(-84)\div\left(-\dfrac{2}{3}\right)$

整數 $\xrightarrow{\text{分數化}}$ $\dfrac{\text{整數}}{1}$

$=\left(\dfrac{5\times 7}{6\times 7}-\dfrac{4\times 2}{21\times 2}\right)\times\left(\dfrac{-84}{1}\right)\div\left(\dfrac{-2}{3}\right)$ ← 負號先抓到分子

$=\dfrac{35-8}{42}\times\dfrac{-84}{1}\times\left(\dfrac{3}{-2}\right)$

「除」變「倒數乘」

$=\dfrac{27}{42_1}\times\left(\dfrac{\overset{2}{-84}}{1}\right)\times\left(\dfrac{3}{-2_1}\right)$

「分子、分母」之「上下能約就約」

$=\dfrac{27\times(-1)\times 3}{1\times 1\times(-1)}$

「分數乘」，必「分子間」、「分母間」互「乘」

$=81$ 「分子、分母」之「上下能約就約」

$(2)\dfrac{5}{3}\times\left(-\dfrac{9}{10}\right)-\left[(-2)-5\div\dfrac{20}{7}\right]$

「除」化「倒數乘」

$=\dfrac{\overset{1}{5}}{3_1}\times\dfrac{-\overset{3}{9}}{10_2}-\left[(-2)-\dfrac{\overset{1}{5}}{1}\times\dfrac{7}{20_4}\right]$ ← 負數先抓到分子且能約先約

$=\dfrac{1\times(-3)}{1\times 2}-\left[(-2)-\dfrac{1\times 7}{1\times 4}\right]$

「分數乘」，必「分子間」、「分母間」互「乘」

$=\dfrac{-3}{2}-\left[\dfrac{-2}{1}-\dfrac{7}{4}\right]$

$=\dfrac{-3}{2}-\left[\dfrac{(-2)\times 4}{1\times 4}-\dfrac{7}{4}\right]$

「分數加減」，先將「分母通分，化相同」

$=\dfrac{-3}{2}-\left[\dfrac{-8-7}{4}\right]$

「負數」被「±、×、÷」先加「括號」

$=\dfrac{-3}{2}-\left(\dfrac{-15}{4}\right)$

「通分」化「相同分母」後，再進行「（新）分子間的加減」

$=\dfrac{(-3)\times 2}{2\times 2}+\dfrac{15}{4}$

$=\dfrac{-6+15}{4}$

「分數加減」，先將「分母通分，化相同」後，再進行「（新）分子間的加減」

$=\dfrac{9}{4}$

先用「引進符號概念，將有限循環（節）小數予以（有理）分數化」

例題 4 試求 $0.03\bar{2} \times 9 \div 3\frac{1}{10}$ 之值？

▶▶▶ Sol

(1) $\because 0.03\bar{2} = 0.0322\cdots$

$\therefore$ 令 $x = 0.00\bar{2} = 0.0022\cdots$ ← 對「循環節」引進符號

$\therefore \boxed{100}x = 0.22\cdots = \boxed{0.\bar{2}}$

且 $\boxed{1000}x = 2.22\cdots = 2 + 0.22\cdots = 2 + \boxed{100}x$ ← 將「小數點」退到原循環節 $0.00\bar{2}$ 的後一位

$\therefore 900x = 2$ ← 利用：$1000x = 2 + 100x$

$\therefore x = \dfrac{2}{900}$

$\therefore 0.03\bar{2} = 0.03 + \boxed{0.00\bar{2}}$

$= \dfrac{3}{100} + \boxed{x}$ ← $x = 0.00\bar{2} = \dfrac{2}{990}$

$= \dfrac{3}{100} + \boxed{\dfrac{2}{900}}$

$= \dfrac{3 \times 9}{100 \times 9} + \dfrac{2}{900}$ ← 「分數加減」，先將「分母通分，化相同」

$= \dfrac{27 + 2}{900}$ ← 「通分」化「相同分母」後，再進行「（新）分子間的加減」

$= \dfrac{31}{900}$

將「小數」予以「分數化」

(2) $0.03\bar{2} \times 9 \div 3\dfrac{1}{10}$ ← 「帶分數」先化「假分數」

$= \dfrac{31}{900} \times \dfrac{9}{1} \boxed{\div \dfrac{31}{10}}$ ← 整數 $\overset{分數}{\underset{化}{=}}$ $\dfrac{整數}{1}$

$= \dfrac{31}{\underset{100}{900}} \times \dfrac{9}{1} \boxed{\times \dfrac{10}{31}}$ ← 「除」化「倒數乘」

$= \dfrac{\cancel{31} \times 1}{\underset{10}{\cancel{100}} \times 1} \times \dfrac{\cancel{10}}{\cancel{31}}$

$= \dfrac{1 \times 1 \times 1}{10 \times 1 \times 1}$ ← 「分數乘」，必「分子間」、「分母間」互「乘」

$= \dfrac{1}{10}$

▶▶▶ Ans

$\dfrac{1}{10}$ ← 「分子、分母」之「上下能約就約」

實數的生存法則

例題 5 班上段考有 $\frac{3}{4}$ 的學生數學及格，有 $\frac{2}{5}$ 的學生英文及格，已知有 $\frac{1}{6}$ 的學生 2 科都及格，求只有一科及格的學生有幾分之幾？

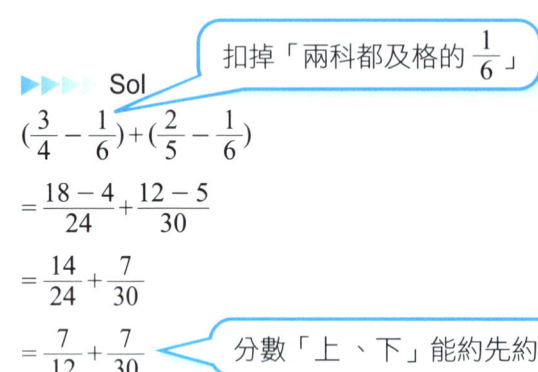

▶▶▶ Sol

扣掉「兩科都及格的 $\frac{1}{6}$」

依題目「已知訊息」畫出圖形

$(\frac{3}{4} - \frac{1}{6}) + (\frac{2}{5} - \frac{1}{6})$

$= \frac{18-4}{24} + \frac{12-5}{30}$

$= \frac{14}{24} + \frac{7}{30}$

$= \frac{7}{12} + \frac{7}{30}$ ◀ 分數「上、下」能約先約

$= \frac{35}{60} + \frac{14}{60}$ ◀ 「分數加減」，先將「分母通分，化相同」

$= \frac{49}{60}$

▶▶▶ Ans

$\frac{49}{60}$

此處：$a^2 = a \times a$ 且 $a^3 = a \times a \times a$

例題 6 計算 $(-9) \div (-1.5)^3 \times \frac{1}{4} + (-2)^2$ 之值？

▶▶▶ Sol

$(-9) \div (-1.5)^3 \times \frac{1}{4} + (-2)^2$

$= (-9) \div (\frac{-3}{2})^3 \times \frac{1}{4} + (-2)^2$ ◀ 先把「小數」化成「分數」

$= (-9) \div (\frac{-27}{8}) \times \frac{1}{4} + 4$ ◀ 次方乘開，「負號」的奇數次方最終結果也為「負數」

$= (-9) \times (\frac{-8}{27}) \times \frac{1}{4} + 4$

$= \frac{8}{3} \times \frac{1}{4} + 4$ ◀ 把「除」化「倒數乘」且「分數上下，能約先約」

$= \frac{2}{3} + 4$

$= 4\frac{2}{3}$

偶數個「負號」相乘，最終結果為「正」

▶▶▶ Ans

$4\frac{2}{3}$

例題 7 小明帶若干元去買東西，買菜花了 $\frac{1}{4}$，買衣服又用去剩餘的 $\frac{1}{3}$，最後剩下 400 元，求小明原本帶了多少錢？

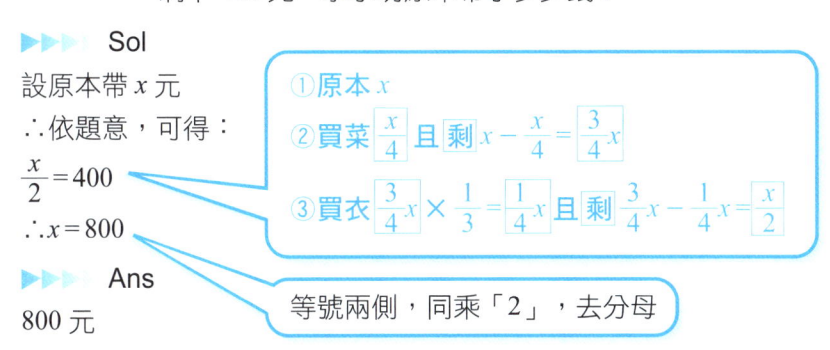

▶▶▶ Sol

設原本帶 x 元
∴依題意，可得：
$\frac{x}{2} = 400$
∴ $x = 800$

① 原本 x
② 買菜 $\frac{x}{4}$ 且剩 $x - \frac{x}{4} = \frac{3}{4}x$
③ 買衣 $\frac{3}{4}x \times \frac{1}{3} = \frac{1}{4}x$ 且剩 $\frac{3}{4}x - \frac{1}{4}x = \frac{x}{2}$

等號兩側，同乘「2」，去分母

▶▶▶ Ans

800 元

例題 8 求 $\frac{2006}{2007} \times 2006$ 之值 = ？

▶▶▶ Sol

$\frac{2006}{2007} \times (2007 - 1)$

數字太大不易直接相乘，化為能跟「分母約分」的組合

$= \frac{2006}{2007} \times 2007 - \frac{2006}{2007}$

利用「分配律」展開

$= 2006 - \frac{2006}{2007}$

分數上下，能約先約

$= 2005\frac{1}{2007}$

$2006 = 2005 + 1$，取「1」來減「$\frac{2006}{2007}$」

▶▶▶ Ans

$2005\frac{1}{2007}$

例題 9 在 $\frac{-1}{6}$ 和 $\frac{-3}{4}$ 之間，分母為 12 的所有最簡分數之和 = ？

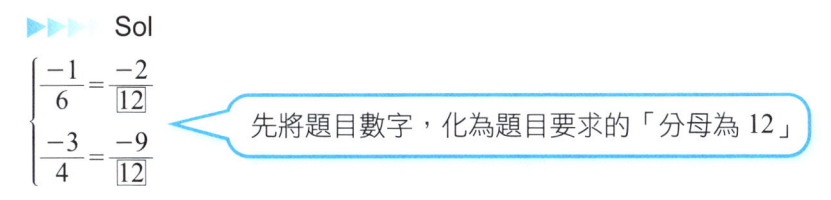

▶▶▶ Sol

$\begin{cases} \frac{-1}{6} = \frac{-2}{12} \\ \frac{-3}{4} = \frac{-9}{12} \end{cases}$

先將題目數字，化為題目要求的「分母為 12」

實數的生存法則

最簡分數＝分子、分母「互質」的分數

$\dfrac{-8}{12}$, $\dfrac{-7}{12}$, $\dfrac{-6}{12}$, $\dfrac{-5}{12}$, $\dfrac{-4}{12}$, $\dfrac{-3}{12}$

∴只有：$\dfrac{-5}{12}$、$\dfrac{-7}{12}$，共 2 個分數符合題目之要求

∴ $\dfrac{-5}{12}+(\dfrac{-7}{12})=\dfrac{-5-7}{12}=\dfrac{-12}{12}=-1$

▶▶▶ Ans

-1

例題 10 數線上有 P、Q、R 三點，P 在 Q 的右邊，Q 在 R 的左邊，若 P、Q 相距 $5\dfrac{7}{12}$、Q、R 相距 $7\dfrac{5}{6}$，若 R 在 $1\dfrac{2}{3}$ 上，求 P、Q 的位置？

▶▶▶ Sol

坐標＝R 坐標 減（向左）距離

∴ $Q=1\dfrac{2}{3}-7\dfrac{5}{6}$

　$=1\dfrac{4}{6}-7\dfrac{5}{6}$　先通分

　$=\dfrac{10}{6}-\dfrac{47}{6}=\dfrac{-37}{6}$　「帶分數」化「假分數」

$P=\dfrac{-37}{6}+5\dfrac{7}{12}$　坐標＝Q 坐標 加（向右）距離

　$=\dfrac{-74}{12}+5\dfrac{7}{12}$　先通分

　$=\dfrac{-74}{12}+\dfrac{67}{12}=\dfrac{-7}{12}$　「帶分數」化「假分數」

▶▶▶ Ans

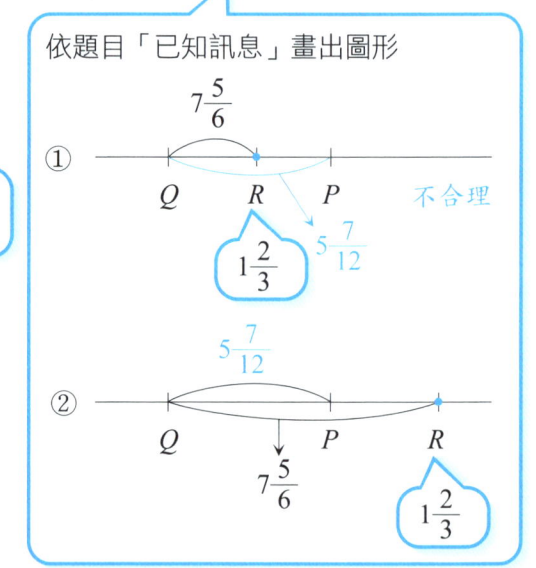

$P=\dfrac{-7}{12}$, $Q=\dfrac{-37}{6}$

依題目「已知訊息」畫出圖形

① Q　R　P　不合理　$7\dfrac{5}{6}$　$1\dfrac{2}{3}$　$5\dfrac{7}{12}$

② Q　P　R　$5\dfrac{7}{12}$　$7\dfrac{5}{6}$　$1\dfrac{2}{3}$

此處：甲³＝甲×甲×甲

例題 11 若 a,b 兩數滿足 $a\times 567^3=10^3$，$a\div 10^3=b$，求 $a\times b=$？

▶▶▶ Sol

∵ $a\times 567^3=10^3$

∴ $a=\dfrac{10^3}{567^3}$

$a\div 10^3=b$

∴ $a\times b=\dfrac{10^3}{567^3}\times(\dfrac{10^3}{567^3}\div 10^3)$

不要急著展開：
～繁雜「分數乘除」通常可以用「上下能約先約」予以簡化

$$= \frac{10^3}{567^3} \times (\frac{10^3}{567^3} \times \frac{1}{10^3})$$ ← 「除」化「倒數乘」

$$= \frac{10^3}{567^6}$$ ← 分數上下，能約就約

▶▶▶ Ans $567^3 \times 567^3 =$ 共「6」個 567「相乘」= 567^6

$\frac{10^3}{567^6}$

例題 12 若 $\frac{1}{2 \times 3^3 \times 7^2} - \frac{1}{2^3 \times 3^2 \times 7} = \frac{A}{B}$，若 $B > 0$，且 A、B 互質，求 $A = ?$

▶▶▶ Sol

$$\frac{1 \times \boxed{2^2}}{2 \times 3^3 \times 7^2 \times \boxed{2^2}} - \frac{1 \times \boxed{3 \times 7}}{2^3 \times 3^2 \times 7 \times \boxed{3 \times 7}}$$ ← 通分（取 l、c、m 當新分母）

$$= \frac{4 - 21}{2^3 \times 3^3 \times 7^2} \Leftrightarrow \frac{A}{B} \qquad \therefore A = -17$$

← 題目要求

「原分母」v.s.「新共同分母」，缺什麼項？
「原分子」跟著「補乘缺項」便可得「新分子」

▶▶▶ Ans
-17

例題 13 有 12.5 公升的茶，每 $\frac{3}{4}$ 公升分成一瓶，最多可裝成 k 瓶，還剩下 a 公升，求 k、$a = ?$

▶▶▶ Sol

$12.5 \div \frac{3}{4}$ ← 將小數化成分數

$\because$ 每「$\frac{3}{4}$」公升裝「1」瓶
$\therefore$「$\div \frac{3}{4}$」的「商 = 瓶數」且
「餘 = 剩下的茶」

$$= \frac{125}{10} \div \frac{3}{4}$$

$$= \frac{125}{10} \times \frac{4}{3}$$ ← 把「除」化「倒數乘」

$$= \frac{125}{10_5} \times \frac{\overset{2}{4}}{3}$$ ← 「分子、分母」之「上、下能約就約」

$$= \frac{\overset{50}{250}}{15_3} = \frac{50}{3} = 16\frac{2}{3}$$

$\therefore k = 16$，$a = \frac{2}{3}$

▶▶▶ Ans
$k = 16$，$a = \frac{2}{3}$

實數的生存法則

例題 14 小明和小林一起爬樓梯，起點在一樓，當小明爬到第 49 樓時，小林爬到第 25 樓，小明爬的高度是小林的幾倍？
(A) $\frac{25}{49}$ (B) $\frac{49}{25}$ (C) $\frac{1}{2}$ (D)2

▶▶▶▶ Sol

小明爬了 49 − 1 = 48 層

小林：爬了 25 − 1 = 24 層

∴ $\frac{48}{24} = 2$

> 爬樓層是一種「間距」問題，可用「簡單實例」來協助思考！如：1 樓爬到 3 樓共爬了「3 − 1 = 2」個樓層

▶▶▶▶ Ans

(D)

例題 15 987 ÷ (2002 − 123) = ?
(A) $987 \times \frac{1}{2002} - 987 \times \frac{1}{123}$ (B) $987 \times \frac{1}{2002} + 987 \times \frac{1}{123}$
(C) $987 \times \frac{1}{2002 + 123}$ (D) $987 \times \frac{1}{2002 - 123}$

▶▶▶▶ Sol

原式 = $987 \times \left(\frac{1}{2002 - 123}\right)$

≠ (A),(B),(C)

> 分配律只有「乘」才有
> 把「除」化「倒數乘」

▶▶▶▶ Ans

(D)

例題 16 小明到餐廳吃飯，拿到帳單後，發現有 10% 服務費，不過，小明有會員卡能打九折，請問小明需付 _____ % 的原價？

▶▶▶▶ Sol

設原價 x 元，

∵ 先加服務費：$x(1+0.1) = 1.1x$，

　接著再打九折：$1.1x \times 0.9 = 9.9x$

∴ 小明實付：$9.9x = \frac{99}{100}x = (99\%) \times x$

> $10\% = \frac{10}{100} = 0.1$ 且
> 打九折 = 原價 × 90%
> 　　　 = 原價 × $\frac{90}{100}$ = 原價 × 0.9

▶▶▶▶ Ans

99%

例題 17

試求 (1) $0.\overline{3} + 0.4\overline{2}$

(2) $0.\overline{5} + 0.\overline{67}$

▶▶▶ Sol

(1) 設 $0.\overline{3} = x$ 且 $0.4\overline{2} = y$　　**循環小數，引進符號代數化**

① ∴ 可得：$\begin{cases} 10x = 3.\overline{3} \\ x = 0.\overline{3} \end{cases}$

∴ $\boxed{10x - x} = \boxed{3.\overline{3} - 0.\overline{3}} = 3$

∴ $9x = 3$

∴ $x = \dfrac{1}{3}$

② ∴ 可得：$\begin{cases} 100y = 42.\overline{2} \\ 10y = 4.\overline{2} \\ y = 0.4\overline{2} \end{cases}$

∴ $\boxed{100y - 10y} = \boxed{42.\overline{2} - 4.\overline{2}} = 3.8$

∴ $90y = 38$

∴ $y = \dfrac{38}{90} = \dfrac{19}{45}$　　**「分子、分母」上下能約就約**

∴ $0.\overline{3} + 0.4\overline{2} = \dfrac{1}{3} + \dfrac{19}{45}$

$= \dfrac{15}{45} + \dfrac{19}{45}$

$= \dfrac{34}{45}$

(2) 設 $0.\overline{5} = x$ 且 $0.\overline{67} = y$

③ ∴ 可得：$10x = 5.\overline{5}$ 且 $x = 0.\overline{5}$

∴ $\boxed{10x - x} = \boxed{5.\overline{5} - 0.\overline{5}} = 5$

∴ $9x = 5$

∴ $x = \dfrac{5}{9}$

④ ∴ 可得：$100y = 67.\overline{67}$ 且 $y = 0.\overline{67}$

∴ $\boxed{100y - y} = \boxed{67.\overline{67} - 0.\overline{67}} = 67$

∴ $99y = 67$

∴ $y = \dfrac{67}{99}$

$$\therefore 0.\overline{5} + 0.\overline{67} = \frac{5}{9} + \frac{67}{99}$$
$$= \frac{55}{99} + \frac{67}{99}$$
$$= \frac{122}{99} = 1\frac{23}{99}$$

▶▶▶▶ Ans

(1) $\frac{34}{45}$ (2) $1\frac{23}{99}$

例題 18　試比較 $0.\overline{46}$ 和 $0.4\overline{6}$ 之大小

▶▶▶▶ Sol

(1) **直接比較法**：

$0.\overline{46} = 0.4\boxed{6464}\cdots\cdots$

$0.4\overline{6} = 0.4\boxed{6666}\cdots\cdots$

$\therefore 0.4\overline{6} > 0.\overline{46}$　　直接比較「相異處」即可！

(2) **引進符號代數化法**：

設 $x = 0.\overline{46}$ 且 $y = 0.4\overline{6}$

① $\therefore$ 可得：$100x = 46.\overline{46}$ 且 $x = 0.\overline{46}$

$\therefore \boxed{100x - x} = 99x = \boxed{46.\overline{46} - 0.\overline{46}} = 46$

$\therefore x = \frac{46}{99}$

② $\therefore$ 可得：$10y = 4.\overline{6}$ 且 $100y = 46.\overline{6}$

$\therefore \boxed{100y - 10y} = 90y = \boxed{46.\overline{6} - 4.\overline{6}} = 42$

$\therefore y = \frac{42}{90} = \frac{21}{45} = \frac{7}{15}$　　「分子、分母」上下能約就約

$\therefore \begin{cases} x = \frac{46}{99} \\ y = \frac{7}{15} \end{cases}$

通分

又因：$\frac{46}{99} - \frac{7}{15} = \frac{46 \times \boxed{15} - 7 \times \boxed{99}}{99 \times 15} = \frac{690 - 693}{99 \times 15} < 0$

$\therefore 0.4\overline{6}$ 大

▶▶▶▶ Ans

$0.4\overline{6} > 0.\overline{46}$

例題 19 小明開車的速率為 90 km/hr，相當於 1 分鐘開幾公尺？

▶▶▶ Sol

1 hr（小時）= 60 min（分鐘）

1km（公里）= 1000 m（公尺）

$90 \text{ km} \to 1 \text{ hr}$
$90 \text{ km} \to 60 \text{ min}$
$90000 \text{ m} \to 60 \text{ min}$

∴所求為：$90000 \div 60 = 90000 \times \dfrac{1}{60} = \dfrac{\overset{1500}{90000}}{\underset{1}{60}} = 1500$（公尺／分鐘）

「除」化「倒數乘」

分數上下，能約就約

▶▶▶ Ans
1500 公尺

例題 20 甲班有 44 位同學，其中男生 20 位，女生 22 位，若男生的平均分數為 82 分，女生平均分數為 x 分，且全班的平均分數為 83 分，求女生平均分數＝？（用分數表示）

▶▶▶ Sol

先算出全班總分 $= 83 \times 44 = 3652$

依題意，可得：

$3652 = 82 \times 20 + 22x$ ← 全班總分 = 男生總分 + 女生總分
$\qquad = 1640 + 22x$

∴ $2012 = 22x$

∴ $x = 91.4545\cdots = 91.\overline{45}$ ← 用「長除法」

∴ $100x = 9145.\overline{45}$ 且 $x = 91.\overline{45}$

∴ $\boxed{100x - x} = 99x = \boxed{9145.\overline{45} - 91.\overline{45}} = 9054$

∴ $x = \dfrac{9054}{99} = \dfrac{3018}{33} = \dfrac{1006}{11}$ ← 「分子、分母」上下能約就約

▶▶▶ Ans
$\dfrac{1006}{11}$ 分

實數的生存法則

例題 21 在 94g 的水中加入 6g 的食鹽，可得到 100g 濃度為 6% 的食鹽水，請問在 12% 的食鹽水 25kg 中再加入幾公斤的食鹽可得 20% 的食鹽水？

> 1 kg（公斤）= 1000 g（公克）

> $6\% = \dfrac{6}{94+6}$

▶▶▶▶ Sol

∵依題意，可知：

濃度 = $\dfrac{\text{食鹽重}}{\text{水重}+\text{食鹽重}}\%$ = $\dfrac{\text{食鹽重}}{\text{食鹽水重}}\%$

> $y\% = \dfrac{y}{100} \Rightarrow 12\% = \dfrac{12}{100}$

∴可得：$12\% = \dfrac{\text{食鹽重}}{25}$，亦即：$\dfrac{12}{100} = \dfrac{\text{食鹽重}}{25}$

> 分式等式，必交叉相乘相等

∴$300 = 100 \times$ 食鹽重

∴食鹽重 = 3（公斤）

現設加入「x 公斤」食鹽，可使「12%的食鹽水」濃度變「20%」

∴可得：$\dfrac{3+x}{25+x} = 20\% = \dfrac{20}{100} = \dfrac{1}{5}$

> $y\% = \dfrac{y}{100}$

> 分數上下，能約就約

∴$5 \times (3+x) = (25+x) \times 1$

∴$15 + 5x = 25 + x$

> 分式等式，必交叉相乘相等

∴$4x = 10$

∴$x = 2.5$

▶▶▶▶ Ans

2.5 kg（公斤）

CHAPTER **7**

懂了分數及小數運算的基本應用

7-1　應用的關鍵「特徵」及「策略」
7-2　解開例題、弄懂策略

重點整理7-1　應用的關鍵「特徵」及「策略」

見「分數等式」的「求解（非分數算式的單純整理、計算）」問題，必用「交叉相乘相等」概念！

> 上述手法，其實只是「$\dfrac{a}{甲} \times \dfrac{b}{乙} \xRightarrow[甲 \times 乙 去分母]{同乘} a \times 乙 = b \times 甲$」的應用。
> 雖然很簡單，但卻是「所有」分數應用一定會用到的技法！

分母可能是：±1，± 分子的其他非 1「因數」且可設：分子 = 分母 × n

常配合：「自己整除自己」及「d│甲且d│乙」
⇒ d│（甲 × m ± 乙 × n）來除去「倍數的未知項」

「倍數」的「倍數加減」還是「倍數」

應用 1

(A)「分式」為「整數」，則「分母」必為「分子」的「因數」
(B)「分式」為「有限小數」，
　　則「分母」跟「分子」的「3、7、11、13、…」因數，必可約去！

應用 2

「分式 × A」為「整數」，則「分子、分母上下能約先約」，再「用 A 的分子去分式的分母」；「用分式的分子去 A 的分母」！

應用 3

售價 = 成本 ×（1 ± 賺賠比例）

「賺、賠」問題，必由「總成本」下手列式解題！

利潤　虧損

$\begin{cases} 賺、賠「金額」=（總）售價 －（總）成本 \\ 賺、賠「比例」= \dfrac{賺、賠金額}{成本} \end{cases}$

都是以「成本」為基準的概念！

PS: $x\% \stackrel{定義}{=} \dfrac{x}{100}$　　百分比 v.s. 分數

> 懂了分數及小數運算的基本應用

應用 4

> 如：$\dfrac{x\ 公斤}{0.6\ 公斤} = \dfrac{y\ 台斤}{1\ 台斤}$

見「單位變換」，必用「同單位的比例（值）分式相等」及優先考慮：將「大單位換成小單位」或共用單位概念來列式解題。

> 通常用類似「通分」的手法把「分母或分子」先「化為相同」。
> 取「較容易」化「相同」者下手

應用 5

分數的大小比較與調整：

(A) 必先鎖定「分子」或「分母」先「化為相同」！

(B) 「正」真分數的分子、分母，同加相同正數，會使分數變大。

> 用 $\dfrac{1+1}{2+1} \nearrow \dfrac{2}{3}$ 來聯想！
> 同加「越大數」，分數「越大」
> 反之：同減相同正數，會使分數變小

(C) 「正」假分數的分子、分母，同加相同正數，會使分數變小。

> 用 $\dfrac{2+1}{1+1} \searrow \dfrac{3}{2}$ 來聯想！
> 同加「越大數」，分數「越小」
> 反之：同減相同正數，會使分數變大

(D) 「靠近整數」的分數，先化成「整數 ± 較簡真分數」，如：

$$\dfrac{27}{31} = 1 - \dfrac{3}{31}\ ;\ \dfrac{31}{29} = 1 + \dfrac{2}{29}$$

> 對那些不好應用(A)、(B)、(C)比大小的「ugly 分數」，可以先化成「帶分數」，再「比大小」

(E) 以上皆非時，只好「兩兩相減（分母相乘但不乘開、原分子乘另一分母，再相減）」，如：

$$\dfrac{3}{31} - \dfrac{4}{37} = \dfrac{3 \times 37 - 4 \times 31}{31 \times 35} = \dfrac{111 - 124}{31 \times 35} < 0$$

實數的生存法則

應用 6

子分數 $\stackrel{\text{定義}}{=}$ 只含原分數部份分母的分數

「分母為連續性整數乘積」的「分數和（差）」，必拆成「子分數之差」，但需留意：可能要「乘上適當數字」以便能與原式相等！

如：因為 $\dfrac{1}{1\times 3}$ 的「子分數之差」為 $\boxed{\dfrac{1}{1}-\dfrac{1}{3}}=\dfrac{3-1}{1\times 3}=\boxed{\dfrac{2}{1\times 3}}\neq \boxed{\dfrac{1}{1\times 3}}$

所以，要「乘上 $\dfrac{1}{2}$」，以使 $\boxed{\dfrac{1}{2}}\times(\dfrac{1}{1}-\dfrac{1}{3})=\boxed{\dfrac{1}{1\times 3}}$ = 原式，亦即能與原式相等！

應用 7

「連續性的乘除」運算：應留意特殊分子「0、2、5、10」，並盡量用「分式（數）形態」來表現且善用「能約（分）先約（分）、能（合）併先（合）併」來簡化算式！

若「分子、分母」有「部份乘積項缺漏」，要「先借它缺漏項」，以便「分子、分母上下對消」

經常需配合「題目指定要求」，只「鎖定要求」來處理。如：題目只求「個位數字」，則只「鎖定個位數字」來思考，對其他「位數」，則另外整併，並不予理會！

補充說明

意謂：「除法等式」所得的
- 商 q =「除法數值」的「整數」
- 餘 r =「除法數值」的「真分數分子」

a 除以 b 的「商 = q」，「餘 r」

除法等式 $\Leftrightarrow a=bq+r$

除法數值 $\Leftrightarrow a\div b=(bq+r)\div b=q+\dfrac{r}{b}$

用「除法等式」及「除法數值」來看待「除法」，其最可能產生的迷失概念，可用下例來突顯，讀者應留意！

Ex：21 公斤水果，每 4 公斤裝一盒，用「除法」來處理可得：

$21\div 4=\begin{cases} 商\ 5\text{，}餘\ 1\text{（除法等式）}\stackrel{\text{意謂}}{=}\text{裝 5 盒，剩「1 公斤」} \\ 5\dfrac{1}{4}\text{（除法數值）}\stackrel{\text{意謂}}{=}\text{可裝「}5\dfrac{1}{4}\text{」盒} \end{cases}$

重點整理7-2 解開例題、弄懂策略

精選範例

例題 1 試問有哪些正整數 n 可以使得 $\frac{1}{n}+\frac{2}{n}+\cdots+\frac{12}{n}$ 為整數？

▶▶▶ Sol

$\because \frac{1}{n}+\frac{2}{n}+\cdots+\frac{12}{n}=\frac{1}{n}(1+2+\cdots+12)=\frac{1}{n}\times\frac{12\times 13}{2}=\frac{78}{n}$

又因：欲使 $\frac{78}{n}$ 為整數

$\therefore n \mid 78$ 意謂：n 整除 78 $\therefore n=1, 2, 3, 6, 13, 26, 39, 78$

▶▶▶ Ans

$n = 1, 2, 3, 6, 13, 26, 39, 78$

> 「分數乘」，必「分子間」、「分母間」互「乘」

> 「分數加減」，當「分母相同」，則進行「分子間的加減」

> 利用：「梯形公式」求和 = $\frac{(上底+下底)\times 高（項數）}{2}$

> 若「分式」為整數，則「分母」必為「分子」的「因數」

例題 2 已知 $\frac{8n+11}{3n}$ 為整數，試求正整數 n 的個數？

▶▶▶ Sol

$\because \frac{8n+11}{3n}$ 為「整數」

$\therefore$「$8n+11$」為 $3n$ 的「倍數」

又因：「$3n$」也是 $3n$ 的「倍數」

$\therefore$「$(8n+11)\times 3 - 3n\times 8$」也是 $3n$ 的「倍數」

$\therefore$「33」是 $3n$ 的「倍數」

$\therefore n$ 是 11 的「正因數」

$\therefore n = 1, 11$ 共「2 個」

▶▶▶ Ans

2 個

> 見「分式」為「整數」，必用：「分母為分子的因數」

> 善用：「自己整除自己」

> $\because n$ 是「正整數」且「33 跟 $3n$」可先約去「3」

> 用「倍數」的「倍數和」，仍是「倍數」去掉「倍數的未知項 n」

實數的生存法則

例題 3 某商人以每公斤 8 元買進 120 公斤的西瓜，然後以每台斤 8 元賣出，賣完後共賺多少元？（1 台斤 = 0.6 公斤）

▶▶▶ Sol

(1) 設 120 公斤可以轉換成 x 台斤，可得：

$$\frac{120_{公斤}}{0.6_{公斤}} = \frac{x_{台斤}}{1_{台斤}}$$

「單位轉換」必用「同單位的比值分式相同」。

$\therefore 0.6x = 120$ ← 見「分式等式」，必用：交叉相乘相等

$\therefore x = 120 \div 0.6$

$= 120 \div \frac{6}{10}$ ← 「小數」化「分數」

$= \frac{\overset{20}{120}}{1} \times \frac{10}{\underset{1}{6}}$ ← 「除」化「倒數乘」

$= 200$（台斤）

(2) 利潤 $= 8_{元/台斤} \times 200_{台斤} - 8_{元/公斤} \times 120_{公斤}$

$= 640$（元）

利用「利潤」=「（總）收入」減「（總）成本」來解題。

▶▶▶ Ans

640 元

例題 4 已知 1 台斤 = 0.6 公斤，1 公斤 = 2.2 磅。若甲的體重為 40 公斤，乙的體重為 70 台斤，丙的體重為 90 磅，則三人之體重關係為何？

▶▶▶ Sol

也可以取「磅」來當基準小單位

$\because$ 1 台斤 = 0.6 公斤且 1 公斤 = 2.2 磅

$\therefore$ 先將「乙、丙」的體重通通化為「公斤」

優先將「大單位換成小單位或共用單位」

$\therefore$ 可得：

$$\frac{70_{台斤}}{1_{台斤}} = \frac{乙_{公斤}}{0.6_{公斤}} \text{ 及 } \frac{丙_{公斤}}{1_{公斤}} = \frac{90_{磅}}{2.2_{磅}}$$

$\therefore$ 可得：$\begin{cases} 乙 = 70 \times 0.6 = 42 \\ 2.2 \times 丙 = 90 \end{cases}$

分式等式，必交叉相乘相等

$$\therefore \begin{cases} 乙 = 42（公斤） \\ 丙 = 90 \div 2.2 = 90 \div \dfrac{22}{10} = \dfrac{\cancel{90}^{45}}{1} \times \dfrac{10}{\cancel{22}_{11}} = \dfrac{450}{11}（公斤）\end{cases}$$

「除」化「倒數乘」

「小數」化「分數」

$$\therefore 可知：\begin{cases} 甲 = 40（公斤） \\ 乙 = 42（公斤） \\ 丙 = \dfrac{450}{11} = 40\dfrac{10}{11}（公斤）\end{cases}$$

化成「帶分數」比大小

∴ 得知：乙 > 丙 > 甲

▶▶▶ **Ans**

乙 > 丙 > 甲

例題 5 $\dfrac{12}{57}$ 的分母減去多少，可以約分成 $\dfrac{3}{7}$？

欲將「$\dfrac{12}{57}$」調整「大小」成「$\dfrac{3}{7}$」，必設法先將「分子或分母」化為相同

▶▶▶ **Sol**

因 $\underset{\text{使分子也變成12}}{\underline{\dfrac{3}{7}}}\overset{\text{同乘以4進行擴分}}{=}\boxed{\dfrac{3 \times 4}{7 \times 4}}=\boxed{\dfrac{12}{28}}$，故「$\dfrac{12}{57}$」的分母欲由 57 變成 28，

應再減去 57 − 28 = 29

▶▶▶ **Ans**

29

∵ 題目，只要求「分母減」而「分子不變」

∴「$\dfrac{12}{57}$ v.s. $\dfrac{3}{7}$」的「分子應相同」

∴ 鎖定「分子」來「化相同」

實數的生存法則

例題 6 現已知分數甲的分子為 255，並已知甲介於 $\dfrac{15}{16}$ 與 $\dfrac{17}{18}$ 之間，試問分數甲為何？

▶▶▶ **Sol**

$\because \dfrac{15}{16} \underset{\text{故同乘以 17 進行擴分}}{\overset{\text{因 } 255 \div 15 = 17}{=}} \dfrac{15 \times 17}{16 \times 17} = \dfrac{255}{272}$

> 把「三個分數」的「分子」通通化成「相同的 255」

$< \dfrac{255}{X}$

$< \dfrac{255}{270} = \dfrac{17 \times 15}{18 \times 15} \underset{\text{故同乘以 15 進行擴分}}{\overset{\text{因 } 255 \div 17 = 15}{=}} \dfrac{17}{18}$

$\therefore$ 甲的「分母 X」，必介於「272 及 270」之間

$\therefore X = 271$

$\therefore 甲 = \dfrac{255}{271}$

▶▶▶ **Ans**

$\dfrac{255}{271}$

> $\therefore$ 題目，只給「甲的分子」而「不知甲的分母」
> $\therefore$ 只能鎖定「已知的分子 255」化「相同」

例題 7 比較下列各組數的大小：

(1) $\dfrac{4}{5}$、$\dfrac{9}{10}$、$\dfrac{13}{14}$ (2) $\dfrac{10}{9}$、$\dfrac{7}{6}$、$\dfrac{11}{10}$

> 「正真分數」分子、分母同加「相同正數」，會變大 ～可用「$\dfrac{1}{2} < \dfrac{1+1}{2+1} = \dfrac{2}{3}$」來聯想規則

> $\because \dfrac{13}{14}$ 是 $\dfrac{9}{10}$ 的「分子、分母」同加「相同正數 4」$\therefore \boxed{\dfrac{9}{10} < \dfrac{13}{14}}$

▶▶▶ **Sol**

(1) $\because \dfrac{9}{10} = \dfrac{4+5}{5+5}$ 且 $\dfrac{13}{14} = \dfrac{9+4}{10+4}$

$\therefore \dfrac{13}{14} > \dfrac{9}{10} > \dfrac{4}{5}$

> $\because \dfrac{9}{10}$ 是 $\dfrac{4}{5}$ 的「分子、分母」同加「相同正數 5」$\therefore \boxed{\dfrac{4}{5} < \dfrac{9}{10}}$

或用 整數 ± 真分數 來解題：

因為 $\dfrac{4}{5} = 1 - \dfrac{1}{5}$，$\dfrac{9}{10} = 1 - \dfrac{1}{10}$，$\dfrac{13}{14} = 1 - \dfrac{1}{14}$

且 $\dfrac{1}{5} > \dfrac{1}{10} > \dfrac{1}{14}$

所以 $\dfrac{13}{14} > \dfrac{9}{10} > \dfrac{4}{5}$

> $\because$ 同分子 $\therefore$ 分母大 分數小

> 1 −減 小的數 = 大的數

「假分數」分子、分母同加「相同正數」，會變小～可用「$\frac{2}{1} > \frac{2+1}{1+1} = \frac{3}{2}$」來聯想規則

懂了分數及小數運算的基本應用

(2) $\because \frac{10}{9} = \frac{7+3}{6+3}$ 且 $\frac{11}{10} = \frac{10+1}{9+1}$

$\therefore \frac{7}{6} > \frac{10}{9} > \frac{11}{10}$

或用 整數 ± 真分數 來解題：

因為 $\frac{7}{6} = 1 + \frac{1}{6}$，$\frac{10}{9} = 1 + \frac{1}{9}$，$\frac{11}{10} = 1 + \frac{1}{10}$

且 $\frac{1}{6} > \frac{1}{9} > \frac{1}{10}$

所以 $\frac{7}{6} > \frac{10}{9} > \frac{11}{10}$

$\because$ 同分子
$\therefore$ 分母大
分數小

▶▶▶ Ans
(1) $\frac{13}{14} > \frac{9}{10} > \frac{4}{5}$ (2) $\frac{7}{6} > \frac{10}{9} > \frac{11}{10}$

1+加 小的數 = 小的數

$\because$「$\frac{10}{9}$ 是 $\frac{7}{6}$」,「$\frac{11}{10}$ 是 $\frac{10}{9}$」的

「分子、分母」分別同加「相同正數 3，1」

$\therefore \frac{10}{9} < \frac{7}{6}$ 且 $\frac{11}{10} < \frac{10}{9}$

$a > b > 0$ 及「$-2 < c < 0$」是為確保
(A)、(B)、(C)、(D) 的「分母 $\neq 0$」

例題 8 設 $a > b > 0$ 且 $-2 < c < 0$，試問下列分數，何者最大？
(A) $\frac{2}{3}$ (B) $\frac{2+a}{3+a}$ (C) $\frac{2+c}{3+c}$ (D) $\frac{2+b+c}{3+b+c}$。

▶▶▶ Sol

$\because a > b > 0$ 且 $-2 < c < 0$

$c <$（正 + $c =$）$b + c$（= $b +$ 負）
   $< b < a$

$\therefore a > b + c > c$

$\therefore$「真分數 $\frac{2}{3}$」的分子、分母同加 a 時，分數增大最多

$\therefore \frac{2+a}{3+a}$ 最大

$\therefore$ 選(B)

因所有選項都有 $\frac{2}{3}$ 在裡面，故選 $\frac{2}{3}$ 來作比較基準

▶▶▶ Ans
(B)

「真分數」分子、分母同加「相同正數」，會變大
且「真分數」分子、分母同加「越大數」，則分數也「越大」
～用「$\frac{1}{2} < \frac{1+1}{2+1} = \frac{2}{3} < \frac{1+2}{2+2} = \frac{3}{4}$」來聯想規則

實數的生存法則

例題 9 試求 $\dfrac{1}{1\times 2}+\dfrac{1}{2\times 3}+\dfrac{1}{3\times 4}+\cdots\cdots+\dfrac{1}{99\times 100}$?

> 分母「1×2，2×3，…」是「一個接著一個」的「連續性整數乘積」

> 「分母為連續性整數乘積」的分數和（差），必拆成「子分式之差」。

▶▶▶ Sol

令 $S = \dfrac{1}{1\times 2}+\dfrac{1}{2\times 3}+\dfrac{1}{3\times 4}+\cdots\cdots+\dfrac{1}{99\times 100}$

$= (\dfrac{1}{1}-\dfrac{1}{2})+(\dfrac{1}{2}-\dfrac{1}{3})+(\dfrac{1}{3}-\dfrac{1}{4})+\cdots\cdots+(\dfrac{1}{99}-\dfrac{1}{100})$

$= 1-\dfrac{1}{100}$

$= \dfrac{99}{100}$

> 將「$\dfrac{1}{1\times 2}$」拆成「以部分分母」為「分母」的「子分數差」～其他，仿之！

> 觀察「前幾個括號」的「對消」狀況，得知：前括號的後項會跟後括號的前項「對消」

▶▶▶ Ans

$\dfrac{99}{100}$

例題 10 試求 $1+2\dfrac{1}{6}+3\dfrac{1}{12}+4\dfrac{1}{20}+5\dfrac{1}{30}+6\dfrac{1}{42}+7\dfrac{1}{56}+8\dfrac{1}{72}+9\dfrac{1}{90}$?

> ∵ 這些「帶分數」個數「太多」且「通分不易」
> ∴ 不要「先化假分數」

> ∵ 不打算「先化假分數」
> ∴ 只好用：「帶分數」加減，先「整數、真分數」分開「加減」後，再「相加」

▶▶▶ Sol

$1+2\dfrac{1}{6}+3\dfrac{1}{12}+4\dfrac{1}{20}+5\dfrac{1}{30}+6\dfrac{1}{42}+7\dfrac{1}{56}+8\dfrac{1}{72}+9\dfrac{1}{90}$

$= (1+2+\cdots+9) + (\dfrac{1}{6}+\dfrac{1}{12}+\cdots+\dfrac{1}{90})$

$= \dfrac{9\times(1+9)}{2} + \underbrace{(\dfrac{1}{2\times 3}+\dfrac{1}{3\times 4}+\cdots+\dfrac{1}{9\times 10})}_{\text{分母為連續性整數乘積}}$

$= 45 + [(\dfrac{1}{2}-\dfrac{1}{3})+(\dfrac{1}{3}-\dfrac{1}{4})+\cdots+(\dfrac{1}{9}-\dfrac{1}{10})]$

> 「分母為連續性整數乘積」的分數和，必拆成「子分數（子分數的分母只含原分數分母的一部份）之差」。

> 觀察「前幾個括號」的「對消狀況」，便可類推出「後續括號的對消」規律

$\underbrace{1+2+\cdots+8+9}$ = 共 $\dfrac{9}{2}$ 組 $(1+9)=(2+8)=(3+7)=(4+6)=(5+5)$

$= 45 + (\dfrac{1}{2} - \dfrac{1}{10}) = 45 + \dfrac{4}{10} = 45\dfrac{2}{5}$

「分數」的「分子、分母」要「能約分就約分」

▶▶▶ **Ans**

$45\dfrac{2}{5}$

$\dfrac{1}{2} - \dfrac{1}{10} \overset{通分}{=} \dfrac{5-1}{10} = \dfrac{4}{10}$

「分母為連續性整數乘積」的分數和,必拆成「子分數(子分數的分母只含原分數分母的一部份)之差」。

例題 11 試求 $\dfrac{1}{1 \times 2 \times 3} + \dfrac{1}{2 \times 3 \times 4} + \cdots + \dfrac{1}{98 \times 99 \times 100}$?

▶▶▶ **Sol**

$\dfrac{1}{1 \times 2 \times 3} + \dfrac{1}{2 \times 3 \times 4} + \cdots + \dfrac{1}{98 \times 99 \times 100}$

$= \boxed{\dfrac{1}{2}} \times \boxed{[\dfrac{2}{1 \times 2 \times 3} + \dfrac{2}{2 \times 3 \times 4} + \cdots + \dfrac{2}{98 \times 99 \times 100}]}$

$= \boxed{\dfrac{1}{2}} \times [(\dfrac{1}{1 \times 2} - \dfrac{1}{2 \times 3}) + (\dfrac{1}{2 \times 3} - \dfrac{1}{3 \times 4}) + \cdots + (\dfrac{1}{98 \times 99} - \dfrac{1}{99 \times 100})]$

$= \boxed{\dfrac{1}{2}} \times [\dfrac{1}{1 \times 2} - \dfrac{1}{99 \times 100}]$

$= \boxed{\dfrac{1}{2}} \times \dfrac{4949}{9900}$

$= \dfrac{4949}{19800}$

先「分母通分」後,再進行「分子的加減」

觀察「前幾個括號」的「對消狀況」,便可類推出「後續括號的對消」規律

▶▶▶ **Ans**

$\dfrac{4949}{19800}$

分母「$1 \times 2 \times 3$,$2 \times 3 \times 4$,…」為連續性整數乘積

在「拆成子分數差」時,應注意:「是否要補乘適當數字」,以便能與原分數相等!

如:∵ $\dfrac{1}{1 \times 2 \times 3} \overset{欲拆}{=}$ 子分式 − 子分式

∴「子分式」的「分母」必為「兩兩一組」的「部分組合」!

∴打算「拆成」:

$\dfrac{1}{1 \times 2} - \dfrac{1}{2 \times 3} \overset{檢查一下}{=} \dfrac{\boxed{3-1}}{1 \times 3 \times 3}$

$= \dfrac{\boxed{2}}{1 \times 2 \times 3} \neq$ 原分數 $\dfrac{1}{1 \times 2 \times 3}$

∴需「補乘適當數字 $\dfrac{1}{2}$」,以便其能與原分數相等!

實數的生存法則

例題 12 求 $(1-\dfrac{1^2}{121}) \times (1+\dfrac{2^2}{121}) \times (1-\dfrac{3^2}{121}) \times (1+\dfrac{4^2}{121}) \times \cdots\cdots \times (1+\dfrac{120^2}{121})$ 的值？

> 連續性「乘除」，先找「0、2、5、10」是否存在？

▶▶▶▶ Sol

因為 $1-\dfrac{11^2}{121} = 1 - \dfrac{11^2}{11^2} = 0$ ，

> 有特殊分子「0、2、5、10」的「0」存在

故原式 $(1-\dfrac{1^2}{121}) \times (1+\dfrac{2^2}{121}) \times (1-\dfrac{3^2}{121}) \times (1+\dfrac{4^2}{121}) \times \cdots\cdots \times (1+\dfrac{120^2}{121}) = 0$

▶▶▶▶ Ans

0

> 任何數 ×「0」，必為「0」

例題 13 求 $33333333 \div 2222 \times 4444 = ?$

> 連續性的乘除運算：盡量用「分式（數）形態」來表現

▶▶▶▶ Sol

$33333333 \div 2222 \times 4444 = \dfrac{33333333}{2222} \times 4444 = 33333333 \times 2 = 66666666$

▶▶▶▶ Ans

66666666

>「除」化「倒數乘」

>「分子、分母」之「上下能約就約」

例題 14 求 $(11 \times 12 \times \cdots \times 20) \div (1 \times 3 \times \cdots \times 19) = ?$

▶▶▶▶ Sol

$(11 \times 12 \times \cdots \times 20) \div (1 \times 3 \times \cdots \times 19)$

$= \dfrac{11 \times 12 \times \cdots \times 20}{1 \times 3 \times \cdots \times 19}$

> 連續性的乘除運算：盡量用「分式（數）形態」來表現

$= \dfrac{\dfrac{(1 \times 2 \times \cdots \times 10) \times (11 \times 12 \times \cdots \times 20)}{1 \times 2 \times \cdots \times 10}}{1 \times 3 \times \cdots \times 19}$

$= \dfrac{\dfrac{(2 \times 4 \times \cdots \times 20) \times (1 \times 3 \times \cdots \times 19)}{1 \times 2 \times \cdots \times 10}}{1 \times 3 \times \cdots \times 19}$

> ∵「分母」含一些「分子」沒有的「乘積項」
> ∴先將「分子的缺項 1～10」的乘積，予以補足

>「除」化「倒數乘」

> 將「分子、分母」的「共同乘積項」獨立出來！

> 把大家都有的「2」外提

$$= \frac{[2^{10} \times (1 \times 2 \times \cdots \times 10)] \times (1 \times 3 \times \cdots \times 19)}{\underset{1 \times 3 \times \cdots \times 19}{1 \times 2 \times \cdots \times 10}}$$

$$= \frac{2^{10} \times (1 \times 3 \times \cdots \times 19)}{1 \times 3 \times \cdots \times 19}$$

$$= 2^{10}$$

> 「分子、分母」之「上下能約就約」

▶▶▶ **Ans**

2^{10}

> 遇到連續性乘除時，留意特殊分子「0、2、5、10」

例題 15 試求 $(1 \times 2) + (1 \times 2 \times 3) + \cdots + (1 \times 2 \times \cdots \times 25)$ 的個位數字？

▶▶▶ **Sol**

∵「連續乘積」只要含「一組 2×5」就會使「個位數字」變成 0

∴ $(1 \times 2) + (1 \times 2 \times 3) + \cdots + (1 \times 2 \times \cdots \times 25)$ 的個位數字

$= (1 \times 2) + (1 \times 2 \times 3) + (1 \times 2 \times 3 \times 4)$
$\quad + \underbrace{(1 \times \boxed{2} \times 3 \times 4 \times \boxed{5}) + \cdots + (1 \times 2 \times \cdots \times 25)}_{\text{這些項的個位數字皆為 0}}$ 的個位數字

$= 2 + 6 + 24$ 的個位數字

$= 3\boxed{2}$ 的個位數字

$= 2$

> ∵題目「只求個位數字」
> ∴「不是個位數字」的「其他位數」需「另行合併整理」，並通通不理

▶▶▶ **Ans**

個位數字 = 2

例題 16 同一個產品，有如下：A、B、C 三個促銷方案，A：原售價打 7 折，B：買二送一，C：容量增加 30%，求 A、B、C 何者最優惠？

▶▶▶ **Sol**

設原售價為：x 元

∴消費者的購買「成本」分別是：

$$\begin{cases} A：0.7x = \dfrac{7}{10}x = \dfrac{273}{390}x \\ B：\dfrac{2x}{3} = \dfrac{260}{390}x \\ C：\dfrac{x}{1.3} = \dfrac{10}{13}x = \dfrac{300}{390}x \end{cases}$$

> 「小數」皆「分數化」且將「分母」化相同

> 賺、賠問題由「總成本」下手

▶▶▶ Ans
B 方案最優惠

$\because \dfrac{260}{390} < \dfrac{273}{390} < \dfrac{300}{390}$

例題 17 計算 $\dfrac{3}{1\times 3}+\dfrac{3}{3\times 5}+\dfrac{3}{5\times 7}+\cdots+\dfrac{3}{17\times 19}$ 之值 = ?

分母為「連續性乘積」必拆成「子分式差」

$\because \dfrac{1}{1}-\dfrac{1}{3}$
$=\dfrac{3-1}{3}$
$=\dfrac{2}{3}=\dfrac{2}{1\times 3}$
$\neq \dfrac{3}{1\times 3}=$ 原式
$\therefore$ 應 再 $\times \dfrac{3}{2}$ 予以調整

▶▶▶ Sol

$\because \dfrac{3}{1\times 3}=(\dfrac{1}{1}-\dfrac{1}{3})\times \boxed{\dfrac{3}{2}}$

別忘了要作「必要的調整」，才會與原式相等

$\therefore$ 原式 $=(\dfrac{1}{1}-\dfrac{1}{3})\times \boxed{\dfrac{3}{2}}+(\dfrac{1}{3}-\dfrac{1}{5})\times \boxed{\dfrac{3}{2}}+(\dfrac{1}{5}-\dfrac{1}{7})\times \boxed{\dfrac{3}{2}}+\cdots+(\dfrac{1}{17}-\dfrac{1}{19})\times \boxed{\dfrac{3}{2}}$

$=\dfrac{3}{2}[(\dfrac{1}{1}-\dfrac{1}{3})+(\dfrac{1}{3}-\dfrac{1}{5})+(\dfrac{1}{5}-\dfrac{1}{7})+\cdots+(\dfrac{1}{17}-\dfrac{1}{19})]$

公因數外提

一正一負相消

$=\dfrac{3}{2}(\dfrac{1}{1}-\dfrac{1}{19})$

$=\dfrac{3}{2}(\dfrac{\overset{9}{18}}{19})=\dfrac{27}{19}$

▶▶▶ Ans
$\dfrac{27}{19}$

例題 18 $\dfrac{64}{15}$、$\dfrac{56}{25}$ 同時乘以正分數甲後，都會變成整數，求甲最小為?

▶▶▶ Sol

設甲 $=\dfrac{b}{a}$

$\because$ 數 $\times$ 甲 = 整數且分數上下能約分先約後，可去掉分母

$\therefore \begin{cases} \dfrac{64}{15}\times \dfrac{b}{a}=\text{整數} \\ \dfrac{56}{25}\times \dfrac{b}{a}=\text{整數} \end{cases}$

$\because$ 甲要最小 $\therefore$ 分母 a 要大，分子 b 要小

$\therefore \begin{cases} a \text{ 要和 64、56 能約掉且 } a \text{ 越大越好} \\ b \text{ 要和 15、25 能約掉且 } b \text{ 越小越好} \end{cases}$

$\therefore \begin{cases} a=(64,56)=(2^6,2^3\times 7)=2^3=8 \\ b=[15,25]=[3\times 5,5^2]=3\times 5^2=75 \end{cases}$

∴ 甲 = $\frac{75}{8}$

▶▶▶▶ Ans

$\frac{75}{8}$

例題 19　甲、乙、丙、丁四位同學在某比賽的打擊率如圖，請問誰的打擊率最高？（打擊率 = $\frac{安打數}{打擊數}$）

	甲	乙	丙	丁
打擊數	16	18	20	22
安打數	13	14	17	19

▶▶▶▶ Sol

甲：$\frac{13}{16} = 1 - \frac{3}{16}$

乙：$\frac{15}{18} = 1 - \frac{3}{18}$

丙：$\frac{17}{20} = 1 - \frac{3}{20}$

丁：$\frac{19}{22} = 1 - \frac{3}{22}$

∵ 接近「基準整數 1」
∴ 往「1」去作「增減調整」

又因：$\frac{3}{16} > \frac{3}{18} > \frac{3}{20} > \frac{3}{22}$

分子相同，分母越大，值越小

∴ 甲 < 乙 < 丙 < 丁

1 −減 小的數 = 大的數

▶▶▶▶ Ans

丁

例題 20　甲、乙兩台電腦均賣 18000 元，甲以成本計算，賺了 25％，乙以成本計算，賠了 20％，甲、乙均賣出後，共賺或賠多少？

▶▶▶▶ Sol

售價 = 成本 × （1 ± 賺賠比例）

依題意，可得：

$\begin{cases} 甲成本 \times (1.25) = 18000 \\ 乙成本 \times (0.8) = 18000 \end{cases}$

25％ = $\frac{25}{100}$ = 0.25 且 20％ = $\frac{20}{100}$ = 0.2

實數的生存法則

$$\because \begin{cases} 甲成本 = 14400 \\ 乙成本 = 22500 \end{cases}$$

> 總售價 − 總成本

∴所求為：$18000 \times 2 - (14400 + 22500)$
$= 36000 - 36900$
$= -900$

▶▶▶ Ans
賠 900 元

> $6a325$ 是一個「五位數」，不是 $6 \times a \times 3 \times 2 \times 5$

例題 21 若 $\dfrac{6a325}{22}$ 為有限小數，求 a 為多少？

▶▶▶ Sol
$\because 22 = 2 \times 11$ 且 $\dfrac{6a325}{22}$ 為有限小數

> $\because$ 不能約去「11」的「$\dfrac{1}{11}$，…，$\dfrac{10}{11}$」都會變成「無限小數」

$\therefore 6a325$ 和 22 必可約去「11」
$\therefore 6a325$ 為 11 的倍數
$\therefore 6 + 3 + 5 - a - 2 = \boxed{12 - a}$ 為 11 的倍數且 a 為 $0\sim 9$ 的整數
$\therefore a = 1$

> 11 的因倍數判別規則：
> 「奇位數字和 −(減) 偶位數字和」為 11 的倍數

▶▶▶ Ans
$a = 1$

CHAPTER 8

指數與科學記號 v.s. 快速乘法

重點整理 8-1　指數概說

重點整理 8-2　應用的關鍵「特徵」及「策略」

重點整理 8-3　解開例題、弄懂策略

實數的生存法則

重點整理 8-1　指數概說

∵ $\underbrace{3 \times \cdots \times 3}_{100 \text{個 3 相乘}}$ 在表達上「過於繁雜」

∴ 數學家便創造「指數」概念，用「3^{100}」這個簡潔的符號來表現「$\underbrace{3 \times \cdots \times 3}_{100 \text{個 3 相乘}}$」這個沉長乘法算式的結果

概念 1

指數的底數及次方：

「指數」$a^n = \overbrace{a \times \cdots \times a}^{n \text{個}} = n$ 個 a 相乘，其中稱 a 為「指數 $a^n = \underbrace{a \times \cdots \times a}_{n-times}$」的「底」，稱 n 為「指數 $a^n = \underbrace{a \times \cdots \times a}_{n-times}$」的「次方」。

面對「次方」問題，一定要留意「次方給誰用」！
如：$2 \times 3^4 = 2 \times 81$（次方 4 只給 3 用！）；
$2 \times x^4 = 2x^4$（次方 4 只給 x 用！）；
$-2^4 = -16$（次方 4 只給 2 用！）；
$(2 \times 3)^4 = 6^4$（次方 4 同時給 2 跟 3 用！）；
$(-3)^4 = 81$（次方 4 同時給「負號」跟 3 用！）

有了「指數律」後，我們在面對如「$3^{100} \boxed{\times \div} 3^{20}$」時，便可以用「指數律」進行「快速的乘除」！

概念 2

指數律：

指數的「底 $a, b > 0$」的要求，對以「非偶整數當分母」的「（最簡）分數次方」時，可以放寬成「底 $a, b \neq 0$」

設 $a, b, m, n \in R, a, b > 0$
(A) 加法律：$a^m a^n = a^{m+n}$（乘 v.s. 次方加）

亦即：「先 m 個 a 相乘，再乘上 n 個 a 相乘 ＝ 共 $m+n$ 個 a 相乘」
如：$a^3 \times a^4 = a^{3+4} = a^7$

(B) 減法律：$a^m/a^n = a^{m-n}$（除 v.s. 次方減）

> 亦即：「先 m 個 a 相乘，再除以 n 個 a 相乘 = 只剩 $m-n$ 個 a 相乘」
> 如：$a^8 \div a^2 = \dfrac{a^8}{a^2} = a^{8-2} = a^6$

(C) 乘法律：$(a^m)^n = a^{m \times n}$（再次方 v.s. 次方乘）

> 亦即：「n 組 m 個 a 相乘 = 共 mn 個 a 相乘」
> 如：$(a^4)^3 = a^{4 \times 3} = a^{12}$

(D) 分配律：$(ab)^m = a^m b^m$（共次方 v.s. 分別次方）

> 亦即：「共有 m 組 ab 相乘 = 分別有 m 個 a 相乘，再乘上 m 個 b 相乘」
> 如：$(2a^3 b^2)^4 = 2^4 a^{3 \times 4} b^{2 \times 4} = 16 a^{12} b^8$

(E) 開方律：$a^{\frac{n}{m}} = \sqrt[m]{a^n} = (\sqrt[m]{a})^n$　（分數次方 v.s. 開分母方根）

$(a^{\frac{1}{m}})^m = a^{\frac{m}{m}} = a^1 = a \Rightarrow a^{\frac{1}{m}} = a$ 開 m 次方 $\overset{定義}{=} \sqrt[m]{a}$

> 亦即：「先 n 個 a 相乘，再開 m 次方 = 共有 n 組，將 a 開 m 次方的數相乘」
> 如：$2^{\frac{3}{5}} = \sqrt[5]{2^3} = (\sqrt[5]{2})^3$

(F) 負倒律：$a^{-m} = \dfrac{1}{a^m}$

$\underbrace{}$
$a^{-m} = a^{0-m} = \dfrac{a^0}{a^m} = \dfrac{1}{a^m}$

> 見負次方，必先倒數，化正次方
>
> 亦即：「a 的負次方 = a 的正次方之倒數」
> 如：$2x^{-3} = \dfrac{2}{x^3}$；$(\pm x^{-3})^{-5} = \dfrac{1}{(\pm x^{-3})^5} = \dfrac{1}{(\pm)^5 x^{-15}} = \pm x^{15}$

> 也可以用「$(a^m)^n = a^{m \times n}$」來處理！
> 亦即：$(\pm x^{-3})^{-5} = (\pm)^{-5}(x^{-3})^{-5} = \pm x^{(-3) \times (-5)} = \pm x^{15}$

(G) $a \neq 0$, $\underline{a^0 = 1}$

$a^0 = a^{1-1} = \dfrac{a}{a} = 1$

亦即：「非零數的零次方，恆等於 1」

如：$5^0 = (-5)^0 = 1 \neq -1 = -5^0$

留意：次方有沒有給「負號」用，結果不同！

0^0 無（數學）意義。

註：為什麼 0^0 無（數學）意義？

答：倘若 0^0 有（數學）意義，我們可以假定它所代表的數值是 c。

但問題來了，c 究竟是多少？

現在甲生從「$3^0 = 1 \to 2^0 = 1 \to 1^0 = 1$」，推測 $0^0 = 1$

乙生從「$0^3 = 0 \times 0 \times 0 = 0 \to 0^2 = 0 \times 0 = 0 \to 0^1 = 0$」，推測 $0^0 = 0$

我們會發覺：從兩個合理但不同的角度切入同一個問題，卻得到截然不同的結果，會在數學上產生「不能確認」的困擾，因此，數學家便規定：0^0 無（數學）意義！

概念 3

指數與科學記號 v.s. 快速乘法

科學記數：

將一個「太過大或太過小」的「數字 x」用「$x = a \times 10^n$」，其中

$\begin{cases} 1 \leq a < 10 \\ \text{或 } -10 < a \leq -1 \\ \text{而 } n \text{ 是整數} \end{cases}$

- $1 \leq a < 10$ ← $a = 1, 1.ㄨㄨ\cdots, \quad 2, 2.ㄨㄨ\cdots, \cdots, 9, 9.ㄨㄨ\cdots,$
- 或 $-10 < a \leq -1$ ← $a = -1, -1.ㄨㄨ\cdots, \quad -2, -2.ㄨㄨ\cdots, \cdots, -9, -9.ㄨㄨ\cdots,$
- 而 n 是整數 ← 正、負、0 都可以

注意！「a」一定長成「非 0 整數」或「非 0 整數．…」小數點

予以簡化表記的方法，並稱「$x = a \times 10^n$」為「數字 x」的「科學記數」形式。

並留意：「數字 x」的「正負」只由「a」決定，而「大小」由「a 跟 10^n」共同決定！

- x 的小數點向前（左）移 m 位，其「科學記數」的 10 次方「多」m；
- x 的小數點向後（右）移 m 位，其「科學記數」的 10 次方「少」m。

寫成科學記數：

- $12300 = (\ 1.2300_\times\ ) \times 10^4 = 1.23 \times 10^4$
  小數點前進 4 位，乘以 10^4

- $45678 = (\ 4.5678_\times\ ) \times 10^4 = 4.5678 \times 10^4$
  小數點前進 4 位，乘以 10^4

- $123.45 = (\ 1.23_\times 45\ ) \times 10^2 = 1.2345 \times 10^2$
  小數點前進 2 位，乘以 10^2

- $0.0123 = (\ 0_\times 01.23\ ) \times 10^{-2} = 1.23 \times 10^{-2}$
  小數點後退 2 位，乘以 10^{-2}

- $0.0000123 = (\ 0_\times 00001.23\ ) \times 10^{-5} = 1.23 \times 10^{-5}$
  小數點後退 5 位，乘以 10^{-5}

可以用「簡單實際狀況」來聯想！
如：$100.0 = 1 \times 10^2$ 且 $0.01 = 1 \times 10^{-2}$

科學記數展開：

- $5.88 \times 10^4 = \ 5_\times 8800_\ = 58800$
  乘以 $10^4 \Rightarrow$ 小數點後退 4 位

- $5.88 \times 10^{-1} = \ 0.5_\times 88\ = 0.588$
  乘以 $10^{-1} \Rightarrow$ 小數點前進 1 位

- $3.4 \times 10^3 = \ 3_\times 400_\ = 3400$
  乘以 $10^3 \Rightarrow$ 小數點後退 3 位

- $1.2 \times 10^{-2} = \ 0.01_\times 2\ = 0.012$
  乘以 $10^{-2} \Rightarrow$ 小數點前進 2 位

- $5.746 \times 10^6 = \ 5_\times 746000_\ = 5746000$
  乘以 $10^6 \Rightarrow$ 小數點後退 6 位

實數的生存法則

重點整理8-2　應用的關鍵「特徵」及「策略」

應用 1

「指數」v.s.「連乘數」的大小比較，需將「連乘數」重新「配對」處理。

「指數」的大小比較及四則計算，必先「化同底或同次數」或先化「10 及最小整數次方」並外提「公因數」。

(A) 次方 有公因數：取最大公因數，當共同次方
(B) 次方 沒公因數：取最小整數底，當共同底

「底 ≥ 1」時，次方大，指數的值也較大！
反之：「0 < 底 < 1」時，次方大，指數的值較小。

如：$3^2 \times 196$ v.s. $2^2 \times 483$
$\Leftrightarrow 2^2 \times 3^2 \times 7^2$ v.s. $2^2 \times 3 \times 7 \times 23$
$\Leftrightarrow \boxed{2^2 \times 3 \times 7} \times 21$ v.s. $\boxed{2^2 \times 3 \times 7} \times 23$

外提「公因數 $2^2 \times 3 \times 7$」

應用 2

「含負號」的指數，應注意「次方」有沒有「給負號用」，並先確定「最終正、負號」再進行其他計算！

「代號」用「負數或式子」代入，先加「括號」

應用 3

「若 $1 \leq a < 10$，n 為整數」，則
(A) n 正：$a \times 10^n$ 為 $n+1$ 位數
(B) n 負：$a \times 10^n$ 的小數點後 $-n$ 位，首次出現不為零的數字或
　　　$a \times 10^n$ 的小數點後，在首次出現不為零的數字前，有 $(-n)-1$ 個連續零

用「$100 = 1 \times 10^2$ 及 $0.01 = 1 \times 10^{-2}$」來聯想上述規則！

應用 4

欲將「分數」用「科學記號」來表示,必先將分數的「分母轉變成 10、100、1000、…」或「用長除法,把分數變小數」。

等同:$\dfrac{1}{10} = \dfrac{1}{10^1} = 0.1 = 10^{-1}$、
$\dfrac{1}{100} = \dfrac{1}{10^2} = 0.01 = 10^{-2}$、…

「小數」用「科學記號」來表示,則「直接進退(小數點)位置」便可!

整個「科學記數」進行「±×÷」時,應先「加括號」,以突顯它是一個「整體」!

應用 5

「科學記數 $a \times 10^n$」的「大小比較、四則計算處理」:
(A) 必先鎖定「影響力較大的 10^n」,進行「初步的大小判別」
(B) 「以最小的 10 次方當基準,全部化成最小的 10 次方項」及「相同單位」再進行「終極大小比較、計算處理」

「科學記數」的運算原則:

● 加減:先化「最小 10 次方」,再將「公因數 = 10 的最小次方項」外提,再進行「非公因數」的加減:

如:$1.51 \times 10^3 - 1.2 \times 10^2 = 15.1 \times \boxed{10^2} - 1.2 \times \boxed{10^2}$
$= (15.1 - 1.2) \times \boxed{10^2}$
$= \boxed{13.9} \times \boxed{10^2} = \boxed{1.39} \times \boxed{10^3}$

● 乘除:「除」先化「倒數乘」,再將「非 10 次方項,10 次方項」依「分數運算原則」分別處理!

如:$(2 \times 10^3) \times (3 \times 10^4) \div (6 \times 10^5)$
$= \dfrac{(2 \times 10^3) \times (3 \times 10^5)}{6 \times 10^5} = \dfrac{(2 \times 3) \times (10^3 \times 10^5)}{6 \times 10^5} = 10^3$

「分子、分母」之「上下能約先約」;

實數的生存法則

(C)「非 10 次方」問題，必用：

「先化最小整數（底）的次方」、「儘量把以 2、5 為底的項，予以配對成 10 的次方項」。

用：$(a^m)^n = a^{m \times n}$

及 $(ab)^m = a^m b^m$

把次方放到最小整數（底）的上面！

例：純整數（沒有 10 的次方 或 有 10 的次方）

$27^a \times 16^b = (3^3)^a \times (2^4)^b = 3^{3a} \times 2^{4b}$；

$270^a \times 1600^b = (3^3 \times 10^1)^a \times (2^4 \times 10^2)^b = 3^{3a} \times 2^{4b} \times 10^{a+2b}$

例：純小數

$0.27^a \times 0.0016^b$

$= (27 \times 10^{-2})^a \times (16 \times 10^{-4})^b$

$= (3^3 \times 10^{-2})^a \times (2^4 \times 10^{-4})^b = 3^{3a} \times 2^{4b} \times 10^{-2a-4b}$

例：純分數

$\dfrac{27^a}{16^b} = \dfrac{(3^3)^a}{(2^4)^b} = 3^{3a} \times 2^{-4b}$

(D) 善用「已知數字」來協助「確認 $a \times 10^n$ 該如何表達？位數是多少？何時首次出現不為零？及其倍數關係為何？」

如：$100 = 1 \times 10^2$；$101 = 1 \times 10^2 + 1 \times 10^0$；

$0.101 = 1.01 \times 10^{-1} = 1 \times 10^{-1} + 1 \times 10^{-3}$；

$0.01 = 10^{-2} = \dfrac{1}{10^2} = \dfrac{1}{100}$

(E)「指數（含科學記數）」的「乘除」，應先「科學記數或最小整數次方」化，並「套上括號」以強調整體性，再結合「除化倒數乘」概念進行「10 次方間及非 10 次方間」的「乘除」且「答案」收尾再調成「標準科學記數」！

如：$3200 \times 400 \div 20^2$

$= (3.2 \times 10^3) \times (4 \times 10^2) \div (2 \times 10)^2$

$= \dfrac{(3.2 \times 10^3) \times (2^2 \times 10^2)}{(2 \times 10)^2} = \dfrac{3.2 \times 2^2 \times 10^5}{2^2 \times 10^2} = 3.2 \times 10^3$

10 次方「×÷」10 次方且「非 10 次方」×÷「非 10 次方」

～少了套上括號，可能犯的錯：

$3200 \times 400 \div 20^2 \neq 3.2 \times 10^3 \times 2^2 \times 10^2 \div 2^2 \times 10^2 = 3.2 \times 10^{3+2+2} = 3.2 \times 10^7$

凡是「負數」、「含代號表示式」或「帶分數」或「需指數次方化」的運算問題，一定對「負數」、「含代號表示式」、「帶分數」及「指數」先「加上括號」才列式！

(F) 指數的加減，應先「取最小次方當基準，化為同次」，再外提「公因數」，並進行「非公因數項的加減」且「答案」收尾再調成「標準科學記數」！！

如：$2.4 \times 10^{-11} + 3.2 \times 10^{-10}$
$= 2.4 \times \boxed{10^{-11}} + 3.2 \times 10^1 \times \boxed{10^{-11}}$
$= (2.4 + 32) \times \boxed{10^{-11}}$
$= 34.4 \times 10^{-11}$
$= 3.44 \times 10 \times 10^{-11}$
$= 3.44 \times 10^{-10}$

「公因數 10^{-11}」先外提

實數的生存法則

重點整理8-3　解開例題、弄懂策略

精選範例

例題 1 下列哪一個數值最小？
(A)9.5×10^{-9}　(B)3.7×10^{-9}　(C)7.7×10^{-8}　(D)2.5×10^{-7}

▶▶▶ Sol

∵「$10^{-9} < 10^{-8} < 10^{-7}$」

∴較小的數為：(A)9.5×10^{-9} 及 (B) 3.7×10^{-9}

又因：「$9.5 > 3.7$」

∴3.7×10^{-9} 最小

∴選(B)

▶▶▶ Ans

(B)

> 「科學記數 $a \times 10^n$」的大小比較，由「影響力較大的 10^n」下手來解題。

> 「(A)、(C)」以「10^9」為「最高次方」絕不可能「最大」

例題 2 下列哪一個式子計算出來的值最大？
(A) $\boxed{4.85 \times 10^9} - 1.17 \times 10^8$　(B) $\boxed{4.85 \times 10^{10}} - 1.17 \times 10^9$
(C) $\boxed{7.53 \times 10^9} - 2.17 \times 10^8$　(D) $\boxed{7.53 \times 10^{10}} - 5.17 \times 10^9$

> 因「科學記號 $a \times 10^n$」的「10^n 部分影響力較大」，故由「10^n」下手作「大小比較」。

▶▶▶ Sol

∵「$10^{10} > 10^9$」

∴較大的數值有

(B) $4.85 \times 10^{10} - 1.17 \times 10^9 = 48.5 \times \boxed{10^9} - 1.17 \times \boxed{10^9} = 47.33 \times \boxed{10^9}$

(D) $7.53 \times 10^{10} - 5.17 \times 10^9 = 75.3 \times \boxed{10^9} - 5.17 \times \boxed{10^9} = 70.13 \times \boxed{10^9}$

> 先化「最小 10 次方」，再「±」

> 「公因數」10^9 先外提，分別得：$(48.5 - 1.17) \times 10^9$ 及 $(75.3 - 5.17) \times 10^9$

> 先化「最小 10 次方」，再「±」

又因:「70.13 > 47.33」
∴ 最大的數值是「$7.53 \times 10^{10} - 5.17 \times 10^9$」
∴ 選(D)

▶▶▶ Ans
(D)

例題 3　下列何者為 $\dfrac{2}{2500}$ 的科學符號(即科學記數)？
(A)8×10^{-1}　(B)8×10^{-2}　(C)8×10^{-4}　(D)8×10^{-6}

> 利用「正數的科學記數：$a \times 10^n$ 其中 $1 \leq a < 10$，n 為整數」定義來解題，通常都先將「分數」的「分母轉變成 10、100、1000、……」。

▶▶▶ Sol
$\dfrac{2}{2500} = \dfrac{2 \times 4}{2500 \times 4} = \dfrac{8}{10000} = 8 \times \dfrac{1}{10000} = 8 \times 10^{-4}$
∴ 選(C)

> $\dfrac{1}{10000} = 10$ 的「什麼次方」？
> 可以用「簡單實例」來聯想！
> 如：$\dfrac{1}{10} = 0.1 = 10^{-1}$

▶▶▶ Ans
(C)

例題 4　用「科學記數」表現下列各式的計算值：
(1) $(3 \times 10^5) \times (2 \times 10^2) =$
(2) $(3.2 \times 10^3) \times (4 \times 10^2) =$
(3) $(5 \times 10^{-4}) \times (2 \times 10^2) =$
(4) $(5.2 \times 10^3) \times (4 \times 10^{-2}) =$
(5) $\dfrac{1.5 \times 10^4}{150} =$
(6) $\dfrac{6 \times 10^{23}}{1.2} =$
(7) $\dfrac{3 \times 10^4}{150} =$
(8) $\dfrac{2 \times 10^3}{5 \times 10^4} =$
(9) $3 \times 10^2 + 4 \times 10^3 =$
(10) $10^{-2} + 10^{-3} =$

實數的生存法則

▶▶▶▶ Sol

(1) 原式 $= (3 \times 2) \times (10^5 \times 10^2)$
$= 6 \times 10^7$

(2) 原式 $= (3.2 \times 4) \times (10^3 \times 10^2)$
$= \boxed{12.8} \times 10^5$
$= \boxed{1.28 \times 10} \times 10^5$
$= 1.28 \times 10^6$

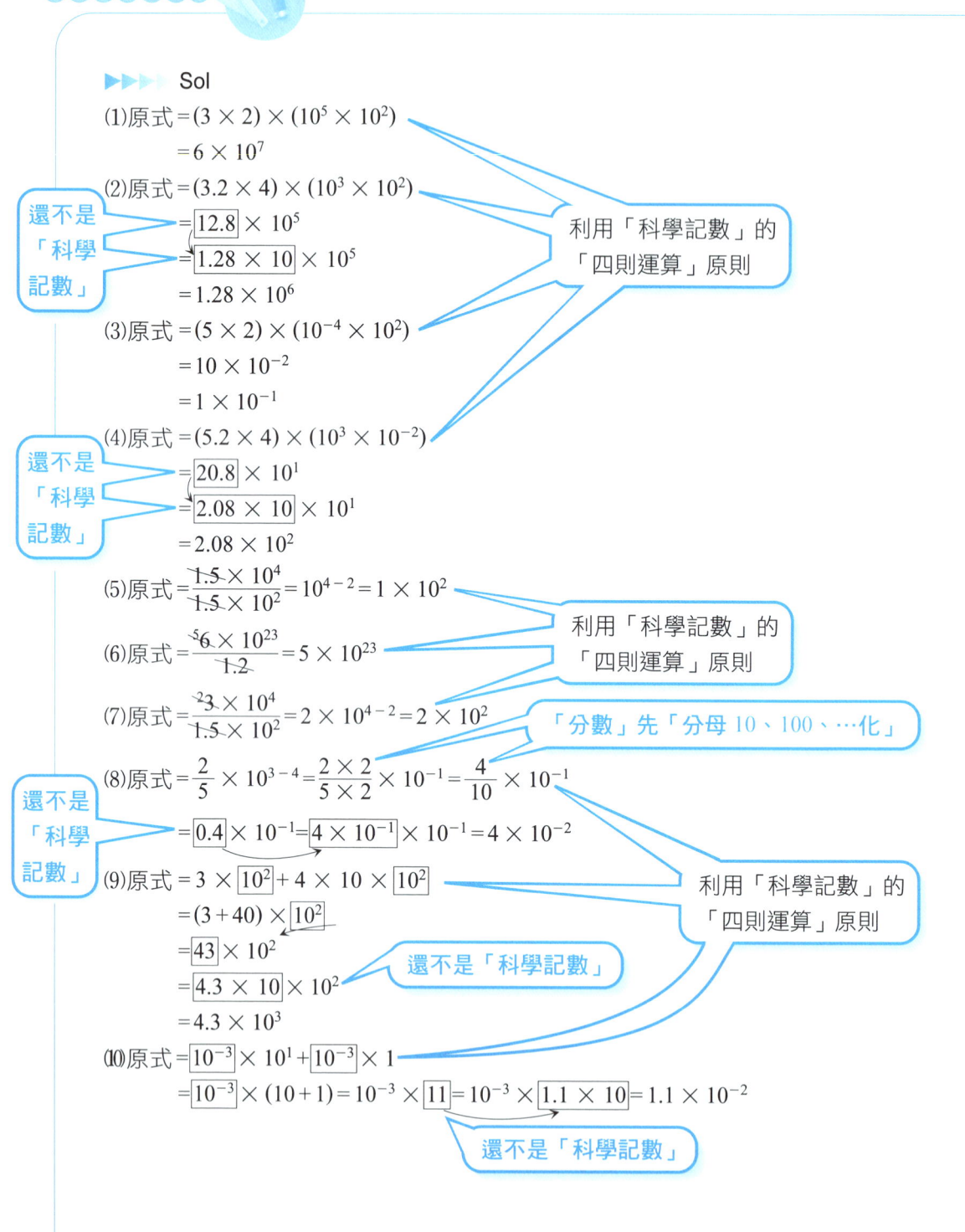

還不是「科學記數」

利用「科學記數」的「四則運算」原則

(3) 原式 $= (5 \times 2) \times (10^{-4} \times 10^2)$
$= 10 \times 10^{-2}$
$= 1 \times 10^{-1}$

(4) 原式 $= (5.2 \times 4) \times (10^3 \times 10^{-2})$
$= \boxed{20.8} \times 10^1$
$= \boxed{2.08 \times 10} \times 10^1$
$= 2.08 \times 10^2$

還不是「科學記數」

(5) 原式 $= \dfrac{1.5 \times 10^4}{1.5 \times 10^2} = 10^{4-2} = 1 \times 10^2$

(6) 原式 $= \dfrac{\overset{5}{6} \times 10^{23}}{\underset{1}{1.2}} = 5 \times 10^{23}$

利用「科學記數」的「四則運算」原則

(7) 原式 $= \dfrac{\overset{2}{3} \times 10^4}{\underset{1}{1.5} \times 10^2} = 2 \times 10^{4-2} = 2 \times 10^2$

「分數」先「分母 10、100、⋯化」

(8) 原式 $= \dfrac{2}{5} \times 10^{3-4} = \dfrac{2 \times 2}{5 \times 2} \times 10^{-1} = \dfrac{4}{10} \times 10^{-1}$
$= \boxed{0.4} \times 10^{-1} = \boxed{4 \times 10^{-1}} \times 10^{-1} = 4 \times 10^{-2}$

還不是「科學記數」

(9) 原式 $= 3 \times \boxed{10^2} + 4 \times 10 \times \boxed{10^2}$
$= (3 + 40) \times \boxed{10^2}$
$= \boxed{43} \times 10^2$
$= \boxed{4.3 \times 10} \times 10^2$
$= 4.3 \times 10^3$

利用「科學記數」的「四則運算」原則

還不是「科學記數」

(10) 原式 $= \boxed{10^{-3}} \times 10^1 + \boxed{10^{-3}} \times 1$
$= \boxed{10^{-3}} \times (10 + 1) = 10^{-3} \times \boxed{11} = 10^{-3} \times \boxed{1.1 \times 10} = 1.1 \times 10^{-2}$

還不是「科學記數」

▶▶▶ **Ans**
(1) 6×10^7 (2) 1.28×10^6
(3) 1×10^{-1} (4) 2.08×10^2
(5) 1×10^2 (6) 5×10^{23}
(7) 2×10^2 (8) 4×10^{-2}
(9) 4.3×10^3 (10) 1.1×10^{-2}

例題 5 用科學符號（即科學記號）可將 1234 表示成『1.234×10^3』。若 A 的科學符號可表示成『$1.23456789 \times 10^{11}$』，則 A 為幾位數？

▶▶▶ **Sol**

∵ $1.23456789 \times 10^{\boxed{11}}$ 的指數（次方部分）= $\boxed{11}$
∴ 位數 = $\boxed{11} + 1 = 12$

> 利用「若 $1 \leq a < 10$，n 為正整數」，
> 『則 $a \times 10^n$ 為 $n+1$ 位數』

▶▶▶ **Ans**
12 位數

> 也可以用：
> 「$\boxed{100} = 1 \times 10^{\boxed{2}}$」來聯想規則

例題 6 用科學符號（即科學記號）可將 0.0001234 表示成『1.234×10^{-4}』。若 A 的科學符號可表示成『$9.87654321 \times 10^{-9}$』，則 A 在小數點後第幾位，首次出現不為零的數字？

> 利用「若 $1 \leq a < 10$，n 為負整數」，『則 a 小數點後 $-n$ 位，首次出現不為零的數字』

▶▶▶ **Sol**

∵ $9.87654321 \times 10^{\boxed{-9}}$ 的指數（次方部分）= $\boxed{-9}$
∴ A 在小數點後 $\boxed{第\ 9\ 位}$，首次出現不為零的數字

> 也可以用：
> 「$0.0\boxed{1} = 1 \times 10^{\boxed{-2}}$」來聯想規則

▶▶▶ **Ans**
A 在小數點後第 9 位，首次出現不為零的數字

實數的生存法則

例題 7 下列各數,何者最大?
(1) 100^{10} (2) 10^{100} (3) 50^{50} (4) $50!$
(5) $\dfrac{100!}{50!}$,其中 $n! \overset{\text{定義}}{=} n \times (n-1) \times \cdots \times 2 \times 1$

> $n! \overset{\text{定義}}{=} n \times (n-1) \times \cdots \times 1$ 且「$0! \overset{\text{定義}}{=} 1$」

> 「指數的大小」比較,必「化同底或同次方」或「將連乘積部分」,予以「分群」重組並「配對」比較

▶▶▶▶ Sol

$\because \boxed{50!} = 1 \times 2 \times 3 \times \cdots \times 50 < \underbrace{50 \times 50 \times \cdots \times 50}_{50\text{ 個}} = \boxed{50^{50}}$ (配對比較)

且 $\dfrac{100!}{50!} = 100 \times 99 \times 98 \times \cdots \times 52 \times 51 < \underbrace{100 \times 100 \times \cdots \times 100}_{50\text{ 個}} = \boxed{100^{50}}$ (配對比較)

$\therefore \boxed{10^{100}} = 10^{2 \times 50} = (10^2)^{50} = \boxed{100^{50}}$ 為最大

$\therefore$ 選(2)

> 化為「50 這個相同次方」

▶▶▶▶ Ans
(2)

> $10^{100} = 100^{50} > 100^{10}$;
> $10^{100} = 100^{50} > 50^{50} > 50!$;
> $10^{100} = 100^{50} > \dfrac{100!}{50!}$

例題 8 有多少個正整數 n 滿足條件:$(151 \times n)^{50} > n^{100} > 4^{200}$?

> 「指數大小比較」,必先「化同底或同次方」再比較。

▶▶▶▶ Sol

$\because \boxed{151^{50} \times n^{50}} = (151 \times n)^{50} > n^{100} = \boxed{n^{50} \times n^{50}}$ 且 $\boxed{n^{100}} > 4^{200} = \boxed{(4^2)^{100}}$

$\therefore \boxed{151 > n}$ 且 $\boxed{n > 4^2}$

$\therefore n = 17, \cdots\cdots, 150$

$\therefore$ 所求 $= 150 - 17 + 1 = 134$

> $151^{50} > n^{50}$
> 且 $n^{100} > (4^2)^{100}$

> $151 > n > 16$

▶▶▶▶ Ans
134

> 用「較簡單實際狀況」,如:
> 「1, 2, 3」共 $\boxed{3}$ 個 $= 3 - 1 \boxed{+1}$ 個

$\begin{cases} 151^{50} \times n^{50} > n^{50} \times n^{50} \\ n^{100} > (4^2)^{100} \end{cases}$

連乘積部份，予以「重組」

「指數大小比較」，必先「化同底或同次方」或「將連乘積部分」，予以「分群」重組並「配對」比較

例題 9 試比較 2010^{2010} 跟 $(1 \times 2 \times \cdots \times 2010)^2$ 的大小？

▶▶▶ **Sol**

$\because (1 \times 2 \times \cdots \times 2010)^2$

$= (1 \times 2 \times \cdots \times 2009 \times 2010) \times \boxed{(1 \times 2 \times \cdots \times 2009 \times 2010)}$

$= (1 \times 2 \times \cdots \times 2009 \times 2010) \times \boxed{(2010 \times 2009 \times \cdots \times 2 \times 1)}$　交換排列

$= \boxed{(1 \times 2010)}_{\geq 2010} \times \boxed{(2 \times 2009)}_{\geq 2010} \times \cdots \times (2009 \times 2)_{\geq 2010} \times (2010 \times 1)_{\geq 2010}$

　　　　　　　　　　$1 \to 2010, 2 \to 2009, \cdots, 2010 \to 1$～配對化　　共 2010 個

$\geq \boxed{(2010)} \times \boxed{(2010)} \times \cdots \times (2010) \times (2010)$

$= 2010^{2010}$　　「重組」後，再「配對比較」

$\therefore (1 \times 2 \times \cdots \times 2010)^2$ 較大

▶▶▶ **Ans**

$(1 \times 2 \times \cdots \times 2010)^2$ 較大

連乘積部份，予以「重組」

例題 10 試比較：$2^3 \times 6^5 \times 121^2 \times 195$ 與 $2^5 \times 81^3 \times 605 \times 13$？

▶▶▶ **Sol**

$\because A \stackrel{令}{=} 2^3 \times 6^5 \times 121^2 \times 195 = 2^3 \times (2 \times 3)^5 \times (11^2)^2 \times (3 \times 5 \times 13)$

$\quad\quad = 2^3 \times 2^5 \times 3^5 \times 11^4 \times 3 \times 5 \times 13$

$\quad\quad = 2^8 \times 3^6 \times 5 \times 11^4 \times 13$　　$(ab)^n = a^n b^n$

　　　　　　　　　　　　　　　　　　$(a^n)^m = a^{nm}$

且 $B \stackrel{令}{=} 2^5 \times 81^3 \times 605 \times 13 = 2^5 \times (3^4)^3 \times (5 \times 11^2) \times 13$

$\quad\quad = 2^5 \times 3^{12} \times 5 \times 11^2 \times 13$

$\therefore$ 外提 A, B 的「公因數」$2^5 \times 3^6 \times 5 \times 11^2 \times 13$ 後，可得：

化成最小整數次方，並外提「公因數」

$A = 2^5 \times 3^6 \times 5 \times 11^2 \times 13 \times (2^3 \times 11^2)$

$\quad = 2^5 \times 3^6 \times 5 \times 11^2 \times 13 \times \boxed{968}$

且 $B = 2^5 \times 3^6 \times 5 \times 11^2 \times 13 \times (3^6)$

$\quad = 2^5 \times 3^6 \times 5 \times 11^2 \times 13 \times \boxed{729}$

$\therefore A > B$，亦即：$2^3 \times 6^5 \times 121^2 \times 195 > 2^5 \times 81^3 \times 605 \times 13$

▶▶▶ **Ans**

$2^3 \times 6^5 \times 121^2 \times 195 > 2^5 \times 81^3 \times 605 \times 13$

實數的生存法則

例題 11 令 $a=-2$，試求 a^3+4a^6-3a+5 之值？

▶▶▶▶ Sol

所求 $=(-2)^3+4(-2)^6-3(-2)+5$
$=-8+4\times 64+6+5$
$=-8+256+6+5$
$=259$

將「負數，式子」代入「符號」時，應先「加括號」

「不先加括號」會產生：「$\boxed{a}^3=\boxed{-2}^3=-8$」之錯誤

▶▶▶▶ Ans
259

奇個負，才負

例題 12 令 $x=2n-1$，試求 $2x^2-3x+7=$？

「不先加括號」會產生：「$2\boxed{x}^2=2\times\boxed{2n-1}^2=4n-1$」之荒誕錯誤

▶▶▶▶ Sol

所求 $=2(2n-1)^2-3(2n-1)+7$
$=2[(2n-1)(2n-1)]-3(2n-1)+7$
$=2[4n^2-2n-2n+1]-3(2n-1)+7$
$=8n^2-4n-4n+2-6n+3+7$
$=8n^2-14n+12$

將「負數，式子」代入「符號」時，應先「加括號」

分配律

括號前有「負號」，去括號要「全部變號」

▶▶▶▶ Ans
$8n^2-14n+12$

例題 13 求 (1) $(-3)^2+(-11)^5\div(-11)^3-4\times(-3)^2$ 之值？
(2) $(32\times 125)^2\div 20^3=2^m\times 5^n$，求 m、n 之值？

▶▶▶▶ Sol
(1) 原式 $=9+(-11)^{5-3}-4\times 9$
$=9+(-11)^2-36$
$=9+121-36$
$=130-36$
$=94$

$\dfrac{a^m}{a^n}=a^{m-n}$（次方相減）

化成「最小整數次方」再「×÷」，通常會有「簡化」之效果

(2) ∵ 原式 $= (2^5 \times 5^3)^2 \div (2^2 \times 5)^3$　　$(a^m)^n = a^{m \times n}$ 次方相乘

　　　　$= (2^{10} \times 5^6) \div (2^6 \times 5^3)$

　　　　$= \dfrac{2^{10} \times 5^6}{2^6 \times 5^3}$　　「除」化「倒數乘」

　　　　$= 2^{10-6} \times 5^{6-3}$　　$\dfrac{a^m}{a^n} = a^{m-n}$（次方相減）

　　　　$= 2^4 \times 5^3$

∴ $m = 4$，$n = 3$

「10 次方項間」跟「非 10 次方項間」分別 ×÷

▶▶▶ **Ans**

(1) 94

(2) $m = 4$，$n = 3$

例題 14 將 $\dfrac{1}{8 \times 10^9}$ 用科學記數表示？

▶▶▶ **Sol**

$\dfrac{1}{8 \times 10^9} = \dfrac{1}{8} \times \dfrac{1}{10^9} = \boxed{\dfrac{1}{8}} \times 10^{-9} = \boxed{0.125} \times 10^{-9} = 1.25 \times 10^{-10}$

▶▶▶ **Ans**

1.25×10^{-10}

例題 15 計算下列各式並用科學記數表示

(1) $3.9 \times 10^8 + 9.3 \times 10^9$

(2) $(2 \times 10^2) \times (3.1 \times 10^4)$

(3) $(1.2 \times 10^4) \div (6 \times 10^8)$

▶▶▶ **Sol**

先換成「較小 10 次方」10^8，並將「公因數」10^8 外提

(1) 原式 $= (3.9 + 93) \times 10^8$

　　　$= 96.9 \times 10^8$　　「收尾」再轉化「標準科學記數」

　　　$= 9.69 \times 10^9$

(2) 原式 $= (2 \times 3.1) \times (10^2 \times 10^4)$

　　　$= 6.2 \times 10^{2+4}$　　$a^m a^n = a^{m+n}$

　　　$= 6.2 \times 10^6$

10 次方與非 10 次方，分別「×÷」

(3) $(1.2 \div 6) \times (10^4 \div 10^8)$

　　$= 0.2 \times 10^{-4}$　　$a^m \div a^n = a^{m-n}$

　　$= 2 \times 10^{-5}$

實數的生存法則

▶▶▶ Ans
(1) 9.69×10^9 (2) 6.2×10^6 (3) 2×10^{-5}

例題 16 已知 A 病毒長為 $360\ nm$，B 細菌長 $7.2\ \mu m$，且 $1nm = 10^{-9}m$，$1\mu m = 10^{-6}m$，則 B 長度是 A 的幾倍？

▶▶▶ Sol

$\because \begin{cases} 360nm = 360 \times 10^{-9}m = 3.6 \times 10^{-7}m \\ 7.2\mu m = 7.2 \times 10^{-6}m \end{cases}$ ← 已知：$1\ nm = 10^{-9}\ m$ 且 $1\mu m = 10^{-6}\ m$

$\therefore$ 所求 $= \dfrac{B}{A} = \dfrac{\overset{2}{7.2 \times 10^{-6}}}{3.6 \times 10^{-7}}$ $\dfrac{a^m}{a^n} = a^{m-n}$

$= 2 \times 10^{-6-(-7)}$

$= 2 \times 10 = 20$ 「10 次方項」與「非 10 次方項」，分別「×÷」

▶▶▶ Ans
20 倍

先化成「相同單位 m」後，再求比值

例題 17 將 3000 光年以科學記數表示成 $a \times b^n$ 公尺（1 光年 $= 9.46 \times 10^{15}m$），則下例何者錯誤？
(A) $a = 2.838$ (B) $b = 10$ (C) $n = 19$
(D) $a \times b^n$ 化成一般的數後末尾有 19 個 0

1 光年 $= 9.46 \times 10^{15}\ m$

科學記數是一個整體，運算時，先加「括號」

▶▶▶ Sol
$3000 \times (9.46 \times 10^{15}) = (3 \times 10^3) \times (9.46 \times 10^{15})$

10 次方與非 10 次方，分別「×÷」

$= (3 \times 9.46) \times (10^3 \times 10^{15})$

「收尾」調回「標準科學記數」

$= 28.38 \times 10^{18}$ $a^m a^n = a^{m+n}$

$= 2.838 \times 10^{19}$

$\overset{令}{=} a \times b^n$ 題目要求

$\therefore a = 2.838,\ b = 10,\ n = 19$

且展開後末尾有 $\boxed{19} - 3 = 16$ 個「0」

▶▶▶ Ans
(D)

用「簡單實例」來聯想！
如：$\boxed{2.838} \times 10^{\boxed{4}} = 2838\boxed{0}$，
共有 $\boxed{4} - 3 = 1$ 個「0」

例題 18 已知一天文單位約長 $1.5 \times 10^{11} m$，若 A、B、C 三個星球在同一直線上，A、B 相距約 6.8 天文單位，A、C 相距約 3.2 天文單位，求 B、C 相距約為多少公尺？

▶▶▶ Sol

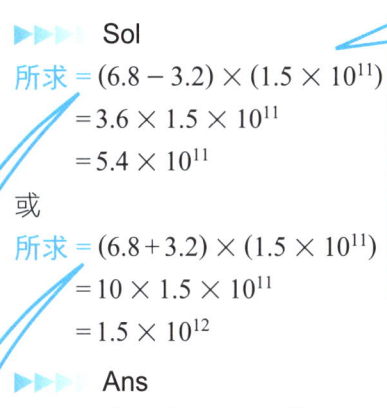

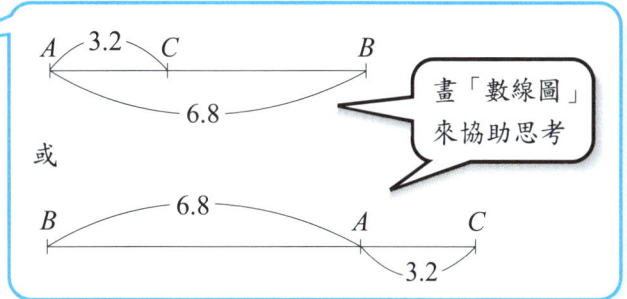

所求 $= (6.8 - 3.2) \times (1.5 \times 10^{11})$
$= 3.6 \times 1.5 \times 10^{11}$
$= 5.4 \times 10^{11}$

或

所求 $= (6.8 + 3.2) \times (1.5 \times 10^{11})$
$= 10 \times 1.5 \times 10^{11}$
$= 1.5 \times 10^{12}$

▶▶▶ Ans

$5.4 \times 10^{11} m$ 或 $1.5 \times 10^{12} m$

> 畫「數線圖」來協助思考

> 科學記數是一個整體，運算時，必加「括號」

例題 19 假設電腦儲存一個中文字要 2 bytes，小明家網速為每秒 1.152×10^5 bytes，他花了 2 min 下載完一篇只有中文的小說，請問小說約有幾個字？

▶▶▶ Sol

所求 $= (2 \times 60) \times (1.152 \times 10^5) \div 2$
$= 60 \times 1.152 \times 10^5$
$= 6.912 \times 10^6$

▶▶▶ Ans

約 6.912×10^6 字

> 2 分鐘 $= 2 \times 60$ 秒

> 一個字，2 bytes

> 科學記數是一個整體，運算時，必加「括號」

例題 20
倉庫中有 4 個特大號箱子，每個特大號箱子中有 4 個大號箱子，每個大號箱子中有 4 個中號箱子，每個中號箱子中有 4 個小號箱子，求倉庫共有幾個箱子？

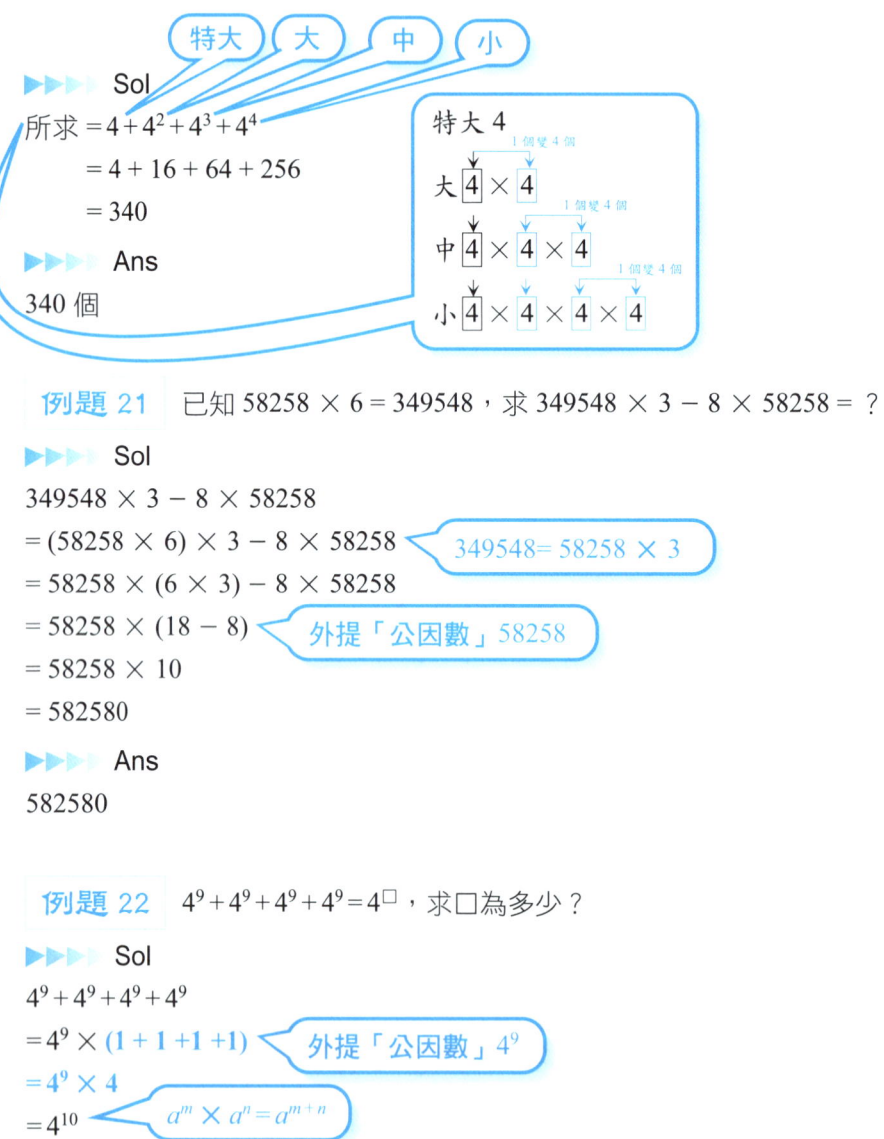

▶▶▶▶ Sol

所求 $= 4 + 4^2 + 4^3 + 4^4$
$= 4 + 16 + 64 + 256$
$= 340$

▶▶▶▶ Ans

340 個

特大 4
大 4×4（1個變4個）
中 $4 \times 4 \times 4$（1個變4個）
小 $4 \times 4 \times 4 \times 4$（1個變4個）

例題 21
已知 $58258 \times 6 = 349548$，求 $349548 \times 3 - 8 \times 58258 = $?

▶▶▶▶ Sol

$349548 \times 3 - 8 \times 58258$
$= (58258 \times 6) \times 3 - 8 \times 58258$ ◁ 349548 = 58258 × 3
$= 58258 \times (6 \times 3) - 8 \times 58258$
$= 58258 \times (18 - 8)$ ◁ 外提「公因數」58258
$= 58258 \times 10$
$= 582580$

▶▶▶▶ Ans

582580

例題 22
$4^9 + 4^9 + 4^9 + 4^9 = 4^\square$，求 □ 為多少？

▶▶▶▶ Sol

$4^9 + 4^9 + 4^9 + 4^9$
$= 4^9 \times (1 + 1 + 1 + 1)$ ◁ 外提「公因數」4^9
$= 4^9 \times 4$
$= 4^{10}$ ◁ $a^m \times a^n = a^{m+n}$
$\therefore \square = 10$ ◁「$4^\square$ 與 4^{10}」作比較

▶▶▶▶ Ans

10

例題 23 已知甲數 $=(-2)^{11} \div (-2^{10})$，乙數 $=(-2^{11}) \div (-2)^{10}$ 求甲數 $-$ 乙數 $=$?

▶▶▶ Sol

甲 $= \dfrac{(-2)^{11}}{-2^{10}} = \dfrac{-2^{11}}{-2^{10}} = 2^{11-10} = 2$ （奇數個負數次方最終結果為負數）

（$a^m \div a^n = a^{m-n}$）

乙 $= \dfrac{(-2^{11})}{(-2)^{10}} = \dfrac{-2^{11}}{2^{10}} = -2^{11-10} = -2$

（留意：「次方」有沒有給「負號」用！）

$\therefore$ 甲數 $-$ 乙數 $= 2-(-2) = 2+2 = 4$

（$-_{減}負 = +_{加}正$）

▶▶▶ Ans

4

例題 24 比較下列各數大小

(1) 1.9×10^{-4}、3.8×10^{-5}

(2) 4.87×10^{-6}、9.36×10^{-6}

（指數 $a \times 10^n$：先比 10^n 次方，若同次方，再比 a）

▶▶▶ Sol

(1) $1.9 \times 10^{-4} > 3.8 \times 10^{-5}$ （$10^{-4} > 10^{-5}$）

(2) $4.87 \times 10^{-6} < 9.36 \times 10^{-6}$ （同 10 次方，則比「4.87」與「9.36」）

▶▶▶ Ans

(1) 左 $>$ 右　(2) 左 $<$ 右

例題 25 已知 $\dfrac{4}{10^{15}} < a < \dfrac{9}{10^{15}}$，且 a 可以用科學記號表示成 $b \times 10^{-m}$，求 $m=$? 及 b 的整數值？

▶▶▶ Sol

$\therefore \begin{cases} \dfrac{4}{10^{15}} = 4 \times 10^{-15} \\ \dfrac{9}{10^{15}} = 9 \times 10^{-15} \end{cases}$

（已知：$\dfrac{4}{10^{15}} < a < \dfrac{9}{10^{15}}$）

且 $4 \times 10^{-15} < a < 9 \times 10^{-15}$

$\therefore a$ 必為（4 點多）$\times 10^{-15}$ 或…或（8 點多）$\times 10^{-15}$

$\therefore m = 15$ 且 b 的整數值 $= 4, 5, 6, 7, 8$

▶▶▶ Ans

15 且 b 的整數值 $= 4, 5, 6, 7, 8$

實數的生存法則

例題 26 大腸桿菌的長約為 $0.0000002\ cm$，以科學記號表示，何者正確？
(A) $2 \times 10^{-6}\ m$ (B) $2 \times 10^{-7}\ m$ (C) $2 \times 10^{-9}\ m$ (D) $2 \times 10^{-10}\ m$

▶▶▶ Sol （化成科學記數）

$\because 0.0000002\ cm = 2 \times 10^{-7}\ cm$

$\therefore 2 \times 10^{-7}\ cm \times 10^{-2} = 2 \times 10^{-9}\ m$ （$1\ cm = 10^{-2}\ m$）

▶▶▶ Ans （注意公分、公尺單位）

(C)

例題 27 若 $x = 4.5 \times 10^{-6}$，則 x^2 用科學記數表示為何？

▶▶▶ Sol

$(4.5 \times 10^{-6})^2$ （∵「科學記數」是一個「整體」∴求它的「次方」時，最好「先加括號」）

$= 4.5^2 \times 10^{-12}$

$= 20.25 \times 10^{-12}$ （$(a^m)^n = a^{mn}$ 及 $(ab)^n = a^n b^n$）

$= 2.025 \times 10^{-11}$ （收尾化成「科學記數」）

▶▶▶ Ans

2.025×10^{-11}

例題 28 計算 $(2^{100} - 2^{99}) \div 2^{96}$ 之值 = ?

▶▶▶ Sol （指數「±」，先取「較小次方」當基準，化「同次」）

$(2^{100} - 2^{99}) \div 2^{96}$

$= (2 \times 2^{99} - 2^{99}) \div 2^{96}$

$= [2^{99}(2 - 1)] \div 2^{96}$ （外提「公因數 2^{99}」）

$= 2^{99} \div 2^{96}$

$= 2^{99 - 96}$ （$\dfrac{a^m}{a^n} = a^{m-n}$）

$= 2^3 = 8$

▶▶▶ Ans

8

CHAPTER 9

平方根與立方根 v.s. 有理化

重點整理 9-1　淺談平方（根）、立方（根）v.s.有理化

重點整理 9-2　應用的關鍵「特徵」及「策略」

重點整理 9-3　解開例題、弄懂策略

實數的生存法則

重點整理9-1　淺談平方（根）、立方（根）v.s.有理化

概念 1

平方 v.s.平方根

每一個「非負數 a」都有「平方根 b」，但「負數，沒有平方根（在實數系統上：無解）」

亦即：求「-25」的「平方根」或對「-25」進行「開平方」動作，都是一件無解的工作

並稱：b 的「平方」為 a

試問：誰滿足「自己 ×乘 自己 $= a$」，便可得 a 的「平方根 b」

如：$\sqrt{-5^2} = \sqrt{-25}$ 無（實數）意義！

- 每一個「正數 a」都有「兩個平方根」，其中一個是「正平方根 $\sqrt{a} = \sqrt[2]{a}$」，另一個是「負平方根 $-\sqrt{a} = -\sqrt[2]{a}$」且兩者互為「相反數」。
- 「0」的「平方根 $\pm\sqrt{0} = \pm\sqrt[2]{0}$」及「平方 0×0」都是「0 自己」。

給一個「非負數 a」，它的
- 平方根 $= \pm\sqrt{a}$（正、負都要）
- 開平方 $= \sqrt{a}$（只取非負）

稱 $\sqrt{a}$ 是對 a 進行「開平方」的結果

概念 2

並稱：b 的「立方」為 a

每一個「實數 a（正、負、0）」都有「立方根 b」

亦即：對任意實數 a，都可以求「它的立方根 $\sqrt[3]{a}$」或對 a 進行「開立方」動作且其結果都是 $\sqrt[3]{a}$

試問：誰滿足「自己 ×乘 自己 ×乘 自己 $= a$」，便可得 a 的「立方根 b」

- 正數的立方根是一個正數；零的立方根是零；負數的立方根是一個負數。
- 對於數 a，我們以 $\sqrt[3]{a}$ 表示 a 的「立方根」或對 a「開立方」的結果。
- 「0」的「立方根 $\sqrt[3]{0}$」及「立方 $0 \times 0 \times 0$」都是「0 自己」。

重點整理9-2　應用的關鍵「特徵」及「策略」

應用 1

「平方（差）、立方（差）」公式：
見「平方±平方」或「立方±立方」或「a±b乘積」或「$1=1^2=1^3$」，必用這些公式來簡化算式！

> 見「同型項、類似項、出現最多次項」必「引進符號變數，予以取代」，以簡化算式並有助聯想「平方、立方公式」！

- 平方 公式：$(a \pm b)^2 = a^2 \pm 2ab + b^2$ ； $(a+b+c)^2 = a^2+b^2+c^2+2(ab+bc+ca)$
- 平方差 公式：$a^2 - b^2 = (a+b)(a-b)$
- 立方 公式：$(a \pm b)^3 = a^3 \pm 3ab(a \pm b) \pm b^3$
- 立方和差 公式：$a^3 \pm b^3 = (a \pm b)(a^2 \mp ab + b^2)$

> 與左式的 ± 恰好相反！

利用「乘 v.s. 加減」的「分配律」便可得證上述公式！

如：$(a+b)^2 = (a+b) \times (a+b)$
$= (a+b) \times a + (a+b) \times b$
$= a \times a + b \times a + a \times b + b \times b$
$= a^2 + 2ab + b^2$

實數的生存法則

> 處理「平、立方（根）」，必「先因數分解」

> ● 「開平方」的結果必「非負」
> ● 「平方根」卻「正負」都要！

應用 2

> 「0」是任何整數的「倍數」

「平方」：因「$\sqrt{a} \geq 0 \geq 0$」，見「$\sqrt{a}$」必聯想「根號的內、外都非負」！

(A) 求「$\sqrt{a}$」的動作，稱為「開平方」

(B) $\sqrt{b^2} = |b| \geq 0$

> 平方數開平方，需先加絕對值，再討論、判斷去絕對值

> ● 乙的平方根甲 $\stackrel{記}{=} \pm\sqrt{乙}$
> ● 乙開平方的結果甲 $= \sqrt{乙}$
> ● 正甲 $= \sqrt{甲^2} = (\sqrt{甲})^2$
> ● 負甲 $= -\sqrt{甲^2}$
> 如：$= 100 \pm \sqrt{100} = \pm 10$；
> 100 開平方的結果 $= \sqrt{100} = 10$；
> $10 = \sqrt{10^2} = (\sqrt{10})^2$ 且 $-10 = -\sqrt{(-1}$

(C) $(\pm\sqrt{a})^2 = a$

> 見二次根式，可用平方去二次根號

留意！$0 \leq 5 = \sqrt{25} = \sqrt{5^2} = \sqrt{(-5)^2} \neq -5 < 0$，但 25 的平方根為 ± 5

> 「（標準）因數分解」的「次方都先除以 2，再相乘並補上 ± 號」便可得「平方根」！別忘了「平方根，正負皆要」，但「開平方；只取非負」。

(D) 利用「（標準）因數分解」來觀察形成「平方數」的「缺漏項或待刪項」、必用

> 「（標準）因數分解」的「次方都要能被 2 除」，才有「平方根」或才能「開平方」！

(E) 「（平方根）² = 原數」，亦即：見「甲是乙的平方根」，必用「甲 × 甲 = 乙」！

> 利用「平方」公式，可以去「雙重根號」！但需先讓「主根號 2 倍化」！

> 「（標準）因數分解」的「次方都先除以 3，再相乘並補上跟原數相同的正、負號」便可得「立方根」！別忘了「立方根跟原數同號」！

同理：「立方」

(A) 求「$\sqrt[3]{a}$」的動作，稱為「開立方」！

(B) $(\sqrt[3]{a})^3 = a$

> 見三次根式，可用立方去三次根號

(C) 利用「標準（因數）分解」來觀察形成「立方數」的「缺漏項或待刪項」必用

> 「（標準）因數分解」的「次方都要能被 3 除」，才有「立方根」或才能「開立方」且「正負號與原數相同」。

(D) 「（立方根）³ = 原數」，亦即：見「甲是乙的立方根」，必用「甲 × 甲 × 甲 = 乙」！

> ● 甲 $= \sqrt[3]{乙} =$ 乙的立方根 $=$ 乙的開立方結果
> ● 甲 $= \sqrt[3]{甲^3} = (\sqrt[3]{甲})^3$

見「$\sqrt{}$、$\sqrt[3]{}$」必可用：
「平方、立方」去根號或整合根號

平方根與立方根 v.s. 有理化

應用 3

$10 \times \sqrt{a} \stackrel{記}{=} 10\sqrt{a}$，同理：$10 \times \sqrt[3]{a} = 10\sqrt[3]{a}$

$\sqrt{1} = \sqrt[3]{1} = 1$

與「含根號數」進行「大小比較，估算」：
先全部「平方／立方」「去根號」
並「補上跟原數相同的正、負號」
再比較「全部無根號數」的大小，且
「全部無根號數」的大小跟「原先含根號數」的大小，
其「大小關係」必「同步」！

根號內的數較大時，可先化最小整數或 10 次方，並外提可開方數，讓根號內的數最簡化

∵ $\sqrt{a} = a^{\frac{1}{2}}$ 且 $\sqrt[3]{a} = a^{\frac{1}{3}}$
∴ 可用「指數律」來處理 $\sqrt{a}$ 及 $\sqrt[3]{b}$

● 「分母有理化」$\stackrel{定義}{=}$ 用「平方、立方」公式，去「分母」的根號
● 先將「含根號數」先「倒數」，再「分母有理化」以進行「含根號數」的大小比較

● 單項用「自乘」；多項用「平方、立方」公式，可進行「有理化」工作

「同開方數」的根號運算：

● 加減：先將「分母」有理化，再予簡化或將根號內的數化「最小整數及 10 的次方」，並外提平方數或立方數，讓留在根號內的數「最簡化」。最後，再進行「相同根號數的係數加減」！

● 乘除：維持「同開方數」，進行「根號內的乘除」

給大家一個「同開方數」的大屋頂

如：$\sqrt{6} \div \sqrt{2} = \sqrt{6 \div 2} = \sqrt{3}$

如：$\sqrt{2^3 \times 121} - \sqrt{2^2 \times 98} = \sqrt{2^3 \times 11^2} - \sqrt{2^3 \times 7^2}$
$= 22\sqrt{2} - 14\sqrt{2} = (22 - 14)\sqrt{2} = 8\sqrt{2}$

● 無根號數 v.s. 帶根號數的運算：將「無根號數」化成「有相同開方數的帶根號數」。

如：$3 \div \sqrt{6}$
$= \sqrt{3^2} \div \sqrt{6}$
$= \sqrt{\dfrac{3^2}{6}} = \sqrt{\dfrac{9}{6}}$
$= \sqrt{\dfrac{3}{2}} = \dfrac{\sqrt{3}}{\sqrt{2}}$
$= \dfrac{\sqrt{3} \times \sqrt{2}}{\sqrt{2} \times \sqrt{2}} = \dfrac{\sqrt{6}}{2}$

應用 4

配合「查表」找方根近似值：

(A) 利用「（標準）因數分解」及「乘／除 10，100，1000，…，使分子、分母整數化！」

(B) 再利用「由近似值找出實際值的可能範圍」及「能去根號，儘量設法去根號」等策略，「湊出乘方開方表」出現的「數值、所在範圍及型態」，以利查表的選擇判斷。

重點整理9-3　解開例題、弄懂策略

精選範例

例題 1　求下列各數的平方根：
(1) 49　(2) 64
(3) 1.69　(4) $\dfrac{4}{225}$
(5) $\dfrac{16}{361}$　(6) 0.0144

▶▶▶ Sol

利用「（標準）因數分解」來求「平方根」，別忘了「平方根，正負皆要」。

(1) 7 | 49
　　　 7

∵ $49 = 7^2$
∴ 平方根 $= \pm 7$　（次方 ÷ 2）

(2) 2 | 64
　　2 | 32
　　2 | 16
　　2 | 8
　　2 | 4
　　　 2

∵ $64 = 2^6$
∴ 平方根 $= \pm 2^3 = \pm 8$　（次方 ÷ 2）

(3) ∵ $1.69 = \dfrac{169}{100} = \dfrac{13^2}{10^2} = (\dfrac{13}{10})^2 = (1.3)^2$
∴ 平方根 $= \pm 1.3$　（次方 ÷ 2）

「小數 1.69」先「（有理）分數」化，再對「分子、分母」分別進行「因數分解」

(4) ∵ $\dfrac{4}{225} = \dfrac{2^2}{15^2} = (\dfrac{2}{15})^2$
∴ 平方根 $= \pm \dfrac{2}{15}$　（次方 ÷ 2）

「分子、分母」分別進行「因數分解」

(5) $\because \dfrac{16}{361} = \dfrac{4^2}{19^2} = (\dfrac{4}{19})^2$ ← 「分子、分母」分別進行「因數分解」

∴ 平方根 $= \pm \dfrac{4}{19}$ ← 次方÷2

(6) $\because 0.0144 = \dfrac{144}{10000} = \dfrac{12^2}{100^2} = (\dfrac{12}{100})^2 = (0.12)^2$ ← 「小數 0.0144」先「(有理)分數」化,再對「分子、分母」分別進行「因數分解」

∴ 平方根 $= \pm 0.12$ ← 次方÷2

▶▶▶ Ans

(1)±7　(2)±8　(3)±1.3　(4)$\dfrac{2}{15}$

(5)$\pm \dfrac{4}{19}$　(6)±0.12

例題 2 (1)若 $2x - 1$ 的平方根為 ±7,求 x?

(2)若 $(2x - 1)^2$ 的平方根為 ±7,求 x?

▶▶▶ Sol

(1)$(\pm 7)^2 \stackrel{令}{=} 2x - 1$ ← 「負號」、「負數」進行「指數」運算時,一定要先「加括號」

　⇒ $49 = 2x - 1$ ← 利用:「(平方根)² = 原數」來解題

　⇒ $2x = 49 + 1 = 50$

　⇒ $x = 25$

(2)$(\pm 7)^2 \stackrel{令}{=} (2x - 1)^2$ ← 「不加括號」的錯誤下場,如:$-49 = -7^2 \stackrel{令}{=} 2x - 1^2 = 2x - 1$

　⇒ $2x - 1 = \pm 7$ ← 同次方,底相同

　⇒ $2x = 1 \pm 7 = 8$ 或 -6

　⇒ $x = 4$ 或 -3

▶▶▶ Ans

(1) 25　(2) 4 或 −3

← 利用:「(平方根)² = 原數」來解題

例題 3 (1)若 $3a + 1$ 的立方根為 4,求 a?

(2)若 $3a + 1$ 的立方根為 −4,求 a?

▶▶▶ Sol

(1)$4^3 \stackrel{令}{=} 3a + 1$ ← 利用:「(立方根)³ = 原數」來解題

　⇒ $64 = 3a + 1$

　⇒ $63 = 3a$

　⇒ $a = 21$

(2) $(-4)^3 \overset{令}{=} 3a+1$

$\Rightarrow -64 = 3a+1$

$\Rightarrow -65 = 3a$

$\Rightarrow a = \dfrac{-65}{3}$

> 「負號、負數」進行「指數」運算時，不管是「何種次方」最好養成「先加括號的好習慣」！

> 利用：「（平方根）^{3}＝原數」來解題

▶▶▶▶ Ans

(1) 21　(2) $\dfrac{-65}{3}$

例題 4　設下列各方根的值為整數，求 x 的最小整數值：
(1) $\sqrt{24x}$　(2) $\sqrt{60x}$　(3) $\sqrt{108x}$　(4) $\sqrt{45x}$

▶▶▶▶ Sol

(1)
```
2 | 24
2 | 12
2 |  6
      3
```
$\because 24x = \boxed{2^3} \times \boxed{3} \times x$

> 利用「（標準）因數分解」來觀察「開平方的缺漏項」。

> 至少缺 1 個「2」、1 個「3」，才能「成雙成對」（次方才可以被 2 整除）

$\therefore x = 2 \times 3 = 6$

(2)
```
2 | 60
2 | 30
2 | 15（應為 3）
      5
```
$\because 60x = 2^2 \times \boxed{3} \times \boxed{5} \times x$

> 至少缺 1 個「3」、1 個「5」，才能「成雙成對」（次方才可以被 2 整除）

$\therefore x = 3 \times 5 = 15$

(3)
```
2 | 108
2 |  54
3 |  27
3 |   9
       3
```
$\because 108x = 2^2 \times \boxed{3^3} \times x$

> 至少缺 1 個「3」，才能「成雙成對」（次方才可以被 2 整除）

$\therefore x = 3$

(4)
```
3 | 45
3 | 15
      5
```
$\because 45x = 3^2 \times \boxed{5} \times x$

> 至少缺 1 個「5」，才能「成雙成對」（次方才可以被 2 整除）

$\therefore x = 5$

▶▶▶▶ Ans

(1) 6　(2) 15　(3) 3　(4) 5

平方根與立方根 v.s. 有理化

例題 5 試求 $5\sqrt{968} - \dfrac{1}{\sqrt{3}+\sqrt{2}} + \sqrt[3]{729000} + \sqrt{72} \times \sqrt{3} \div \sqrt{2}$

> - 先「有理化分母」或化「最小整數及 10 次方」後，再進行「加減」
> - 給一個「同開方數」的大屋頂，再進行「大屋頂內的乘除」

▶▶▶ Sol

原式 $= 5\sqrt{2^3 \times 11^2} - \dfrac{\sqrt{3}-\sqrt{2}}{(\sqrt{3}+\sqrt{2})(\sqrt{3}-\sqrt{2})}$

- 化最小整數次方
- 用「$a^2 - b^2 = (a+b)(a-b)$」，將分母予以有理化

$+ \sqrt[3]{3^6 \times 10^3} + \sqrt{2^3 \times 3^2} \times \sqrt{3} \div \sqrt{2}$

- 化最小整數及 10 次方
- 化最小整數次方
- 在 $\sqrt{\ }$ 的大屋頂內乘除且「除化倒數乘」

$= 5 \times \boxed{2 \times 11 \times \sqrt{2}} - \dfrac{\sqrt{3}-\sqrt{2}}{3-2} + \boxed{3^2 \times 10} + \sqrt{\dfrac{2^3 \times 3^2 \times 3}{2}}$

- $10\sqrt{a} = 10 \times \sqrt{a}$
- $10\sqrt[3]{a} = 10 \times \sqrt[3]{a}$

$= 110\sqrt{2} - \sqrt{3} + \sqrt{2} + 90 + \sqrt{2^2 \times 3^3}$

- 共「111」個 $\sqrt{2}$
- 分數上下，能約就約

$\sqrt[3]{3^6 \times 10^2}$
$= (3^6 \times 10^2)^{\frac{1}{3}}$
$= 3^2 \times 10 \times \sqrt[3]{1}$
$= 3^2 \times 10 \times 1$
$= 3^2 \times 10$

$\sqrt[3]{1} = \sqrt{1} = 1$

$= 111\sqrt{2} - \sqrt{3} + 90 + 6\sqrt{3}$

$= 111\sqrt{2} + 5\sqrt{3} + 90$

$\sqrt{2^2 \times 3^3} = (2^2 \times 3^3)^{\frac{1}{2}} = 2 \times 3^{\frac{3}{2}} = 2 \times 3 \times 3^{\frac{1}{2}}$
$= 6 \times \sqrt{3} = 6\sqrt{3}$

▶▶▶ Ans

$111\sqrt{2} + 5\sqrt{3} + 90$

「6」個 $\sqrt{3}$ 減「1」個 $\sqrt{3} = 6\sqrt{3} - \sqrt{3} = (6-1)\sqrt{3} = 5\sqrt{3}$

$\because \sqrt{a} = a^{\frac{1}{2}}$ 且 $\sqrt[3]{a} = a^{\frac{1}{3}}$

$\therefore (2^3 \times 11^2)^{\frac{1}{2}} = 2^{\frac{3}{2}} \times 11$

$= 2 \times 2^{\frac{1}{2}} \times 11$

$= 2 \times \sqrt{2} \times 11$

同理其他！

實數的生存法則

$$515^2 - 273^2$$
$$\stackrel{當}{=} a^2 - b^2$$
$$= (a+b)(a-b)$$

例題 6 試求 $\sqrt{515^2 - 273^2 - 286^2}$?

見「平方±平方」，必用「平方（差）」公式

▶▶▶ **Sol**

原式 $= \sqrt{(515+273)(515-273) - 286^2}$ ← 平方差

$= \sqrt{2 \times \boxed{394} \times 2 \times 11^2 - (2 \times 11 \times 13)^2}$ ← 因數分解

$= 2 \times 11 \times \sqrt{394 - 13^2}$

$= 2 \times 11 \times \sqrt{394 - 169}$

公因數 $2^2 \times 11^2$ 外提到 $\sqrt{}$ 之外，變成只有「2×11」

$= 2 \times 11 \times \sqrt{225}$

$= 2 \times 11 \times \sqrt{3^2 \times 5^2}$ ← $225 = 3^2 \times 5^2$

$= 2 \times 11 \times 3 \times 5 = 330$

▶▶▶ **Ans**

330

當「數字大或複雜」時，不要直接求算，要「先因數分解」，再作後續運算

其實「$394 = 2 \times 197$」，亦即：「394」還能再「分解」，但跟 $(2 \times 11 \times 13)^2$ 已無「更多」公因數可外提。故為無效的「再分解」。因此，不需再分解。

千萬別直接求 $(299.5)^2, (298)^2$

例題 7 若 $(299.5)^2 = (298)^2 + k$，試求 k 的值？

▶▶▶ **Sol**

$\because (299.5)^2 = (298)^2 + k$

見「平方±平方」，必用「平方（差）」公式來簡化並加速「數學式的計算」。

$\therefore k = (299.5)^2 - (298)^2$

$= (299.5 + 298) \times (299.5 - 298)$

將 $a = 299.5$ 且 $b = 298$ 代入 $a^2 - b^2 = (a+b)(a-b)$

$= 597.5 \times 1.5$

$= 896.25$

▶▶▶ **Ans**

896.25

見「1 ± 平方」或「1 ± 立方」，要聯想「$1 = 1^2 = 1^3$」

平方根與立方根 v.s.有理化

例題 8 試求 $(1 - \frac{1}{2^2})(1 - \frac{1}{3^2}) \times \cdots \times (1 - \frac{1}{11^2})(1 - \frac{1}{12^2})$ 的值？

$a^2 - b^2 = (a+b)(a-b)$

見「平方 ± 平方」必用「平方（差）／立方（差）公式」以簡化並加速「數學式的計算」。

▶▶▶ Sol

原式 = $(1 - \frac{1}{2})(1 + \frac{1}{2}) \times (1 - \frac{1}{3})(1 + \frac{1}{3}) \times \cdots \times (1 - \frac{1}{11})(1 + \frac{1}{11})$
$\times (1 - \frac{1}{12})(1 + \frac{1}{12})$

$= [(1 - \frac{1}{2}) \times (1 - \frac{1}{3}) \times \cdots \times (1 - \frac{1}{12})] \times$
$[(1 + \frac{1}{2}) \times (1 + \frac{1}{3}) \times \cdots \times (1 + \frac{1}{12})]$

「同加」、「同減」，合併「分群」重組

$= [\frac{1}{2} \times \frac{2}{3} \times \frac{3}{4} \times \cdots \times \frac{11}{12}] \times [\frac{3}{2} \times \frac{4}{3} \times \frac{5}{4} \times \cdots \times \frac{13}{12}]$

先觀察「前幾項」的「約分」狀況，來看後續規律

「分數」之「上下能約就約」

$= \frac{1}{12} \times \frac{13}{2}$

$= \frac{13}{24}$

▶▶▶ Ans
$\frac{13}{24}$

意謂：b 為「正小數」

例題 9 $(69\frac{17}{25}) \times (70\frac{8}{25}) = a + b$，若 a 為正整數且 $0 < b < 1$，則 $a = $？，$b = $？

▶▶▶ Sol

∵ $(\boxed{69}\frac{17}{25}) \times (\boxed{70}\frac{8}{25})$

「複雜數的乘積」，設法「往最近整數：× 0（× 拾），× 00（× 百），…」方向調整

$= (70 - \frac{8}{25}) \times (70 + \frac{8}{25})$

平方差公式：$a^2 - b^2 = (a+b)(a-b)$
～見兩數加減「$a \pm b$」之「乘積」，必用！

$= 70^2 - (\frac{8}{25})^2$

$= 4900 \underline{-(\frac{8}{25})^2}$

「負」的「小數」

$= \underbrace{4899}_{\text{正整數}} + \underbrace{[1 - (\frac{8}{25})^2]}_{\text{正小數}} \stackrel{令}{=} a + b$

留意「$0 < b < 1$」之要求，亦即：b 需為「正小數」

153

實數的生存法則

$\therefore a = 4899$ 且 $b = 1 - (\dfrac{8}{25})^2 = \dfrac{561}{625}$

▶▶▶ Ans
$a = 4899$ 且 $b = \dfrac{561}{625}$

見「…」，即表示：連「出題者」都懶得「寫」試題！亦即：「解題的你」也不應「直接硬算」！

例題 10 試求 $\dfrac{(1^4+\frac{1}{4})(3^4+\frac{1}{4}) \times \cdots \times (19^4+\frac{1}{4})}{(2^4+\frac{1}{4})(4^4+\frac{1}{4}) \times \cdots \times (20^4+\frac{1}{4})}$ 之值。

凡見「同型項」，必「引入新符號變數」以簡化問題。

▶▶▶ Sol

先「去分母」以簡化「題目形態」：分子、分母的每一個單項括號都乘以 $2^4 = 4^2$

原式 $= \dfrac{(2^4+4)(6^4+4) \times \cdots \times (38^4+4)}{(4^4+4)(8^4+4) \times \cdots \times (40^4+4)}$

又因：每一單項括號具「(a^4+4) 的形態（同型態）」且「項跟項」之間具「乘、除」關係！

最常用『平方差』公式，來輔助分解

2^4+4；6^4+4；… 都具「a^4+4」的「共同特徵」

$\therefore$「鎖定 a^4+4」進行「分解」成「$[(a+1)^2+1][(a-1)^2+1]$」。

$\therefore$ 原式 $= \dfrac{[(3^2+1)(1^2+1)][(7^2+1)(5^2+1)] \times \cdots \times [(39^2+1)(37^2+1)]}{[(5^2+1)(3^2+1)][(9^2+1)(7^2+1)] \times \cdots \times [(41^2+1)(39^2+1)]}$

$= \dfrac{1^2+1}{41^2+1}$

$= \dfrac{1}{841}$

只留下「最大及最小項」！

好好「觀察前幾項」的「分數上下能約就約」狀況，以判別「最後的留存項」。

$a^4 + 4 = [(a+1)^2+1][(a-1)^2+1]$
v.s.「2^4+4」時，取「$a=2$」

▶▶▶ Ans
$\dfrac{1}{841}$

$\therefore a^4 + 4 = (a^2+2)^2 - 4a^2$
$= (a^2+2)^2 - (2a)^2$
$= (a^2+2a+2)(a^2-2a+2)$
$= [(a+1)^2+1][(a-1)^2+1]$

平方根與立方根 v.s. 有理化

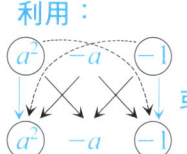

例題 11 試求 $1997^2 - \sqrt{1995 \times 1996 \times 1997 \times 1998 + 1}$ 之值？

▶▶▶ **Sol**

∵ 1997 出現最多次
∴ 令 $a = 1997$ 進行「同型項」的簡化問題動作 【引入符號代替】

（見「出現最多次數項」，必引進「符號代替」以簡化問題。）

∴ $1997^2 - \sqrt{1995 \times 1996 \times 1997 \times 1998 + 1}$

$= a^2 - \sqrt{(a-2) \times (a-1) \times a \times (a+1) + 1}$

（見「兩數加減」的「乘積」，必聯想「平方（差）、立方（差）」公式）

$= a^2 - \sqrt{(a-2) \times (a^2-1) \times a + 1}$ 【利用平方差公式】

$= a^2 - \sqrt{a^4 - 2a^3 - a^2 + 2a + 1}$ 【用分配律，予以展開】

$= a^2 - \sqrt{(a^2 - a - 1)^2}$ 【是一個正數】

利用：a^2、$-a$、-1 交叉相乘

或 $(a+b+c)^2 = a^2 + b^2 + c^2 + 2(ab+bc+ac)$，並取「$a = a^2, b = -a$ 且 $c = -1$」

$= a^2 - (a^2 - a - 1)$

（∵ $a^2 - a - 1 = 1997^2 - 1997 - 1 > 0$ ∴ 去 $\sqrt{}$，不用變號）

$= a + 1$
$= 1997 + 1$
$= 1998$

▶▶▶ **Ans**

1988   【將「$a = 1997$」代入】

例題 12 化簡 $\sqrt{3+\sqrt{5}} + \sqrt{3-\sqrt{5}}$

（見 $\sqrt{}$ 內有 $\sqrt{}$，必用「平方」公式，可以除去「雙重根號」。）

（記得：要將「分母」，用「單項自乘」方式去「根號」有理化！）

▶▶▶ **Sol**

∴ $\sqrt{3+\sqrt{5}} = \sqrt{\dfrac{6+2\sqrt{5}}{2}}$ 【$a^2+b^2+2ab = (a+b)^2$】 $= \sqrt{\dfrac{(\sqrt{5}+1)^2}{2}} = \dfrac{\sqrt{5}+1}{\sqrt{2}} = \dfrac{(\sqrt{5}+1) \times \sqrt{2}}{2} = \dfrac{\sqrt{10}+\sqrt{2}}{2}$ 【分配律】

且 $\sqrt{3-\sqrt{5}} = \sqrt{\dfrac{6-2\sqrt{5}}{2}}$ 【$a^2+b^2-2ab = (a-b)^2$】 $= \sqrt{\dfrac{(\sqrt{5}-1)^2}{2}} = \dfrac{\sqrt{5}-1}{\sqrt{2}} = \dfrac{(\sqrt{5}-1) \times \sqrt{2}}{2} = \dfrac{\sqrt{10}-\sqrt{2}}{2}$ 【分配律】

∴ $\sqrt{3+\sqrt{5}} + \sqrt{3-\sqrt{5}} = \dfrac{\sqrt{10}+\sqrt{2}}{2} + \dfrac{\sqrt{10}-\sqrt{2}}{2} = \dfrac{2 \times \sqrt{10}}{2} = \sqrt{10}$

（同開方數「根號 × ÷ 根號」= 根號「內 × ÷」）

▶▶▶ **Ans**

$\sqrt{10}$

為了應用「$(a \pm b)^2 = a^2 \pm 2ab + b^2$」及「$2ab$ v.s. $2 \times$（主）根號」
∴ 需「先讓（主）根號，2 倍化」

實數的生存法則

例題 13 求 $\sqrt{\dfrac{5}{2}+\sqrt{6}}$

▶▶▶ Sol

（見 $\sqrt{}$ 內有 $\sqrt{}$，必用「平方」公式，去「雙重根號」。）

$$\therefore \sqrt{\dfrac{5}{2}+\sqrt{6}} = \sqrt{\dfrac{5+2\sqrt{6}}{2}}$$

（「分數」先「通分」（整併）或先使「（主）根號」2 倍化）

$(a \pm b)^2 = a^2 \pm 2ab + b^2 \overset{令}{=} 5+2\sqrt{6}$ 的「$2ab$ v.s. $2 \times$（主）根號」

$\therefore 2ab \overset{令}{=} 2\sqrt{6}$

並滿足「$a^2+b^2=5$」

$\therefore \begin{cases} ab=\sqrt{6} \\ a^2+b^2=5 \end{cases}$

（取「大數當 a」）

$\therefore$ 取「$a=\sqrt{3}, b=\sqrt{2}$」

$$= \sqrt{\dfrac{(\sqrt{3}+\sqrt{2})^2}{2}}$$

$$= \dfrac{\sqrt{3}+\sqrt{2}}{\sqrt{2}}$$

（將「分母」去「根號」有理化！）

（用「分配律」予以展開）

$$= \dfrac{(\sqrt{3}+\sqrt{2}) \times \sqrt{2}}{2}$$

$$= \dfrac{\sqrt{6}+2}{2}$$

▶▶▶ Ans

$\dfrac{\sqrt{6}+2}{2}$

例題 14 比較下列各數的大小：

(1) $2 、 3 、 4 、 \sqrt{3} 、 \sqrt{5}$

(2) $\dfrac{1}{2} 、 \dfrac{1}{3} 、 \dfrac{1}{4} 、 \sqrt{\dfrac{1}{3}} 、 \sqrt{\dfrac{1}{5}}$

（利用「平方去 $\sqrt{}$」來進行「大小比較」）

▶▶▶ Sol

(1) $\because \begin{cases} \boxed{2}^2=4 ; \boxed{3}^2=9 ; \boxed{4}^2=16 \\ (\boxed{\sqrt{3}})^2=3 ; (\boxed{\sqrt{5}})^2=5 \end{cases}$

（無根數，也要「平方」）

且 $16_{(v.s.\boxed{4})} > 9_{(v.s.\boxed{3})} > 5_{(v.s.\boxed{\sqrt{5}})} > 4_{(v.s.\boxed{2})} > 3_{(v.s.\boxed{\sqrt{3}})}$

$\therefore 4>3>\sqrt{5}>2>\sqrt{3}$

(2) 同理：（利用「平方去 $\sqrt{}$」來進行「大小比較」）

$\because \begin{cases} (\dfrac{1}{2})^2=\dfrac{1}{4} ; (\dfrac{1}{3})^2=\dfrac{1}{9} ; (\dfrac{1}{4})^2=\dfrac{1}{16} \\ (\sqrt{\dfrac{1}{3}})^2=\dfrac{1}{3} ; (\sqrt{\dfrac{1}{5}})^2=\dfrac{1}{5} \end{cases}$

且 $\dfrac{1}{3}_{(v.s.\boxed{\sqrt{\frac{1}{3}}})} > \dfrac{1}{4}_{(v.s.\boxed{\frac{1}{2}})} > \dfrac{1}{5}_{(v.s.\boxed{\sqrt{\frac{1}{5}}})} > \dfrac{1}{9}_{(v.s.\boxed{\frac{1}{3}})} > \dfrac{1}{16}_{(v.s.\boxed{\frac{1}{4}})}$

（「分子相同」時，「分母越大，正分數越小」）

$\therefore \sqrt{\dfrac{1}{3}} > \dfrac{1}{2} > \sqrt{\dfrac{1}{5}} > \dfrac{1}{3} > \dfrac{1}{4}$

▶▶▶ **Ans**

(1) $4 > 3 > \sqrt{5} > 2 > \sqrt{3}$

(2) $\sqrt{\dfrac{1}{3}} > \dfrac{1}{2} > \sqrt{\dfrac{1}{5}} > \dfrac{1}{3} > \dfrac{1}{4}$

例題 15 試比較下列根式的大小

(1) $\sqrt{11} - \sqrt{3}$ 跟 $\sqrt{10} - 2$

(2) $\sqrt{10} - \sqrt{7}$ 跟 $2\sqrt{2} - \sqrt{5}$

「分母」有理化

▶▶▶ **Sol**

(1) 利用「平方公式」，可得：

$\begin{cases} (\sqrt{11} - \sqrt{3})^2 = 11 - 2\sqrt{33} + 3 = 14 - \boxed{2\sqrt{33}} \\ (\sqrt{10} - 2)^2 = 10 - 4\sqrt{10} + 4 = 14 - 4\sqrt{10} = 14 - \boxed{2\sqrt{40}} \end{cases}$

$\therefore 2\sqrt{33} < 2\sqrt{40}$

$\therefore \boxed{14} - 2\sqrt{33} > \boxed{14} - 2\sqrt{40}$

$\therefore \sqrt{11} - \sqrt{3} > \sqrt{10} - 2$

$\therefore 33 < 40$
$\therefore \sqrt{33} < \sqrt{40}$

「二次、三次根式」的「大小比較與估算」，必用「平方、立方去根號，並整合根號」或用「倒數並將分母有理化」概念來解題。

讓「兩數」的「根號」具相同係數

(2) 利用「倒數並將分母有理化」策略，可得：

$\begin{cases} \dfrac{1}{\sqrt{10}-\sqrt{7}} \stackrel{\text{平方差}}{=} \dfrac{\sqrt{10}+\sqrt{7}}{(\sqrt{10}-\sqrt{7})(\sqrt{10}+\sqrt{7})} = \dfrac{\sqrt{10}+\sqrt{7}}{10-7} = \boxed{\dfrac{\sqrt{10}+\sqrt{7}}{3}} \\ \dfrac{1}{2\sqrt{2}-\sqrt{5}} \stackrel{\text{平方差}}{=} \dfrac{2\sqrt{2}+\sqrt{5}}{(2\sqrt{2}-\sqrt{5})(2\sqrt{2}+\sqrt{5})} = \dfrac{2\sqrt{2}+\sqrt{5}}{8-5} = \dfrac{2\sqrt{2}+\sqrt{5}}{3} = \boxed{\dfrac{\sqrt{8}+\sqrt{5}}{3}} \end{cases}$

$\therefore \sqrt{10} + \sqrt{7} > \sqrt{8} + \sqrt{5}$

$\sqrt{10} > \sqrt{8}$ 且 $\sqrt{7} > \sqrt{5}$

$\therefore \dfrac{\sqrt{10}+\sqrt{7}}{3} > \dfrac{\sqrt{8}+\sqrt{5}}{3}$

$\therefore \dfrac{1}{\sqrt{10}-\sqrt{7}} > \dfrac{1}{2\sqrt{2}-\sqrt{5}}$

「分母相同」時，「分子越大，正分數越大」

$\therefore \sqrt{10} - \sqrt{7} < 2\sqrt{2} - \sqrt{5}$

「倒數」的「大小方向，會相反」

▶▶▶ **Ans**

(1) $\sqrt{11} - \sqrt{3} > \sqrt{10} - 2$

(2) $\sqrt{10} - \sqrt{7} < 2\sqrt{2} - \sqrt{5}$

實數的生存法則

「分母」有理化

例題 16 設 x 跟 y 分別為 $\dfrac{1}{3-\sqrt{7}}$ 的整數及小數部份，試求 $x^2+4(\sqrt{7}+1)y$ 的值。

▶▶▶▶ Sol

利用「（倒數並）將分母有理化」策略，可得：

$\dfrac{1}{3-\sqrt{7}} \overset{平方差}{\underset{有理化}{=}} \dfrac{3+\sqrt{7}}{(3-\sqrt{7})(3+\sqrt{7})} = \dfrac{3+\sqrt{7}}{9-7} = \dfrac{3+\sqrt{7}}{2}$

「二次、三次根式」的「大小比較與估算」，必用「平方、立方去根號、整合根號」或用「（倒數並）將分母有理化」概念來解題。

∵ $\boxed{2} = \sqrt{4} < \boxed{\sqrt{7}} < \sqrt{9} = \boxed{3}$

∴ $3 + \boxed{2} < 3 + \boxed{\sqrt{7}} < 3 + \boxed{3}$

∴ $5 < 3 + \sqrt{7} < 6$

把「$5 < 3+\sqrt{7} < 6$」都除以「2」

∴ $\boxed{2\dfrac{1}{2}} < \dfrac{3+\sqrt{7}}{2} < \boxed{3}$

∴ $\dfrac{1}{3-\sqrt{7}} = \underbrace{\boxed{\dfrac{3+\sqrt{7}}{2}}}_{約「2點多」的大小} = \boxed{2+\dfrac{-1+\sqrt{7}}{2}}$

∴ $\dfrac{3+\sqrt{7}}{2}$ 約「2點多」

∴ $\dfrac{3+\sqrt{7}}{2} = 2 +$「小數」

「小數」$= \dfrac{3+\sqrt{7}}{2} - 2 = \dfrac{-1+\sqrt{7}}{2}$

∴ $x = 2$ 且 $y = \dfrac{-1+\sqrt{7}}{2} = \dfrac{\sqrt{7}-1}{2}$

∴ 可得：

相同位置，等量代換

$x^2 + 4(\sqrt{7}+1)y$

$= 2^2 + 4(\sqrt{7}+1) \times \dfrac{\sqrt{7}-1}{2}$

$a^2 - b^2 = (a+b)(a-b)$

$= 4 + 2[(\sqrt{7}+1) \times (\sqrt{7}-1)] = 4 + 2[7-1] = 4 + 12 = 16$

▶▶▶▶ Ans

16

可知：$\dfrac{3+\sqrt{7}}{2}$ 約「2點多」

平方根與立方根 v.s. 有理化

例題 17 試利用下面的乘方開方表，求下列各題的值：

乘方開方表

N	N^2	$\sqrt{N}$	$\sqrt{10N}$	N^3	$\sqrt[3]{N}$	$\sqrt[3]{10N}$	$\sqrt[3]{100N}$
18	324	4.242	13.416	5832	2.620	5.646	12.164
23	529	4.795	15.165	12167	2.843	6.126	13.200
29	841	5.385	17.029	24389	3.072	6.619	14.260

(1) $\sqrt{2300}$ (2) $\sqrt{290}$ (3) $\sqrt[3]{1800}$
(4) $\sqrt[3]{29}$ (5) $\sqrt[3]{184}$ (6) $\sqrt{1.8}$
(7) $\sqrt[3]{2.3}$ (8) $\dfrac{324}{529}$ (9) $\sqrt[3]{\dfrac{5832}{24389}}$
(10) $(17.029)^2 + (2.843)^3 + (12.164)^3$

與「$N=18$」在「同一列」的「數值」意義，分別是「$N=18$ 的 $N^2=324$，$\sqrt{N}=4.242$，⋯」

設法利用「（標準）因數分解」及「乘／除 10，100，1000，……」等方式，「湊出乘方開方表」出現的數值，所在範圍及型態，以利查表的選擇判斷。

▶▶▶ Sol

(1) $\sqrt{2300} = \sqrt{23 \times 10^2}$ ← 設法湊出 10 的次方

$= \sqrt{23} \times 10 \xlongequal[\sqrt{N},N 取 23]{查表} 4.795 \times 10 = 47.95$

(2) $\sqrt{290} = \sqrt{29 \times 10} \xlongequal[\sqrt{10N},N 取 29]{查表} \boxed{17.029}$ ← 湊出 10 的次方

(3) $\sqrt[3]{1800} = \sqrt[3]{18 \times 100} \xlongequal[\sqrt[3]{100N},N 取 18]{查表} 12.164$ ← 湊出 10 的次方

(4) $\sqrt[3]{29} \xlongequal[\sqrt[3]{N},N 取 29]{查表} 3.072$

(5) $\sqrt[3]{184} = \sqrt[3]{2^3 \times 23}$ ← 因數分解，能去根號儘量去

$= \boxed{2} \times \sqrt[3]{23} \xlongequal[\sqrt[3]{N},N 取 23]{查表} 2 \times 2.843 = 5.686$

(6) $\sqrt{1.8} = \sqrt{\dfrac{180}{100}}$ ← $\times \div$ 10、100、⋯ 使「分子、分母」為整數

$= \dfrac{\sqrt{18 \times 10}}{10} \xlongequal[\sqrt{10N},N 取 18]{查表} \dfrac{13.416}{10} = 1.3416$

159

實數的生存法則

(7) $\sqrt[3]{2.3} = \sqrt[3]{\dfrac{2300}{1000}} = \dfrac{\sqrt[3]{2300}}{10}$ ← 先「整數化」再去根號

$= \dfrac{\sqrt[3]{23 \times 100}}{10} \underset{\sqrt[3]{100N}, N \text{ 取 } 23}{\overset{\text{查表}}{=}} \dfrac{13.2}{10} = 1.32$

(8) $\sqrt{\dfrac{324}{529}} = \sqrt{\dfrac{18^2}{23^2}} = \dfrac{18}{23}$ ← 因數分解，能去根號儘量去

(9) $\sqrt[3]{\dfrac{5832}{24389}} = \sqrt[3]{\dfrac{18^3}{29^3}} = \dfrac{18}{29}$

(10) $(17.029)^2 + (2.843)^3 + (12.164)^3$

$= (\sqrt{10 \times 29})^2 + (\sqrt[3]{23})^3 + (\sqrt[3]{100 \times 18})^3$

$= 290 + 23 + 1800 = 2113$

查表：$\begin{cases} \sqrt{290} = 17.029 \\ \sqrt[3]{23} = 2.843 \\ \sqrt[3]{100 \times 18} = 12.164 \end{cases}$

甲 $= (\sqrt{\text{甲}})^2 = (\sqrt[3]{\text{甲}})^3$

▶▶▶ Ans

(1) 47.95　(2) 17.029　(3) 12.164　(4) 3.072

(5) 5.686　(6) 1.3416　(7) 1.32　(8) $\dfrac{18}{23}$

(9) $\dfrac{18}{29}$　(10) 2113

亦即：「小數點」後，「第 2 位 ≥ 5，才進 1 到前一位」

例題 18 已知 $a = \sqrt{210}$、$b = \sqrt[3]{-10.648}$，利用乘方開方表（如下表），求出 $a + b$ 的近似值為何？（四捨五入到小數點後第一位）

乘方開方表

N	N^2	$\sqrt{N}$	$\sqrt{10N}$	N^3	$\sqrt[3]{N}$	$\sqrt[3]{10N}$	$\sqrt[3]{100N}$
21	441	4.582576	14.49138	9261	2.758924	5.943922	12.80579
22	484	4.690416	14.83240	10648	2.802039	6.036811	13.00591
23	529	4.795832	15.16575	12167	2.843867	6.126926	13.20006

(A) 11.5　(B) 12.3　(C) 16.7　(D) 26.6　【基測 91】

設法利用「（標準）因數分解」及「乘／除 10，100，1000，……」等方式，「湊出乘方開方表」出現的數值、所在範圍及型態，以利查表的選擇判斷。

▶▶▶ Sol

$a = \sqrt{210} = \sqrt{10 \times 21} \doteq 14.49138 \doteq 14.5$ ← 四捨五入到小數點第一位

查 $\sqrt{10N}$，N 取 21　　小數點後「第 2 位為 9 ≥ 5」，要進「1」到前一位

平方根與立方根 v.s. 有理化

$b = \sqrt[3]{-10.648} \xlongequal{\text{化為分數}} -\sqrt[3]{\dfrac{10648}{1000}} = -\sqrt[3]{(\dfrac{22}{10})^3} = -2.2$

能去根號，儘量去根號

$\therefore a + b = 14.5 - 2.2 = 12.3$

化成「最小整數及 10 的次方」

$\therefore$ 選(B)

▶▶▶ Ans

(B)　「負數」的「立方根必負」

例題 19　正方體的體積為 2100 立方公分，邊長為 a 公分；正方形的面積為 240 平方公分，邊長為 b 公分。請利用下表判斷下列敘述何者正確？

乘方開方表

N	$\sqrt{N}$	$\sqrt{10N}$	N^3	$\sqrt[3]{N}$	$\sqrt[3]{10N}$	$\sqrt[3]{100N}$
21	4.582576	14.49138	9261	2.758924	5.943922	12.80579
22	4.690416	14.83240	10648	2.802039	6.036811	13.00591
23	4.795832	15.16575	12167	2.843867	6.126926	13.20006
24	4.898979	15.49193	13824	2.888499	6.214465	13.38866
25	5.000000	15.81139	15625	2.924018	6.299605	13.57209

(A) $a < 7$　(B) $b < 7$　(C) $a > 15$　(D) $b > 15$　　【基測 92】

設法利用「(標準)因數分解」及「乘／除 10，100，1000，……」等方式，「湊出乘方開方表」出現的數值、所在範圍及型態，以利查表的選擇判斷。

▶▶▶ Sol

1. $2100 = a^3 \Rightarrow a = \sqrt[3]{2100} = \sqrt[3]{100 \times 21} \fallingdotseq 12.8$　查 $\sqrt[3]{100N}$，N 取 21

2. $240 = b^2 \Rightarrow b = \sqrt{240} = \sqrt{10 \times 24} \fallingdotseq 15.49$　查 $\sqrt{10N}$，N 取 24

$\therefore$ 選(D)

▶▶▶ Ans

(D)　「$\fallingdotseq$」代表「近似相等」

乙 = 甲^3 $\Rightarrow$ 甲 = $\sqrt[3]{乙}$，
乙 = 甲^2 $\Rightarrow$ 甲 = $\pm\sqrt{乙}$，
但留意：此處邊長 $a, b > 0$

161

實數的生存法則

∵ 兩數都接近「基準數 30」
∴ 往「30」靠近，並作適當的「調整」

例題 20 求 $30\frac{1}{3} \times 29\frac{2}{3}$ 之值 = ?

▶▶▶ Sol

見「兩數加減」的「乘積」，必聯想「平方（差）、立方（差）」公式

原式 $= (30 + \frac{1}{3})(30 - \frac{1}{3})$

$= 30^2 - (\frac{1}{3})^2$

$a^2 - b^2 = (a+b)(a-b)$

$= 900 - \frac{1}{9}$

$= 899\frac{8}{9}$

▶▶▶ Ans

$899\frac{8}{9}$

例題 21 如圖，一直角三角形內有一梯形，求灰色部分面積 = ?

三角形面積 $= 底 \times 高 \times \frac{1}{2}$

▶▶▶ Sol

梯形面積 $=$（上底 + 下底）$\times 高 \times \frac{1}{2}$

所求 $= 37 \times \boxed{74 \times \frac{1}{2}} - \boxed{(15 + 19)} \times 17 \times \boxed{\frac{1}{2}}$

$= 37 \times 37 - 17 \times 17$ 　能約就約

$= 37^2 - 17^2$

$= (37 + 17)(37 - 17)$

見平方 ± 平方，必用「平方差」公式：$a^2 - b^2 = (a+b)(a-b)$

$= 54 \times 20$

$= 1080$

▶▶▶ Ans

1080

平方根與立方根 v.s. 有理化

例題 22 已知 $\sqrt{200} \approx 14.14\cdots$。若甲、乙皆為正整數，且 $\sqrt{\dfrac{200}{甲}}$、$\sqrt{200+乙}$ 也皆為正整數，求甲＋乙的最小值 ＝？

（能完成要求的「最小甲」）
（表示：$\dfrac{200}{甲}$ 為平方數）
（「平方數」的質因數，皆為「偶次」）

▶▶▶ Sol

① $\because \sqrt{\dfrac{200}{甲}}$ 為正整數

且 $200 = 2^3 \times 5^2$ （用「因數分解」來看「缺漏項或待刪項」）

$\therefore$ 甲 ＝ 2 時，可滿足：（「2」為奇次方，應調成「偶次」）

$\sqrt{\dfrac{200}{2}} = \sqrt{2^2 \times 5^2} = 10$ 為正整數

（才能使乙最小）
（$\because \sqrt{200+乙}$ 為正整數　且乙 ＞ 0
$\therefore$ 需取「比 200 大」的平方數）

② 「最接近」且「大於」200 的平方數為「$225 = 15^2$」

$\therefore$ 乙 ＝ 225 － 200 ＝ 25

$\therefore$ 由①及②，可知：甲＋乙 ＝ 2 ＋ 25 ＝ 27

▶▶▶ Ans

27

（「平方數」的質因數，皆為「偶次」）
（「$\approx$」代表「近似相等」）

例題 23 已知 $\sqrt{300} \approx 17.3$ 且 a、b、c、d 為正整數，則能使 $\sqrt{300a}$、$\sqrt{\dfrac{300}{b}}$、$\sqrt{300+c}$、$\sqrt{300-d}$ 均為正整數的 a、b、c、d 最小值為多少？

▶▶▶ Sol（最小可能的 a,b 值）

① $\because 300 = 2^2 \times 3 \times 5^2$
 ・利用「因數分解」來看「缺漏項」
 ・平方數的「質因數」，必「偶次方」

$\therefore a \stackrel{取}{=} 3, b \stackrel{取}{=} 3$

② $\because \sqrt{300} \approx 17.3$ 接近 18 且 c,d 為正整數

$\therefore \sqrt{300+c} = 18 = \sqrt{324}$

$\therefore c = 324 - 300 = 24$

又 $\sqrt{300-d} = 17 = \sqrt{289}$

（分別找「比 17.3 大」及「比 17.3 小」的「最接近正整數」平方，當 $\sqrt{300+c}$ 及 $\sqrt{300-d}$ 才能保證「c,d」最小）

$\therefore d = 300 - 289 = 11$

▶▶▶ Ans

$a = 3, b = 3, c = 24, d = 11$

（把「3」拿掉或再補一個「3」都會使「3 的次方變偶次」！
…留意：「0」是偶數）

實數的生存法則

> 見「平方±平方」，必用「平方（差）」公式：$a^2 - b^2 = (a+b)(a-b)$

例題 24 求 $\dfrac{852^2 - 48^2}{1001^2 - 599^2} \times \dfrac{(100-7)^2 + 1400}{(100+7)^2 - 1400}$ 之值 = ?

▶▶▶ Sol

原式 $= \dfrac{(852+48)(852-48)}{(1001+599)(1001-599)} \times \dfrac{100^2 - 1400 + 7^2 + 1400}{100^2 + 1400 + 7^2 - 1400}$

> $(a \pm b)^2 = a^2 \pm 2ab + b^2$

$= \dfrac{900 \times 804}{1600 \times 402} \times 1$

$= \dfrac{900 \times 2}{1600}$

> 「分子、分母」上、下能約就約

$= \dfrac{9}{8}$

▶▶▶ Ans

$\dfrac{9}{8}$

> 見「平方±平方」，必用「平方（差）」公式：$a^2 - b^2 = (a+b)(a-b)$

例題 25 求 $\dfrac{21^2}{20^2 - 1} \times \dfrac{22^2}{21^2 - 1} \times \dfrac{23^2}{22^2 - 1} \times \dfrac{24^2}{23^2 - 1}$ 之值 = ?

▶▶▶ Sol

原式 $= \dfrac{21^2}{(20+1)(20-1)} \times \dfrac{22^2}{(21+1)(21-1)} \times \dfrac{23^2}{(22+1)(22-1)} \times \dfrac{24^2}{(23+1)(23-1)}$

$= \dfrac{21^2}{21 \times 19} \times \dfrac{22^2}{22 \times 20} \times \dfrac{23^2}{23 \times 21} \times \dfrac{24^2}{24 \times 22}$

> 「分子、分母」的「同底指數」上、下能約就約

$= \dfrac{21}{19} \times \dfrac{22}{20} \times \dfrac{23}{21} \times \dfrac{24}{22}$

> 「分子、分母」上、下能約就約

$= \dfrac{23 \times 6}{19 \times 5}$

$= \dfrac{138}{95}$

▶▶▶ Ans

$\dfrac{138}{95}$

例題 26 已知 $\sqrt{20} = a+b$，a 為正整數，且 $0 < b < 1$，求 $b = ?$，$\dfrac{a}{b} = ?$

▶▶▶ Sol　$4^2 = 16 < (\sqrt{20})^2 < 25 = 5^2$

$\therefore 4 < \sqrt{20} < 5$　（亦即：$\sqrt{20} = 4$ 點多）

$\therefore a = 4$，$b = \sqrt{20} - 4 = 2\sqrt{5} - 4$

$\therefore \dfrac{a}{b} = \dfrac{4}{2\sqrt{5} - 4} \xlongequal{\text{利用「平方差」}}_{\text{將分母有理化}} \dfrac{4(2\sqrt{5} + 4)}{(2\sqrt{5} - 4)(2\sqrt{5} + 4)}$　（利用「平方差」公式，消除分母的根號（亦即：將分母有理化））

$= \dfrac{4(2\sqrt{5} + 4)}{20 - 16} = \dfrac{4(2\sqrt{5} + 4)}{4}$　（「分子、分母」上、下能約就約）

$= 2\sqrt{5} + 4$

▶▶▶ Ans

$b = 2\sqrt{5} - 4$

$\dfrac{a}{b} = 2\sqrt{5} + 4$

例題 27 已知 a, b 為方程式 $(\dfrac{3}{7}x + 1)^2 = 340$ 的兩根，且 $a > b$，利用表求出 $\dfrac{3}{7}a - \dfrac{3}{7}b$ 最接近的數？

(A) 0　(B) 2　(C) 37　(D) 52

N	$\sqrt{N}$	$\sqrt{10N}$
2	1.414	4.472
5	2.236	7.071
34	5.831	18.439
68	8.246	26.077

▶▶▶ Sol

$\because (\dfrac{3}{7}x + 1)^2 = 340 = (\pm\sqrt{340})^2$　（340 的平方根 $\pm\sqrt{340}$，「正負」都要！）

$\therefore \dfrac{3}{7}x + 1 = \pm\sqrt{340}$　（「同次方」，其底相同）

$\therefore \dfrac{3}{7}x = -1 \pm \sqrt{340}$

又因：$a > b$

∵ $a > b$　∴ a 是較大的數值

∴ $\frac{3}{7}a = -1 + \sqrt{340}$ 且 $\frac{3}{7}b = -1 - \sqrt{340}$

∴ $\frac{3}{7}a - \frac{3}{7}b = -1 + \sqrt{340} - (-1 - \sqrt{340})$ ← 「負數或算式」被「±×÷」先加括號

$= -1 + \sqrt{340} \boxed{+} 1 \boxed{+} \sqrt{340}$ ← −減負 = +加正

$= 2\sqrt{340}$

∴ 查表可得：$2\sqrt{340} ≒ 2 \times 18.439 = 36.878$（最接近「37」）

∴ 選(C)

$N = 34$ 看 $\sqrt{10N}$

▶▶▶▶ Ans

(C)

例題 28 已知 $a = 501 \times 499, b = 495^2 + 10 \times 495 + 25, c = 500^2 - 1000 + 1$，求 a、b、c 的大小關係？

▶▶▶▶ Sol

∵ 501 及 499 都接近「500」　∴ 往「500」作增減調整

∴ $a = (500 + 1)(500 - 1)$

$= 250000 - 1$

$= 249999$

見「兩數加減」的「乘積」，
必聯想「平方差」公式：
$a^2 - b^2 = (a+b)(a-b)$

$b = 495^2 + 2 \times 495 \times 5 + 5^2$

$= (495 + 5)^2$

$= 500^2 = 250000$

$(a \pm b)^2 = a^2 \pm 2ab + b^2$

且 $c = 250000 - 1000 + 1$

$= 248999$

500^2 易求算，直接展開便可

∴ $b > a > c$

▶▶▶▶ Ans

$b > a > c$

利用「平方去 $\sqrt{\ }$」來進行「大小比較」

例題 29 已知 $a = 2 + \sqrt{5}, b = 2\sqrt{7}, c = 2 + \sqrt{10}$，求 a、b、c 的大小關係？

▶▶▶▶ Sol

∴ $\begin{cases} a^2 = 4 + 4\sqrt{5} + 5 = 9 + 4\sqrt{5} \\ b^2 = 28 \\ c^2 = 4 + 4\sqrt{10} + 10 = 14 + 4\sqrt{10} \end{cases}$

$a^2 = (2 + \sqrt{5})^2$　$(a \pm b)^2 = a^2 \pm 2ab + b^2$

$= 2^2 + 2 \times 2 \times \sqrt{5} + (\sqrt{5})^2$

$b^2 = (2\sqrt{7})^2 = 2^2 \times (\sqrt{7})^2 = 4 \times 7 = 28$

$(a \pm b)^2 = a^2 \pm 2ab + b^2$

$c^2 = (2 + \sqrt{10})^2$

$= 2^2 + 2 \times 2 \times \sqrt{10} + (\sqrt{10})^2$

平方根與立方根 v.s. 有理化

又因：$\begin{cases} 4\sqrt{5} = \sqrt{80} \\ 4\sqrt{10} = \sqrt{160} \end{cases}$

$\because 4 = \sqrt{4^2} = \sqrt{16}$
$\therefore \begin{cases} 4\sqrt{5} = \sqrt{16} \times \sqrt{5} = \sqrt{16 \times 5} = \sqrt{80} \\ 4\sqrt{10} = \sqrt{16} \times \sqrt{10} = \sqrt{16 \times 10} = \sqrt{160} \end{cases}$

$\therefore \begin{cases} a^2 = \boxed{9} + \sqrt{80} \\ b^2 = \boxed{9} + 19 \\ c^2 = \boxed{9} + (5 + \sqrt{160}) \end{cases}$

$\begin{cases} \sqrt{80} < \sqrt{160} < 5 + \sqrt{160} \\ 5 + \sqrt{160} < 5 + \sqrt{196} = 5 + 14 = 19 \end{cases}$
$\therefore \sqrt{80} < 5 + \sqrt{160} < 19$

$\therefore a^2 < c^2 < b^2$

$\therefore a < c < b$

▶▶▶ Ans

$a < c < b$

先將一部分「非根號數」化為相同

例題 30 若 $1^2 - 3^2 + 5^2 - 7^2 + 9^2 - 11^2 + 13^2 - 15^2 = -2^n$，求 n 之值？

見「平方±平方」，必用「平方（差）」公式：
$a^2 - b^2 = (a+b)(a-b)$

▶▶▶ Sol

原式 $= (1+3)(1-3) + (5+7)(5-7) + (9+11)(9-11) + (13+15)(13-15)$
$= 4 \times (-2) + 12 \times (-2) + 20 \times (-2) + 28 \times (-2)$
$= -2(4 + 12 + 20 + 28)$
$= -2 \times 64$
$= -128 = -2^{\boxed{7}}$

$\therefore n = 7$

「−2」相同，外提公因數

化成與題目要求的「相同底＝2」

▶▶▶ Ans

2^7 與 2^n 比較

「正 v.s. 負」配對成：
$(1^2 - 3^2) + (5^2 - 7^2) + (9^2 - 11^2) + (3^2 - 15^2)$

7

例題 31 已知 a, b 為 460 的平方根，且 $a > b$，利用表格，求出最接近 $a - b$ 之值的正整數 = ？

N	$\sqrt{N}$	$\sqrt{10N}$
2	1.414	4.472
3	1.732	5.477
23	4.795	15.165
$\boxed{46}$	6.782	21.447

▶▶▶ Sol

∵ 460 的平方根為 $\pm\sqrt{460}$

且 $a > b$

∴ $\begin{cases} a = \sqrt{460} = 21.447 \\ b = -\sqrt{460} = -21.447 \end{cases}$ ← 取 $N = 46$，查 $\sqrt{10N}$

∴ $a - b = 21.447 - (-21.447)$ ← −減負 = +加正

$\qquad = 21.447 + 21.447$

$\qquad = 42.894 ≒ 43$

▶▶▶ Ans

43

例題 32 如圖為四個相同的長方形，求中間斜線區域的面積 = ？

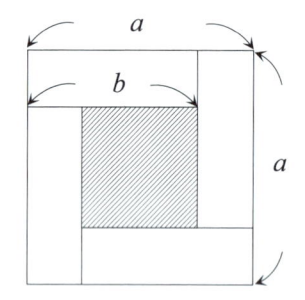

▶▶▶ Sol

∵ 大正方形面積為 a^2

∴ 所求 $= a^2 - 4 \times b(a - b)$ ← 大正方形 − 四個小長方形（大正方形邊長 a 且小長方形長 b，寬 $a - b$）

$\qquad = a^2 - 4ab + 4b^2$ ← $(a \pm b)^2 = a^2 \pm 2ab + b^2$

$\qquad = (a - 2b)^2$

▶▶▶ Ans

$(a - 2b)^2$

用「分配律」予以展開

例題 33
若 $\sqrt{0.35}=x$，則下列何者正確？
(A) $0 < x < 0.35$　(B) $x = 0.35$　(C) $1 < x$　(D) $0.35 < x < 1$

▶▶▶ Sol

∵ $0.35 = \dfrac{35}{100} < \dfrac{36}{100}$

- 小數先分數化
- 與最近可開方數，進行大小的比較

∴ $\sqrt{0.35} < \sqrt{\dfrac{36}{100}} = \dfrac{6}{10} = \boxed{0.6}$

又因：$(0.5)^2 = 0.25$
且 $0.25 < 0.35$

∵ $\sqrt{0.35}$ 已小於 0.6
∴ 下一個比較對象，當然是 0.5

∴ $0.5 < \sqrt{0.35} < 0.6$
∴ 選(D)

▶▶▶ Ans
(D)

例題 34
若 a, b 皆為正整數，且 $a^2 = 371 + b^2$，下列何者可能為 $a+b$ 之值？
(A) 121　(B) 53　(C) 65　(D) 137

▶▶▶ Sol

∵ $a^2 = 371 + b^2$
∴ $a^2 - b^2 = 371$
∴ $(a+b)(a-b) = 371$

見「平方 ± 平方」必用「平方差」公式：
$a^2 - b^2 = (a+b)(a-b)$

又因：$371 = 1 \times 7 \times 53$

因式分解

∴ 371 的正因數有：1, 7, 53, 371
∴ $(a+b)(a-b) = 371 \times 1$ 或 53×7
∴ $a+b = 371$ 或 53

∵ $a^2 - b^2 = 371 > 0$ 且 a, b 皆正整數
∴ $a > b > 0$
∴ $a+b > a-b > 0$

∴ 選(B)

▶▶▶ Ans
(B)

實數的生存法則

例題 35　計算 $(\sqrt{176} - \sqrt{99})^2 = ?$

▶▶▶▶ Sol　　　　　　　　　　$(a \pm b)^2 = a^2 \pm 2ab + b^2$

$(\sqrt{176} - \sqrt{99})^2 = 176 - 2\sqrt{176} \times \sqrt{99} + 99$

$= 275 - 2\sqrt{176 \times 99}$　　先因式分解，再找

$= 275 - 2\sqrt{4^2 \times 11^2 \times 3^2}$　完全平方數去 $\sqrt{}$

$= 275 - 2 \times (4 \times 11 \times 3)$

$= 275 - 264 = 11$

▶▶▶▶ Ans

11

例題 36　比較各數的大小

$$\dfrac{7}{\sqrt{3}} \, \cdot \, \dfrac{7}{3} \, \cdot \, \dfrac{\sqrt{7}}{3} \, \cdot \, \sqrt{\dfrac{7}{3}}$$

▶▶▶▶ Sol　　　　　利用「平方去 $\sqrt{}$」來進行「大小比較」

$\because \begin{cases} (\dfrac{7}{\sqrt{3}})^2 = \dfrac{49}{3} \, ; \, (\dfrac{7}{3})^2 = \dfrac{49}{9} \\ (\dfrac{\sqrt{7}}{3})^2 = \dfrac{7}{9} \, ; \, (\sqrt{\dfrac{7}{3}})^2 = \dfrac{7}{3} \end{cases}$

$\therefore (\dfrac{7}{\sqrt{3}})^2 = \dfrac{147}{9} \, ; \, (\dfrac{7}{3})^2 = \dfrac{49}{9} \, ; \, (\dfrac{\sqrt{7}}{3})^2 = \dfrac{7}{9} \, ; \, (\sqrt{\dfrac{7}{3}})^2 = \dfrac{21}{9}$　　化同分母比大小

又因：$\dfrac{147}{9} > \dfrac{49}{9} > \dfrac{21}{9} > \dfrac{7}{9}$

$\therefore \dfrac{7}{\sqrt{3}} > \dfrac{7}{3} > \sqrt{\dfrac{7}{3}} > \dfrac{\sqrt{7}}{3}$

▶▶▶▶ Ans

$\dfrac{7}{\sqrt{3}} > \dfrac{7}{3} > \sqrt{\dfrac{7}{3}} > \dfrac{\sqrt{7}}{3}$

例題 37 化簡 $\dfrac{1}{6\sqrt{2}-2\sqrt{6}}$ 最後得 $\dfrac{m\sqrt{2}+\sqrt{6}}{n}$ 的形式，且 m、n 為整數，試求 $m-n=$?

▶▶▶ Sol

原式 $= \dfrac{6\sqrt{2}+2\sqrt{6}}{(6\sqrt{2}-2\sqrt{6})\times(6\sqrt{2}+2\sqrt{6})}$

$= \dfrac{6\sqrt{2}+2\sqrt{6}}{72-24}$

利用「平方差」公式，將分母有理化。
$(a+b)(a-b)=a^2-b^2$

$= \dfrac{\overset{3}{\cancel{6}}\sqrt{2}+2\sqrt{6}}{\underset{24}{\cancel{48}}}$

「分子、分母」上下能約就約

$= \dfrac{3\sqrt{2}+\sqrt{6}}{24}$

又因：$\dfrac{3\sqrt{2}+\sqrt{6}}{24} \overset{令}{=} \dfrac{m\sqrt{2}+\sqrt{6}}{n}$ ◁ 題目要求

∴ $m=3$, $n=24$

∴ $m-n = 3-24 = -21$

▶▶▶ Ans
-21

例題 38 若 $\sqrt{1000\times 1002+1}=a$，則下列何者正確？
(A) a 為 2 的倍數　(B) a 為 3 的倍數
(C) a 為 5 的倍數　(D) a 為 11 的倍數

▶▶▶ Sol

設 $x=1000$，化簡式子

$(a\pm b)^2 = a^2 \pm 2ab + b^2$

∴ $1000\times 1002+1 = x(x+2)+1 = x^2+2x+1 = (x+1)^2$

∴ $\sqrt{1000\times 1002+1} = \sqrt{(x+1)^2} = x+1 = a = 1001$

$\sqrt{甲^2}=甲$

又因 $1001 = 7\times 11\times 13$

開 $\sqrt{}$ 只取「非負」，且因 $x=1000$，所以 $x+1\geq 0$

∴ 選(D)

因式分解：
```
11 | 1001
 7 |  91
      13
```

▶▶▶ Ans
(D)

∵ 1000 及 1002 都接近「好的基準數 1000」
∴ 引入「x」取代 1000，以利「平方公式」的聯想與運用

實數的生存法則

例題 39 求方程式 $(\sqrt{5}-1)x=12$ 的解？

▶▶▶ Sol

$x = \dfrac{12}{\sqrt{5}-1}$

$= \dfrac{12(\sqrt{5}+1)}{(\sqrt{5}-1)(\sqrt{5}+1)}$ ← 利用「平方差公式」，將分母有理化。$(a+b)(a-b)=a^2-b^2$

$= \dfrac{12(\sqrt{5}+1)}{5-1}$

$= \dfrac{\overset{3}{\cancel{12}}(\sqrt{5}+1)}{4}$ ← 「分子、分母」上下能約就約

$\therefore x = 3(\sqrt{5}+1) = 3\sqrt{5}+3$

▶▶▶ Ans
$3\sqrt{5}+3$

例題 40 若 $\sqrt{13} \fallingdotseq 3.606$、$\sqrt{130} \fallingdotseq 11.402$，求 $\sqrt{0.013} \fallingdotseq$ ？

▶▶▶ Sol

$\sqrt{0.013} = \sqrt{\dfrac{130}{10000}} = \dfrac{\sqrt{130}}{100} \fallingdotseq \dfrac{11.402}{100} = 0.11402$

▶▶▶ Ans
0.11402

- 「小數」先「分數化」
- 設法「調整」成「可開 $\sqrt{}$ 數」及「題目已給訊息」型態

例題 41 已知 $a = (-3)^3 + (-4)^3 + (-5)^3$，則 a 的立方根為何？

▶▶▶ Sol

$\because a = (-3)^3 + (-4)^3 + (-5)^3$

$\quad = -27 + (-64) + (-125)$

$\quad = -216 = \square^3$ ← 負數的奇數次方，最終結果為負

且 $216 = 2^3 \times 3^3 = 6^3$ ← 化成最小整數次方

$\therefore a = (-6)^3$ ← 原數＝（立方根）^{3}

▶▶▶ Ans
-6

CHAPTER 10

同餘

重點整理 10-1　認識「同餘」

重點整理 10-2　應用的關鍵「特徵」及「策略」

重點整理 10-3　解開例題、弄懂策略

實數的生存法則

重點整理10-1　認識「同餘」

認識 1

「同餘」定義：

如果「用整數 m 去除 a 與 b」兩個整數，所得的「餘數相同」，則稱「a, b 對 m 同餘」，記作「$a \equiv b \pmod{m}$ 或 $a \equiv_m b$」，並稱「$\equiv_m$」是「對 m 同餘等號」

> 跟一般常用的「＝等號」不同

認識 2

「同餘」性質：

(A) $a \equiv_m a$（反身性）　← 自己跟自己同餘

(B) 若 $a \equiv_m b \Rightarrow b \equiv_m a$（對稱性）　← 左、右交換也同餘

(C) 若 $a \equiv_m b, b \equiv_m c \Rightarrow a \equiv_m c$（遞移性）　← 同餘也可以遺傳下去喔！

(D) 若 $a \equiv_m b, c \equiv_m d \Rightarrow (a \pm c) \equiv_m (b \pm d)$　← 等號「同側」加加減減，還是同餘

(E) 若 $a \equiv_m b, c \equiv_m d \Rightarrow (a \times c) \equiv_m (b \times d)$;　$a^k \equiv_m b^k, k \in N$

　↳ 等號「同側」彼此相乘、自我相乘，仍然同餘

但注意：等號「同側」彼此相除，不一定仍然保持同餘

如：$15 \equiv_{10} 5, 5 \equiv_{10} 5$，並無法推論出：$3 = (15 \div 5) \equiv_{10} (5 \div 5) = 1$

重點整理10-2　應用的關鍵「特徵」及「策略」

應用 1

> 見「高次數」、「複雜乘積數」，必聯想「同餘」

> 「與定數 k 有關，必聯想：
> 「$kn+0, kn+1, \cdots, kn+(k-1)$」的「同餘類」

「同餘」：需找「絕對值較小的餘」

「共同的（殘）餘數」，取正負皆可！雖然，在一般認知中，餘數只有正數，但「同餘」概念的目標，只是要「把大的數，透過除法，化成小的數（正負皆可），以簡化問題」而已。
所以，「共同的（殘）餘數」，「取正、取負」皆可以！
如：求 2625^{15} 除以 13 的餘？
∵「$2625 \div 13$」應得：「商 201，餘 12」
但「餘 12」的「15 次方」不好計算！
∴此時，應採行「正、負餘皆可以」概念：
改用「商 202，餘 -1」來套用「同餘性質」，才會比較好處理！

見「周而復始」現象，也應聯想「同餘」

> 一組符號「重複出現」或「每隔一定數量（間距），又在相同位置出現」

應用 2

「兩個整數」跟「10 同餘、100 同餘」，分別表示「兩個整數」的「末一位數字相同」、「末兩位數字相同」

> 亦即：與「10」同餘，可求「個位數字」；
> 　　　與「100」同餘，可求「十位及個位數字」

重點整理10-3　解開例題、弄懂策略

精選範例

> 由表可看出「數」的分佈「行（路）徑」為
> ·→·→·→·→·····←·←· 又回到「相同位置」
> ∴必為「同餘」問題

例題 1　將數 1 到 308 排成 A、B、C、D、E 五行，按下表的格式排下去，308 是在哪一行？

A	B	C	D	E
1	2	3	4	5
9	8	7	6	
	10	11	12	13
17	16	15	14	
	18	19	20	21
25	24	23	22	
	26	*	*	*
*	*			

▶▶▶▶ Sol

∴現用對 8 同餘來處理：

> ∵觀察「行徑」，每隔「8 個數」就會「回到：相同位置」
> ∴故可視為「對 8 同餘」問題

A	B	C	D	E
1	2	3	4	5
9	8	7	6	
	10	11	12	13
17	16	15	14	
	18	19	20	21
25	24	23	22	
	26	*	*	
*				
被8除餘1	被8除餘2,0	被8除餘3,7	被8除餘4,6	被8除餘5

176

∴ 可得：$308 \equiv_8 4$ ← 意謂 308 被 8 除，餘 4
∴ 在 D 行
　　　　　「D 行」所在的「餘 = 4, 6」
▶▶▶ Ans
D 行

例題 2 天干地支記日是分別以甲子、乙丑、丙寅、丁卯、戊辰、己巳、庚午、辛未、壬申、癸酉、甲戌、乙亥、丙子、丁丑…癸亥，60 天為一週期循環記日，已知民國 89 年 7 月 3 日為壬戌日，則民國 90 年 1 月 1 日以天干地支記是_____日。

天干地支規範為「以 $60 = (10_{\text{天干}}, 12_{\text{地支}})$ 為週期」的法則，故用同餘概念來解題。

不含「7 月 3 日」，但含「90 年 1 月 1 日」

▶▶▶ Sol
∵ 由 89 年 7 月 3 日到 90 年 1 月 1 日，共再過：
  $\boxed{28} + 31 + 30 + 31 + 30 + 31 + \boxed{1} = 182$（天）
∴ 歷經 3 個週期之後再過 2 天　$182 \div 60 = 3 \cdots$ 餘 2

| 10 | 天干 | 甲 | 乙 | 丙 | 丁 | 戊 | 己 | 庚 | 辛 | 壬 | 癸 | 甲 | |
| 12 | 地支 | 子 | 丑 | 寅 | 卯 | 辰 | 巳 | 午 | 未 | 申 | 酉 | 戌 | 亥 |

∴ 應自「壬戌」各自往後再走「2 天」到「甲子」
∴ 90 年 1 月 1 日應為甲子日

壬 $\xrightarrow{1}$ 癸 $\xrightarrow{2}$ 甲
且 戌 $\xrightarrow{1}$ 亥 $\xrightarrow{2}$ 子

▶▶▶ Ans
甲子日

● 7 月 3 日 $\xrightarrow{\text{再過 28 天}}$ 7 月 31：共再過 $31 - 3 = 28$（天）
● 8 月：31（天）　不含「7 月 3 日」當天
● 9 月：30（天）
● 10 月：31（天）
● 11 月：30（天）
● 12 月：31（天）
● 90 年 1 月 1 日：1（天）
　　含「90 年 1 月 1 日」當天

實數的生存法則

> 涉「繁雜乘積或高次數」的「餘數」，必同「同餘」來處理

例題 3 2625^{15} 除以 13 之餘數為何？

> 「找最接近「0」的餘，正負皆可」。

▶▶▶ **Sol**

$\because 2625 \div 13 = \begin{cases} 商\ 201，留下\ (12) \\ 商\ 202，留下\ (-1) \end{cases}$

$\therefore 2625 \equiv (-1)(\bmod 13)$

$\therefore (2625)^{15} \equiv (-1)^{15}\ (\bmod 13)$

$\qquad = (-1)(\bmod 13) = 12(\bmod 13)$

> 雖然在一般認知中，餘數只有正數，但「同餘」概念要的只是「把大的數，透過除法，化成小的數（正負皆可），以簡化問題」。

▶▶▶ **Ans**

12

> 因為 12 ÷ 13 = 商 1⋯也是留下 (−1)。所以，(−1) 與 12 被 13 除同數

> 「處理過程」取「不管正負的」來處理。但，最終結論仍然要恢復到「常態」對「餘」的定義

> 注意：答案不是「−1」而是「12」喔！

依「同餘」的應用只要「留小，不留大」，取「留下 (−1)」來解題。

例題 4 試求 123456789^{25} 的末兩位數字？

> 求「個位、十位」數字必用「與 10、100」同餘

▶▶▶ **Sol** $\because$ 求末兩位數　$\therefore$ 考量對 100 同餘

$\begin{cases} 123456789^1 \equiv \boxed{89}^1\ (\bmod 100) \\ 123456789^2 \equiv 89^2\ (\bmod 100) \equiv \boxed{21}\ (\bmod 100) \\ 123456789^3 \equiv (123456789)^2 \times (123456789) \\ \qquad\quad \equiv 21 \times 89\ (\bmod 100) \equiv \boxed{69}\ (\bmod 100) \\ \qquad\vdots \end{cases}$

> $89^2 \geq 100 \xrightarrow{\div 100}$ 留餘 21

> 利用：「等號同側，彼此乘、自乘」仍同餘及
> $89^2 \equiv_{100} 21$
> $\Rightarrow 89^3 = 89^2 \times 89$
> $\qquad \equiv_{100} 21 \times 89$

依此手法，我們可得「末兩位數」的變化規律如下：

89, 21, 69, 41, $\boxed{49}$, 61, 29, 81, 09, $\boxed{01}$；89, 21, ⋯⋯每「10 個」數成一個「循環」

又因：25 ÷ 10 = 商 2⋯留下 (5)，此意謂：共跑了「2 次循環又 5 個」，

所以，所求為：循環的第 5 項「49」

> 每「10」個數，又從「89」開始

▶▶▶ **Ans**

49

> $\because$ 只求「末兩位」
> $\therefore$ 鎖定「末兩位」來處理便可！

例題 5　試求 2^{3^4} 的個位數字？

▶▶▶ **Sol**

$\because 2^{3^4} = 2^{(3^4)} = 2^{81}$

$\therefore \begin{cases} 2^1 = 2 \pmod{10} \\ 2^2 = 4 \pmod{10} \\ 2^3 = 8 \pmod{10} \\ 2^4 = 6 \pmod{10} \\ 2^5 = 2 \pmod{10} \end{cases}$ 回到「相同狀態」

> 求「個位、十位」數字，必用「與 10、100」同餘

> 指數的「底」$\overset{定義}{=}$「最下面」的數，其餘都當「次方」
> 如：$2^{3^4} \overset{正確}{=} 2^{(3^4)}$
> $\neq$　　　$\|$
> $(2^3)^4 = 2^{12} \neq 2^{81}$
> 「底」的錯誤判斷

$\because 2^4 = 16$ 且 $2^5 = 32$
$\therefore 2^4 = 6 \pmod{10}$ 且 $2^5 = 2 \pmod{10}$

$\therefore$ 每「4 個」數成一「循環」

又因：$81 \div 4 = $ 商 $20 \cdots$ 留下 (1)

$\therefore$ 意謂：跑了「20 次循環又 1 個」

$\therefore$ 所求為：循環的第 1 項「2」

▶▶▶ **Ans**

2

例題 6　$-(99)^4$ 除以 7 之餘數為何？

▶▶▶ **Sol**

$\because 99 \div 7 = \begin{cases} 商\ 14，留下\ 1 \\ 商\ 15，留下\ -6 \end{cases}$

> 依「同餘」的應用只要「留小，不留大」
> $\therefore$ 取「留下 1」來解題

$\therefore 99 = 1 \pmod{7}$

$\therefore (99)^4 = (1)^4 \pmod{7} = 1 \pmod{7} = -6 \pmod{7}$

$\therefore -(99)^4 = -1 \pmod{7} = 6 \pmod{7}$

> 「等號同側，互乘，自乘」仍同餘

▶▶▶ **Ans**

6

> 留意最終結論的「餘」，必須滿足：餘 ≥ 0

例題 7 求 $123 \times 456 \times 789$ 除以 7 之餘數為何？

▶▶▶ Sol

$\because \begin{cases} 123 \div 7 = 17\cdots 4 \text{ (餘 4)} \\ 456 \div 7 = 65 \cdots 1 \text{ (餘 1)} \\ 789 \div 7 = 112 \cdots 5 \text{ (餘 5)} \end{cases}$

$\therefore \begin{cases} 123 = 4 \pmod{7} \\ 456 = 1 \pmod{7} \\ 789 = 5 \pmod{7} \end{cases}$

> $a \equiv_m b, c \equiv_m d$
> $\Rightarrow a \times c \equiv_m b \times d$

$\therefore 123 \times 456 \times 789 =$「$4 \times 1 \times 5$」$\pmod{7}$

又因：「$4 \times 1 \times 5$」$\div 7 = 20 \div 7 = 2\cdots 6$ （餘 6）

$\therefore 20 = 6 \pmod{7}$

$\therefore$ 所求 $= 6$

▶▶▶ Ans

6

例題 8 今天是星期六，那 10^{10} 天後是星期幾？

▶▶▶ Sol

$\because$ 一週有 7 天

$\therefore 10 \div 7 = 1\cdots 3$ （餘 3）

$\therefore 10 = 3 \pmod{7}$

$\therefore 10^{10} = 3^{10} \pmod{7} = 9^5 \pmod{7}$

> $\because 3^{10}$ 還是太大
> $\therefore$ 再用：$3^{10} = (3^2)^5 = 9^5$，把次方變小

又因：$9 \div 7 = 1\cdots 2$ （餘 2）

$\therefore 9 = 2 \pmod{7}$

$\therefore 9^5 = 2^5 \pmod{7} = 32 \pmod{7}$

> $a \equiv_n b \Rightarrow a^k \equiv_n b^k$

再因：$32 \div 7 = 4 \cdots \boxed{4}$ （餘 4）

$\therefore 10^{10} = 4 \pmod{7}$

$\therefore$ 所求為：星期六 + 4 天 = 下周的星期三

▶▶▶ Ans

星期三

例題 9 a 為兩整數的平方和，a 除以 8 的餘數不可能為「0〜7」中的哪些整數？

▶▶▶ Sol

∵ 任何整數都可寫成：$8k$、$8k+1$、$8k+2$、$8k+3$、$8k+4$、$8k+5$、$8k+6$、$8k+7$

∴ 整數平方後 ÷ 8 的餘，依序有：0，1，4，1，0，1，4，1

∴「兩整數」的「平方和」÷ 8 的餘：

$$\begin{cases} 0+0 \equiv_8 0 \\ 0+1 \equiv_8 1 \\ 0+4 \equiv_8 4 \\ 1+1 \equiv_8 2 \\ 1+4 \equiv_8 5 \\ 4+4 \equiv_8 0 \end{cases}$$

> ∵ 題目關心「除以 8 的餘」
> ∴ 把所有「被 8 除的可能餘」的全數列出

> 用「0, 1, 4」進行「相加」的討論

∴ 可能的餘數為 0、1、2、4、5

∴ 不可能的餘數為 3、6、7

> 題目要求：「餘數」只在「0〜7」的整數中找

▶▶▶ Ans

3、6、7

筆記欄

CHAPTER 11

數列與級數

重點整理 11-1　數列與級數概念分析

重點整理 11-2　應用的關鍵「特徵」及「策略」

重點整理 11-3　解開例題、弄懂策略

重點整理 11-1　數列與級數概念分析

> 「有限項」構成的數列與級數，稱為「有限」數列與級數
>
> 「無限多項」構成的數列與級數，稱之為「無窮」數列與級數

概念 1

數列

> 有時也可以簡記為：$\langle a_n \rangle$

> $\{a_n\}_{n=1}^{\infty} = \overbrace{\{1, \cdots, 100\}}^{\text{有限集合}}$，
> 可以視為：$a_n = \begin{cases} n, 1 \leq n \leq 99 \\ 100, n \geq 100 \end{cases}$

(1)「數列（sequences）」$\{a_n\}_{n=1}^{\infty}$ 意指：一組帶有「正整數編號」的「有序實數」$a_1, a_2, \cdots, a_n, \cdots\cdots$。

> 如：
> $\{a_n\}_{n=1}^{\infty} = \{1, 3, 5, 7, \cdots\} \sim a_n = 2n - 1, n \in N$；…
> $\{a_n\}_{n=1}^{\infty} = \{1, -1, 1, -1, \cdots\} \sim a_n = (-1)^{n+1}, n \in N$；…
> 都是「數列」。

(2) 數列 $\{a_n\}_{n=1}^{\infty}$「收斂（converge）」於「有限數 a_∞」。
　意謂：$\forall \varepsilon > 0$（對任意的正 ε 值），$\exists\, n_0 \in N$（可以找到一個正整數 n_0）滿足：
　當 $n \geq n_0$ 時，$|a_n - a_\infty| < \varepsilon$ 恆成立，並記之為「$\lim\limits_{n \to \infty} a_n = a_\infty$」。
　且稱「有限數 a_∞」為數列 $\{a_n\}_{n=1}^{\infty}$ 的「極限值／收斂值（limit）」；
　反之，若極限不存在，則稱數列 $\{a_n\}_{n=1}^{\infty}$「發散（diverge）或極限不存在」。

(3) $\{a_n\}_{n=1}^{\infty}$ 為「增數列／嚴格增數列」$\Leftrightarrow \forall n \in N, a_{n+1} \geq a_n\,(a_{n+1} > a_n)$。

(4) $\{a_n\}_{n=1}^{\infty}$ 為「減數列／嚴格減數列」$\Leftrightarrow \forall n \in N, a_{n+1} \leq a_n\,(a_{n+1} < a_n)$。

> 如：$\{a_n\}_{n=1}^{\infty} = \{1; 2, 2; 3, 3, 3; 4, 4, 4, 4; \cdots\}$ 為「增數列」。
> 如：$\{a_n\}_{n=1}^{\infty} = \{2, 4, 6, 8, \cdots\}$ 為「嚴格增數列」。
> 如：$\{a_n\}_{n=1}^{\infty} = \{1; \dfrac{1}{2}, \dfrac{1}{2}; \dfrac{1}{3}, \dfrac{1}{3}; \cdots\}$ 為「減數列」。
> 如：$\{a_n\}_{n=1}^{\infty} = \{\dfrac{1}{3}, \dfrac{1}{5}, \dfrac{1}{7}, \cdots\}$ 為「嚴格減數列」。

(5) $\{a_n\}_{n=1}^{\infty}$ 為「上方有界（upper bounded）」數列
　$\Leftrightarrow$ 存在 $M \in R$，使得所有 a_n 滿足「$a_n \leq M$」。

(6) $\{a_n\}_{n=1}^{\infty}$ 為「下方有界（lower bounded）」數列
  ⇔ 存在 $M \in R$，使得所有 a_n 滿足「$a_n \geq M$」。

(7) $\{a_n\}_{n=1}^{\infty}$ 為「有界（bounded）」數列
  ⇔ $\{a_n\}_{n=1}^{\infty}$ 同時為「上方有界及下方有界」數列。

> 如：$\{a_n\}_{n=1}^{\infty} = \{0, -1, -2, \cdots\} \sim a_n = 1 - n \leq 0, n \in N$ 為「上方有界數列」。
> 如：$\{a_n\}_{n=1}^{\infty} = \{3, 6, 11, 18, \cdots\} \sim a_n = 2 + n^2 \geq 3, n \in N$ 為「下方有界數列」。
> 如：$\{a_n\}_{n=1}^{\infty} = \{1, \frac{1}{2}, \frac{1}{3}, \cdots\} \sim a_n = \frac{1}{n}$ 滿足「$0 \leq a_n \leq 1$」，$n \in N$ 為「有界數列」。

概念 2

$\sum\limits_{k=1}^{n} a_k \stackrel{\text{定義}}{=}$ 下標「k」用「$1, 2, \cdots, n$」代入「a_k」所得值之和

級數：

(A) $\sum\limits_{n=1}^{\infty} a_n = a_1 + a_2 + \cdots\cdots + a_n + \cdots\cdots \equiv$ 由「數列 $\{a_n\}_{n=1}^{\infty}$」所構成的「（無窮）級數（series）」。

(B) $A_n = \sum\limits_{k=1}^{n} a_k = a_1 + a_2 + \cdots\cdots + a_n \equiv$ 「級數 $\sum\limits_{n=1}^{\infty} a_n$」的「首 n 項和」。

(C) 級數 $\sum\limits_{n=1}^{\infty} a_n$ 「收斂」於「有限數 A_∞」。

意謂：$\lim\limits_{n \to \infty} A_n = A_\infty$，

並稱「有限數 A_∞」為級數 $\sum\limits_{n=1}^{\infty} a_n$ 的「和（sum）或收斂值」（記之為 $\sum\limits_{n=1}^{\infty} a_n = A_\infty$）；反之，若極限不存在，則稱級數 $\sum_{n=1}^{\infty} a_n$「發散」。

> 如：$1 + \frac{1}{2} + \frac{1}{3} + \frac{1}{4} + \cdots\cdots = \sum\limits_{n=1}^{\infty} \frac{1}{n}$ 是由數列 $\{a_n\}_{n=1}^{\infty} = \{\frac{1}{n}\}_{n=1}^{\infty}$ 所構成的「（無窮）級數」，其中 $A_n = 1 + \frac{1}{2} + \frac{1}{3} + \frac{1}{4} + \cdots + \frac{1}{n}$ 是級數 $\sum\limits_{n=1}^{\infty} \frac{1}{n}$ 的「首 n 項和」。

> 欲求「（無窮）級數和」：
> 一定要先求出「首 n 項和 A_n」這個數列，再利用「求數列極限」的手法求「首 n 項和數列 A_n」的極限值，來當「級數和」！

如果「數列」滿足「倒數」後成「等差」，則稱這個數列為「調和數列」。
如：∵ $\{1, \frac{1}{2}, \frac{1}{3}, \cdots\}$「倒數」後變成「公差 = 1」的「1, 2, 3, ⋯」數列。
∴ $\{1, \frac{1}{2}, \frac{1}{3}, \cdots\}$ 便是個「調和數列」！

概念 3

等差數列：

一個數列，如果任意「相鄰兩項」的「後項減前項」所得的「差都相等」，我們便稱這組數列為「等差數列」，並稱這個「差」為這個等差數列的「公差」。

- 如果一個等差數列的首項為 a_1，公差為 d（$d = a_2 - a_1 = a_3 - a_2 = \cdots\cdots$），第 n 項為 a_n，則 $a_n = a_1 + (n-1)d =$ 首項 +（項數 − 1）× 公差
- 如果 a、b、c 三數成「等差數列」則稱中間項 b 為 a 與 c 的「等差中項」，且可知：「$b = \frac{a+c}{2}$」。
- 如果 a、b、c 三數成「調和數列」則稱中間項 b 為 a 與 c 的「調和中項」，且可知：「$b = \frac{2ac}{a+c}$」。

概念 4

等差級數

將「等差數列」的每一項依序用「加法」予以連接，我們稱之為：由「等差數列」$\{a_1, a_2, a_3, \cdots\cdots\}$ 所構成的「等差級數」。

設等差級數的首項為 a_1，第 n 項為 a_n，則這個等差級數的「首 n 項和 S_n」為

$$S_n = \frac{n \times (a_1 + a_n)}{2} = \frac{項數 \times （首項 + 末項）}{2}$$
$$= \frac{n \times [2a_1 + (n-1) \times d]}{2}$$

等差梯形（求和）公式

例如：
1, 3, 5, 7, ⋯⋯是等差數列，那麼，1 + 3 + 5 + 7 + ⋯⋯
便是由 1, 3, 5, 7, ⋯⋯組成的等差級數。

概念 5

等比數列

一個數列，如果它任意「相鄰兩項」的「後項除以前項」所得的數都一樣，我們便稱這個數列為「等比數列」，並稱這個「比值」為這個等比數列的「公比」。

> 也就是說：「後項 v.s. 前項的比值都相等」

- 如果一個等比數列的首項為 a_1，公比為 r（$=\dfrac{a_2}{a_1}=\dfrac{a_3}{a_2}=\cdots\cdots$），第 n 項為 a_n，則 $a_n = a_1 \times r^{n-1}$ = 首項 × 公比$^{項數-1}$。
- 如果 a、b、c 三數成「等比數列」，則稱中間項 b 為 a 與 c 的「等比中項」，且可知：「$b^2 = ac$ 或 $b = \pm\sqrt{ac}$」。
- 如果 a、b、c 三數滿足 $a : \boxed{b} = \boxed{b} : c$，我們便稱為 b 為 a 與 c 的「比例中項」。

概念 6

將「等比數列」的每一項依序用「加法」予以連接，我們稱之為：由「等比數列」$\{a_1, a_2, a_3, \cdots\cdots\}$ 所構成的「等比級數」。

例如：
2, 4, 8, 16, ……是等比數列，則 2 + 4 + 8 + 16 + ……
便是由 2, 4, 8, 16, ……組成的等比級數。

設等比級數的公比為 r，則這個等比級數的「首 n 項和 S_n」為：
- $S_n = n \times a_1$（當 $r = 1$ 時）
- $S_n = \dfrac{a_1 \times (1-r^n)}{1-r} = \dfrac{首項 \times (1-r^{項數})}{1-r} = \dfrac{首項 \times (r^{項數}-1)}{r-1}$（當 $r \neq 1$ 時）

實數的生存法則

概念 7

數列的基本性質：

(A) 數列的「極限，若存在」，則其「極限值，必唯一」。

(B) 數列極限的「四則運算（加、減、乘、除）成立」，

亦即：若 $\lim\limits_{n\to\infty} a_n = a_\infty$ 及 $\lim\limits_{n\to\infty} b_n = b_\infty$

則下述等式成立：

1. $\lim\limits_{n\to\infty}(a_n \pm b_n) = a_\infty \pm b_\infty$。
2. $\lim\limits_{n\to\infty}(a_n \times b_n) = a_\infty \times b_\infty$。
3. $\lim\limits_{n\to\infty}\dfrac{a_n}{b_n} = \dfrac{a_\infty}{b_\infty}$, $b_\infty \neq 0$

（函數 $f(x)$ 的「圖形」在 $x = a_\infty$ 的地方，「不間斷」）

（等同於「極限可內移」，意即：$\lim\limits_{n\to\infty} f(a_n) = f(\lim\limits_{n\to\infty} a_n) = f(a_\infty)$）

(C)「連續保持收斂數列」：

若 $\lim\limits_{n\to\infty} a_n = a_\infty$ 且函數 $f(x)$ 在 $x = a_\infty$ 處「連續」，

則新數列 $\{f(a_n)\}_{n=1}^{\infty}$ 也會收斂於 $f(a_\infty)$。

（判別：數列收斂的重要利器！）

(D)「數列的柯西條件（Cauchy condition for sequences）」

數列 $\{a_n\}_{n=1}^{\infty}$「收斂」

$\Leftrightarrow \forall\, \varepsilon > 0$（對任意的正 ε 值），$\exists\, n_0 \in N$（可以找到一個正整數 n_0）滿足：

當 $m, n \geq n_0$ 時，$|a_n - a_m| < \varepsilon$ 恆成立

（「下標夠大」時，數列組成元素，彼此間會「夠接近」）

(E)「數列的單調審斂法」：

「增（減）數列」$\{a_n\}_{n=1}^{\infty}$ 有「上界（下界）」必「收斂」！

(F) 等比數列 $\{a \times r^{n-1}\}_{n=1}^{\infty}$ 收斂 $\Leftrightarrow -1 \boxed{<} r \boxed{\leq} 1 \sim \begin{cases} |r| < 1 \Rightarrow \lim\limits_{n\to\infty} a \times r^{n-1} = 0 \\ r = 1 \Rightarrow \lim\limits_{n\to\infty} a \times r^{n-1} = a \end{cases}$

（「公比 = 1」，等比「數列」也會收斂！）

概念 8

級數的基本性質：

> 處理「級數」，應盡可能「先化加減」並將「共有的乘除常數 k 外提」！

(A)「級數和具線性性質（即，對加法、減法運算成立）」：

若 $\sum\limits_{n=1}^{\infty} a_n$、$\sum\limits_{n=1}^{\infty} b_n$ 收斂，

則 $\sum\limits_{n=1}^{\infty}(k \times a_n + b) = k \times \sum\limits_{n=1}^{\infty} a_n + \sum\limits_{n=1}^{\infty} b_n$ 也會收斂且等式成立，

其中 k 是一個已知「常數」。

(B) $\sum\limits_{k=1}^{n} k = \dfrac{n \times (n+1)}{2}$。

> $\sum\limits_{k=1}^{n} k = \underbrace{1 + 2 + \cdots\cdots + n}_{\text{等差級數和公式}} = \dfrac{n \times (n+1)}{2}$
> $a_1 + \cdots + a_n = \dfrac{n \times (a_1 + a_n)}{2} = \dfrac{n \times (a_n + a_1)}{2}$

(C) $\sum\limits_{k=1}^{n} k^2 = \dfrac{n \times (n+1) \times (2n+1)}{6}$。

$\because \underbrace{(k+1)^3 - k^3}_{\text{連續整數差}} = (k^3 + 3k^2 + 3k + 1) - k^3 = \underwave{3k^2 + 3k + 1}$

$\therefore \boxed{3 \sum\limits_{k=1}^{n} k^2} + 3 \times \boxed{\dfrac{n \times (n+1)}{2}} + \boxed{n}$

$= 3 \sum\limits_{k=1}^{n} k^2 + 3 \sum\limits_{k=1}^{n} k + \sum\limits_{k=1}^{n} 1$

$= \sum\limits_{k=1}^{n} (3k^2 + 3k + 1)$

$= \sum\limits_{k=1}^{n} [(k+1)^3 - k^3]$

> $\sum\limits_{k=1}^{n} k = \dfrac{n \times (n+1)}{2}$，$\sum\limits_{k=1}^{n} 1 = n$

$= (2^3 - 1^3) + (3^3 - 2^3) + (4^3 - 3^3) + \cdots\cdots + [(n+1)^3 - n^3] = (n+1)^3 - 1^3 = \boxed{n^3 + 3n^2 + 3n}$

> 後面括號的第 2 項跟前面括號的第 1 項抵消

$\therefore 3 \sum\limits_{k=1}^{n} k^2$

$= \boxed{(n^3 + 3n^2 + 3n)} - 3 \times \boxed{\dfrac{n \times (n+1)}{2}} - \boxed{n}$

$= \dfrac{2n^3 + 6n^2 + 6n - 3n^2 - 3n - 2n}{2}$

$= \dfrac{2n^3 + 3n^2 + n}{2}$

$= \dfrac{n \times (2n^2 + 3n + 1)}{2}$

$= \boxed{\dfrac{n \times (n+1) \times (2n+1)}{2}}$

$\therefore \sum\limits_{k=1}^{n} k^2 = \dfrac{n \times (n+1) \times (2n+1)}{6}$

(D) $\sum_{k=1}^{n} k^3 = \left[\dfrac{n \times (n+1)}{2} \right]^2$。

判別：級數收斂的重要利器！

(E) 「級數的柯西條件（Cauchy condition for series）」

級數 $\sum_{n=1}^{\infty} a_n$「收斂」

「下標夠大」時，級數組成元素的「有限項和」會夠接近「0」

$\Leftrightarrow \forall \varepsilon > 0$（對任意的正 ε 值），$\exists\, n_0 \in N$（可以找到一個正整數 n_0）

滿足：

當 $n \geq n_0$ 時，對任意的 $p \in N$，$|a_{n+1} + \cdots + a_{n+p}| < \varepsilon$ 恆成立。

(F) 「等比審斂法」：

$\sum_{n=1}^{\infty} a \times r^{n-1}$（絕對）收斂 $\Leftrightarrow |r| < 1$ 且 $\sum_{n=1}^{\infty} a \times r^{n-1}$ 收斂於 $\dfrac{a}{1-r}$

「$r = \pm 1$」時，等比「級數」並不會收斂！

$\because (k+1)^4 - k^4 = (k^4 + 4k^3 + 6k^2 + 4k + 1) - k^4 = 4k^3 + 6k^2 + 4k + 1$

連續整數差

$\therefore 4 \sum_{k=1}^{n} k^3 + 6 \times \dfrac{n \times (n+1) \times (2n+1)}{6} + 4 \times \dfrac{n \times (n+1)}{2} + \boxed{n}$

$= 4 \sum_{k=1}^{n} k^3 + 6 \sum_{k=1}^{n} k^2 + 4 \sum_{k=1}^{n} k + \sum_{k=1}^{n} 1$

$\sum_{k=1}^{n} k^2 = \dfrac{n \times (n+1) \times (2n+1)}{6}$，

$\sum_{k=1}^{n} k = \dfrac{n \times (n+1)}{2}$，

$\sum_{k=1}^{n} 1 = n$

$= \sum_{k=1}^{n} (4k^3 + 6k^2 + 4k + 1)$

$= \sum_{k=1}^{n} [(k+1)^4 - k^4]$

$= (2^4 - 1^4) + (3^4 - 2^4) + (4^4 - 3^4) + \cdots\cdots + [(n+1)^4 - n^4] = (n+1)^4 - 1^4$

$= (n^4 + 4n^3 + 6n^2 + 4n + 1) - 1 = \boxed{n^4 + 4n^3 + 6n^2 + 4n}$

後面括號的第 2 項跟前面括號的第 1 項抵消

$\therefore 4 \sum_{k=1}^{n} k^3$

$= \boxed{(n^4 + 4n^3 + 6n^2 + 4n)} - \boxed{6 \times \dfrac{n \times (n+1) \times (2n+1)}{6}} - \boxed{4 \times \dfrac{n \times (n+1)}{2}} - \boxed{n}$

$= (n^4 + 4n^3 + 6n^2 + 4n) - (2n^3 + 3n^2 + n) - (2n^2 + 2n) - n$

$= n^4 + 2n^3 + n^2$

$= n^2(n^2 + 2n + 1)$

$= n^2 \times (n+1)^2$

$\therefore \sum_{k=1}^{n} k^3 = \dfrac{n^2 \times (n+1)^2}{4} = \left[\dfrac{n \times (n+1)}{2} \right]^2$

重點整理11-2　應用的關鍵「特徵」及「策略」

應用 1

見「等差、等比、Σ整理、求和」問題，必先確認：
「公差，公比，項數，一般項」！

常配合：
1. 儘可能化「加減」並「將共有乘除常數，先外提」
2. 等差公式：$a_n = a_1 + (n-1) \times d$
3. 等差級數和公式（等差梯形和）：$A_n = \dfrac{(a_1 + a_n) \times n}{2} = \dfrac{[2a_1 + (n-1) \times d] \times n}{2}$
4. 等比公式：$a_n = a_1 \times r^{n-1}$
5. 等比級數和公式：$A_n = \dfrac{a_1 \times (1 - r^n)}{1 - r} = \dfrac{首項 \times (1 - 公比^{項數})}{1 - 公比}$
6. $\sum\limits_{k=1}^{n} k = \dfrac{n \times (n+1)}{2}$；$\sum\limits_{k=1}^{n} k^2 = \dfrac{n \times (n+1) \times (2n+1)}{6}$；$\sum\limits_{k=1}^{n} k^3 = \left[\dfrac{n \times (n+1)}{2}\right]^2$
7. $S_n = \dfrac{(a_1 + a_n) \times n}{2} = \boxed{等差中項} \times n$，其中 $\boxed{等差中項} = \dfrac{a_1 + a_n}{2}$ （指 a_1 及 a_n 的等差中項）
8. 「奇數項」等差問題，必由「中間項 ∕＋ d, ∕＋2d, ……」切入解題。
9. 「奇數項」等比問題，必由「中間項 ∕× r, ∕× r², ……」切入解題。

應用 2

「雜級數和」問題（級數的一部份成等差、一部份成等比），先令 $S = 雜級數和$，再利用 $S - r \times S = S -（公比 r）\times S$ 來解題。

「連續性幾何演變」問題，必用：
$a + ar + \cdots = \dfrac{a}{1-r} = \dfrac{首項}{1-公比}$

其實：「普通」的「等比級數和」問題，也可以用這個方法來求！
亦即：令 $S = a + ar + ar^2 + \cdots$
　　　　　$rS = ar + ar^2 + \cdots$
兩式相減得：$(1 - r)S = a$
$\therefore S = \dfrac{a}{1 - r}$

應用 3

「等比」的「不等式」問題，必用：

$\begin{cases} \text{「無窮等比數列」收斂} \Leftrightarrow -1 < \text{公比} \leq 1 \\ \text{「無窮等比級數」有和} \Leftrightarrow -1 < \text{公比} < 1 \text{ 且和} = \dfrac{\text{首項}}{1 - \text{公比}} \end{cases}$

> 通常用「|公比|<1 來列式」，並用「平方去絕對值」方式來解不等式！

應用 4

「由和求一般項」：

給首 n 項和 S_n 的關係式，欲求一般項 a_n，必用「$a_n = S_n - S_{n-1}, n \geq 2$」，再檢驗 $n = 1$ 是否滿足前述式子。

> 若不合，則用 $a_1 = S_1$ 另外處理

> 也可以用：等差中項「a_k」
> 來求：$S_{2k-1} = \dfrac{(a_1 + a_{2k-1}) \times (2k-1)}{2} = a_k \times (2k-1)$
>
> $a_1 \underset{(k-1)d}{\longleftrightarrow} a_k \underset{(k-1)d}{\longleftrightarrow} a_{2k-1}$
> $a_k = \dfrac{a_1 + a_{2k-1}}{2}$

應用 5

等差「和比求項比」問題，必用：

$\dfrac{A_n}{B_n} = \dfrac{(n/2)[2a_1 + (n-1)d_a]}{(n/2)[2b_1 + (n-1)d_b]} = \dfrac{a_1 + [(n-1)/2]d_a}{b_1 + [(n-1)/2]d_b} \overset{\text{令}}{=} \dfrac{a_k}{b_k} \left(= \dfrac{a_1 + (k-1)d_a}{b_1 + (k-1)d_b} \right)$

> 不用去「記」這些公式！
> 只需「記得」：
> 「和」的公式 $\underset{\text{轉}}{\overset{\text{互}}{=}}$ 「一般項公式」

> 可得：$\dfrac{n-1}{2} = k - 1 \Leftrightarrow n = 2k - 1 \Leftrightarrow \dfrac{A_{2k-1}}{B_{2k-1}} = \dfrac{a_k}{b_k}$

應用 6

等差「項比求和比」問題，必用：

$\dfrac{a_n}{b_n} = \dfrac{a_1 + (n-1)d_a}{b_1 + (n-1)d_b} = \dfrac{[(2n-1)/2]\{2a_1 + [(2n-1)-1]d_a\}}{[(2n-1)/2]\{2b_1 + [(2n-1)-1]d_b\}} \overset{\text{令}}{=} \dfrac{A_k}{B_k} \left(= \dfrac{\dfrac{k}{2}[2a_1 + (k-1)d_a]}{\dfrac{k}{2}[2b_1 + (k-1)d_b]} \right)$

> 可得：$\dfrac{2n-1}{2} = \dfrac{k}{2}$ 或 $2n - 1 = k$

應用 7 「前、後項」具「加減」關係

由「階差」求一般項，必要時「引進新數列」，並配合「累加法」來處理。

後項 − 前項 = n 的式子

「累加型」遞迴

應用 8 「前、後項」具「乘除」關係

由「階比」求一般項，必要時「引進新數列」，並配合「累積法」來處理。

後項 ÷ 前項 = n 的式子

「累積型」遞迴

應用 9 外提「公因數、同型項」

「重複型」$aaa\cdots$；$0.aaa\cdots$或「循環數」，

先「等比化」，再用「無窮等比級數和 = $\dfrac{首項}{1-公比}$」來處理！

應用 10

具「連續性整數乘積」分母的分式和，拆成連續「子分式之差」。

應用 11

循「一定特徵在運作」的數列問題，必依「特徵」分組，分群。

常配合下述原則來解題：
1. 將題目做適當的分組、分群（成行、成列）。
2. 留意「組的特徵」和「組的編號」關係。
3. 估計項數：保留最高次項來估算項數。
4. 「分組、分群」的數列問題，先求算「在所求列組之前」的「元素總個數」後再處理。

應用 12

複利公式：「本利和 = $A \times (1+利率)^{期數}$ = 本金 $\times (1+利率)^{期數}$」

實數的生存法則

應用 13

數列極限處理原則：

(A) 分式極限：通分、合併、約至最簡。
(B) 含絕對值、高斯函數極限：先討論除去「絕對值、高斯符號」！
(C) 根式極限：必有理化。
(D) 無限大處極限：必同除以分子、分母的「底大、次方高項」。
(E) 含「未知項 或 高斯值 或 三角函數 或 階乘（連續性乘積、次方）」的極限：必用「夾擊（擠）定理」

> $[x] \stackrel{定義}{=} x$ 的高斯函數值
> $\stackrel{定義}{=}$「不大於」x 的「最大整數」

> 「夾擊（擠）」定理：
> 當 n 夠大時，（尾）$b_n \leq \boxed{a_n} \leq c_n$（頭）且 $\lim_{n\to\infty} b_n = \lim_{n\to\infty} c_n = \ell$，
> 則「被夾在中間」的 $\{a_n\}_{n=1}^{\infty}$，其極限值 $\lim_{n\to\infty} a_n = \ell$

應用 14

簡化形態，尋找規律：
當問題的結構，沒有因為「放大或縮小規模（長度、區塊大小）」而改變時，都可以由比較簡單的形態中，尋求解題方法。

> 亦即，「循相同模式不斷延伸」的數學問題，必用「縮小規模／簡化形態」概念來解題！同理：「遞迴關係、重複操作」問題，必設法尋找發展規律。

應用 15

猜測，尋找規律：
如果是少量的數字或符號，可嘗試用「猜測、檢核所有可能性」的方法去尋找規律，但答案算出來後，千萬別忘了做必要的檢驗！

> 「缺漏或嵌數」問題，也是本型問題

> 亦即，當「可能解」只有「有限個（且不太多個）」時，可以用「逐項代入檢驗」的方法「淘汰多餘的可能解」並進而找出「正確解」。

> 遞迴關係 $\stackrel{定義}{\Leftrightarrow}$「前後數項」互動關係，具一定「等式關係」，也是本型問題

應用 16

> 一個有「前提假設」及在此「前提假設」下，可以推演出的「數學結論」 $\overset{\text{定義}}{\Leftrightarrow}$ 數學命題

「數學歸納法」證明：
用來確認「$n \geq \ell$ 時，跟（正）整數 n」有關的「數學命題 $P(n)$」恆成立。

「數學歸納法」最常見的「格式」為：
step ①驗證 $n = \ell$ 時，$P(\ell)$ 成立
step ②假設 $n = k$ 時，$P(k)$ 成立
step ③利用 step ②的假設（及 step ①），
　　　證明 $n = k+1$ 的命題 $P(k+1)$ 也成立

> $n = \ell$ 成立
> 且「$n = k$ 成立 $\overset{\text{下一個}}{\Rightarrow}$ $n = k+1$ 也成立」，
> 會造成一個接一個命題都成立…

重點整理 11-3　解開例題、弄懂策略

精選範例

利用「等差級數」的「等差梯形（求和）」公式：
$S_n = \dfrac{n \times (a_1 + a_n)}{2} \;\text{或}\; \dfrac{n \times [2a_1 + (n-1) \times d]}{2}$」來解題。

例題 1　
(1) 求由 1 到 100 所有 4 的倍數的和。
(2) 求由 1 到 100 所有 6 的倍數的和。
(3) 求由 1 到 100 所有 4 的倍數或 6 的倍數的和。
(4) 求由 1 到 100 所有不是 4 的倍數或不是 6 的倍數的和。

▶▶▶ Sol

(1) 4 的倍數和：

$\boxed{4} + 8 + \cdots + \boxed{100} = \boxed{4} \times (1 + 2 + \cdots + 25)$
（公因數「4」先外提；等差 $d=1$）

$= \boxed{4} \times \dfrac{25 \times (1+25)}{2} = 1300$
（取「$a_1 = 1, a_n = 25$」且 $n = 25$）

(2) 6 的倍數和：

$\boxed{6} + 12 + \cdots + \boxed{96} = \boxed{6} \times (1 + 2 + \cdots + 16)$
（公因數「6」先外提；等差 $d=1$）

$= \boxed{6} \times \dfrac{16 \times (1+16)}{2} = 816$
（取「$a_1 = 1, a_n = 16$」且 $n = 16$）

(3)

4 的倍數 ∩ 6 的倍數 → 12 的倍數

∵ 12 的倍數和
$= \boxed{12} + 24 + \cdots + \boxed{96}$
$= \boxed{12} \times (1 + 2 + \cdots + 8)$　公差 $=1$
（公因數「12」先外提）

$$= \boxed{12} \times \frac{8 \times (1+8)}{2} = 432$$

取「$a_1=1, a_n=8$」且 $n=8$

取 $A=4$ 的倍數和；$B=6$ 的倍數和

∴ 由上圖得知：

所求 = 4 的倍數和 + 6 的倍數和 − 12 的倍數和

$= 1300 + 816 − 432$

$= 1684$

∵「12」是「4, 6」的「公倍數」
∴「12」兼具「4 的倍數」及「6 的倍數」特性
∴ 需用「集合交聯圖」來求算 (3) 的答案

「1〜100」的所有數字和

取「$a_1=1, a_n=100$」且 $n=100$

(4) $\boxed{1} + \cdots\cdots + \boxed{100}$ 公差=1 $= \dfrac{100 \times (1+100)}{2} = 5050$

∴ 所求 $= 5050 − 1684 = 3366$

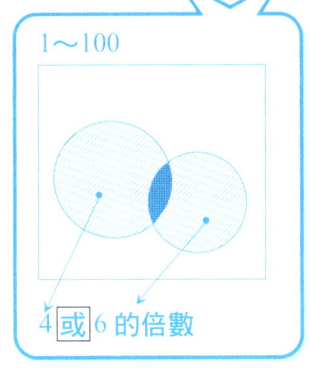

利用：

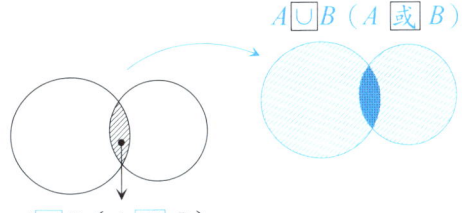

$A \cup B$（A 或 B）

$A \cap B$（A 且 B）

可推得 $\Rightarrow n(A \cup B) = n(A) + n(B) - n(A \cap B)$

意謂：$A \cup B$ 的「個數、面積」= A 的「個數、面積」+ B 的「個數、面積」−「重複計算」的 $A \cap B$ 之「個數、面積」

1〜100

4 或 6 的倍數

▶▶▶ **Ans**

(1) 1300　(2) 816　(3) 1684　(4) 3366

例題 2　設 a、b、c 三數成等差數列，且 $a+b+c=18$，求 b？

▶▶▶ **Sol**

「奇數項」等差問題，必由「中間項 ∕d, ∕2d, ……」切入解題。

令 $a = b − d$ 且 $c = b + d$，其中 d 為公差

由中間項 b ∕d, ∕2d, …… 下手

∵ $a + b + c = 18$

∴ $(b − d) + b + (b + d) = 18$

∴ $3b = 18$

∴ $b = 6$

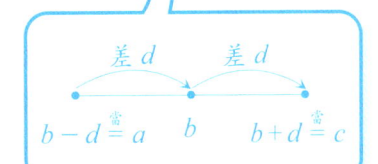

▶▶▶ **Ans**

6

實數的生存法則

> 利用：「b 為 a、c」的「等差中項」$\Leftrightarrow b=\dfrac{a+c}{2}$ 來解題。

例題 3 設 8 與 x 的等差中項為 -12，求 x？

▶▶▶ Sol

$-12=\dfrac{8+x}{2}$ （去分母）

$\therefore -24=8+x$

$\therefore x=-24-8=-32$

▶▶▶ Ans

-32

> $\because -12$ 為 x、8 的「中點」
> $\therefore -12=\dfrac{8+x}{2}$

> 一般而言：「等差」的重點在「$a_1, \boxed{d}, n$」

例題 4 設一等差級數共有 24 項，已知第 4 項是 -1，公差是 -2，求此級數的和？

▶▶▶ Sol

先找出「首項 a_1，公差 d，項數 n」。

$\because -1=a_4=a_1+(4-1)\times(-2)$ ← $a_n=a_1+(n-1)d$

$\therefore -1=a_1-6$

$\therefore a_1=5$

$\therefore$ 首 24 項和 $=\dfrac{24\times[2\times 5+(24-1)\times(-2)]}{2}$ ← 利用：$S_n=\dfrac{n\times[2a_1+(n-1)\times d]}{2}$

$=12\times[10-46]$

$=12\times(-36)$

$=-432$

▶▶▶ Ans

-432

> 一般而言：「等差」的重點在「$a_1, \boxed{d}, n$」

例題 5 在 x 與 85 之間，插入 14 個數使它們成一等差數列，且各項和是 760，求 x？

▶▶▶ Sol

先找出「首項 a_1，公差 d，項數 n」。

$\because$ 在 x 與 85 之間，插入 14 個數

$\therefore$ 整個數列共 16 項

$\therefore a_1=x$ 且 $a_{16}=85$

$\therefore 760=\dfrac{16\times[x+85]}{2}$ ← 利用：$S_n=\dfrac{n\times(a_1+a_n)}{2}$

$\Rightarrow 760=8\times[x+85]$

$\Rightarrow x+85=95$

$\Rightarrow x=10$

▶▶▶ **Ans**

10

例題 6 用大小一樣的鋼珠可以排成正三角形、正方形與正五邊形陣列，其排列的規律如下圖所示：

	正三角形陣列	正方形陣列	正五邊形陣列
每邊 1 個鋼珠	●	●	●
每邊 2 個鋼珠			
每邊 3 個鋼珠			
每邊 4 個鋼珠			

已知 m 個鋼珠恰好可以排成每邊 n 個鋼珠的正三角形陣列與正方形陣列各一個；且知若用這 m 個鋼珠去排成每邊 n 個鋼珠的正五邊形陣列時，就會多出 9 個鋼珠。則 $n=$ ＿＿＿，$m=$ ＿＿＿。

> 本題為「等差級數和」：
> $$\sum_{k=1}^{n} a_k = \frac{n \times [a_1 + a_n]}{2} = \frac{[2a_1 + (n-1) \times d]}{2}$$
> 的基本應用。

▶▶▶ **Sol**

由圖可知：

(1) 正三角形陣列每邊 n 個鋼珠，共有

$$\boxed{1} + 2 + 3 + 4 + \cdots + \boxed{n} = \frac{n \times (n+1)}{2} \text{ 個鋼珠}$$

(2) 正方形陣列每邊 n 個鋼珠，共有

$$\boxed{1} + 3 + 5 + 7 + \cdots + \boxed{(2n-1)} = \frac{n \times [1 + (2n-1)]}{2} = n^2 \text{ 個鋼珠}$$

(3) 正五邊形陣列每邊 n 個鋼珠，共有

$$\boxed{1} + 4 + 7 + \cdots + \boxed{(3n-2)} = \frac{n \times [1 + (3n-2)]}{2} = \frac{n \times (3n-1)}{2} \text{ 個鋼珠}$$

∴ 由題意知：$m = \dfrac{n \times (n+1)}{2} + n^2 = \dfrac{n \times (3n-1)}{2} + 9$

> 由「鋼珠總數 m」下手
>
> 「正△ + 正方形」的鋼珠數 = 「正五邊形」的鋼珠數 + 9

$\Rightarrow n^2 + n + 2n^2 = 3n^2 - n + 18$

$\Rightarrow 2n = 18$

∴ $n = 9$

∴ $m = \dfrac{9 \times (3 \times 9 - 1)}{2} + 9 = 126$

▶▶▶ **Ans**

$n = 9$，$m = 126$

> $m = \dfrac{n \times (3n-1)}{2} + 9$ 且 $n = 9$

實數的生存法則

> 題目沒給「一般項通式 a_k」時，要由「前兩項 v.s. $k=1, 2$」，設法找出「a_k」通式

例題 7 試求 $3 \times 2 + 5 \times 5 + 7 \times 8 + \cdots + 41 \times 59 = ?$

▶▶▶▶ **Sol**

∵ 一般項為：$(2k+1)(3k-1), k=1, \cdots, 20$

∴ 所求 〔令 $41 = 2k+1$，可得：$k = 20$〕

$= \sum\limits_{k=1}^{20} (2k+1)(3k-1)$

$= \sum\limits_{k=1}^{20} (6k^2 + k - \boxed{1})$ ← 儘可能化加減

$= 6 \sum\limits_{k=1}^{20} k^2 + \sum\limits_{k=1}^{20} k - \boxed{20}$

$= 6 \times \dfrac{20 \times (20+1) \times (2 \times 20 + 1)}{6} + \dfrac{20 \times (20+1)}{2} - 20$

$= 17220 + 210 - 20 = 17410$

> 「3×2」v.s.「$k=1$」的「a_1」
> 且「5×5」v.s.「$k=2$」的「a_2」
> 設法猜出 k 的式子「$2k+1$」用「$k=1, 2$」，代入可得「3, 5」
> 同理：k 的式子「$3k-1$」用「$k=1, 2$」，代入可得「2, 5」

> ∵ 有「20 項」都有「-1」
> ∴ $\sum\limits_{k=1}^{20}(-1) = -20$

> 乘除常數，先外提

▶▶▶▶ **Ans**

17410

例題 8 試求 $1 + (1+2) + (1+2+3) + \cdots + (1+2+\cdots+20) = ?$

▶▶▶▶ **Sol**

∵ 一般項為：$a_k = \boxed{1} + 2 + \cdots + \boxed{k} = \dfrac{k(k+1)}{2}$

> $\sum\limits_{k=1}^{n} k = \dfrac{n \times (n+1)}{2}$

∴ 所求 $= \sum\limits_{k=1}^{\boxed{20}} \dfrac{k(k+1)}{2}$ 〔$a_k = 1 + \cdots + \boxed{k}$ v.s. $1 + \cdots + \boxed{20}$〕

$= \dfrac{1}{2} \sum\limits_{k=1}^{20} (k^2 + k)$ ● 乘除常數，先外提
● 儘可能化加減

$= \dfrac{1}{2} [\sum\limits_{k=1}^{20} k^2 + \sum\limits_{k=1}^{20} k]$

> ∵「$\dfrac{1}{2}$」要給兩個 Σ 用
> ∴ 別忘了：加上「中括號」

$= \dfrac{1}{2} [\dfrac{20 \times (20+1) \times (2 \times 20 + 1)}{6} + \dfrac{20 \times (20+1)}{2}]$

$= \dfrac{[2870 + 210]}{2}$

$= 1540$

> 利用：
> $\sum\limits_{k=1}^{n} k^2 = \dfrac{n \times (n+1) \times (2n+1)}{6}$
> 及 $\sum\limits_{k=1}^{n} k = \dfrac{n \times (n+1)}{2}$

▶▶▶▶ **Ans**

1540

例題 9 從 -16、-8、25、66 四個數中刪掉一個數,剩下三個數由小而大,依序排列成一等差列,請問刪掉的是哪一個數?

▶▶▶ Sol

一般而言:「等差」的重點在「a_1, d, n」

利用「公差＝後項－前項」來解題。

$\because \boxed{-16} \xrightarrow{\text{差}:-8-(-16)=\boxed{8}} -8 \xrightarrow{\text{差}:25-(-8)=\boxed{33}} 25 \xrightarrow{\text{差}:66-25=\boxed{41}} 66$

$\xrightarrow{\text{差}:25-(-16)=\boxed{41}}$

$\therefore -16 、 25 、 \boxed{66}$ 成等差數列

$\therefore$ 應刪掉 -8

檢視一下「兩兩差」,看看「在哪幾個數間」產生「等差」現象

公差 $= 25-(-16) = 66-25 = 41$

▶▶▶ Ans

-8

例題 10 兩徒步旅行者,同時由同一地點,沿同一條路出發,甲固定每日行 10 公里,乙於首日行 8 公里,以後每日增行半公里,則於第幾日,乙可以追上甲?

(A)10 日　(B)7 日　(C)8 日　(D)9 日。

「分式」必先「整數化」或「先去母」

套用「首 n 項和公式(等差梯形(求和)公式)」便可得解。

▶▶▶ Sol

設乙於 x 日後,可以追上甲

$\because$ 乙 x 日共走的公里數 $= \dfrac{x}{2}\{8+(8+\dfrac{x-1}{2})\} = \dfrac{31x+x^2}{4}$

$\sum\limits_{n=1}^{n} a_k = \dfrac{n \times (a_1+a_n)}{2}$

且 $a_n = a_1+(n-1)d$

又因:甲 x 日共走的公里數 $= 10x$

不只是「相等」而已

$\therefore$ 依題意可得:$\dfrac{31x+x^2}{4} \geq 10x$

$\therefore x^2+31x-40x \geq 0$

$\therefore x(x-9) \geq 0$

「公因數 x」先外提

$\therefore x \geq 9$ 或 $x \leq 0$

$\therefore$ 選(D)

"乙「追上」甲"意謂:到第 x 日完成旅行時,乙走的「總距離」應「不少於」甲走的「總距離」

$a_1 = 8 \quad a_2 = 8+\boxed{\dfrac{1}{2}}$

$a_3 = 8+\boxed{1}$ 為「公差 $= \dfrac{1}{2}$」的等差數列

▶▶▶ Ans

(D)

$\because$「$x \leq 0$」會保證:$x \leq 0$ 且 $x-9 \leq 0$ $\therefore x(x-9) \geq 0$

$\because$「$x \geq 9$」會保證:$x \geq 0$ 且 $x-9 \geq 0$ $\therefore x(x-9) \geq 0$

實數的生存法則

例題 11 有一組連續的正整數其總和恰好為 1000，請問這組數最多能有多少個數？

> 本題為等差級數和
> $a_1+\cdots+a_n=\dfrac{n\times(a_1+a_n)}{2}$
> $=\dfrac{n\times[2a_1+(n-1)\times d]}{2}$ 之應用。

> 一般而言：「等差」的重點在「$a_1,\boxed{d},n$」

▶▶▶ **Sol**

∵ 一組「連續的正整數」是一個「公差為 1」的等差數列

∴ 若設數列的首項是 a_1，則它的首 n 項總和是

$\dfrac{n\times[2a_1+(n-1)\times 1]}{2}\overset{令}{=}1000$ 　（去分母）

> $a_1+\cdots+a_n=\dfrac{n\times[2a_1+(n-1)\times d]}{2}$ 且取 $d=1$

∴ $n^2+(2a_1-1)\times n-2000=0$　（是一個正奇數）

設 $\underset{\sim}{n^2+(2a_1-1)\times n-2000}\overset{分解成}{=}(n+\alpha)(n-\beta)=\underset{\sim}{n^2+(\alpha-\beta)\times n-\alpha\beta}=0$

> 用「分配律」予以展開

∴ 比較係數可得：$\alpha-\beta=2a_1-1$ 且 $\alpha\beta=2000=2^4\times 5^3$

∴ $\boxed{\alpha>\beta}$，α 是一個正偶數，β 是一個正奇數，α、β 是 $2^4\times 5^3$ 是正因數，

又因：$n=-\alpha$（不合）或 $n=\beta$

> ∵ n 是項數
> ∴ n 不可能等於負整數 $-\alpha$

∴ 取 $(\alpha,\beta)=\underbrace{(2^4\times 5^3,1),(2^4\times 5^2,5)}_{\beta\text{不夠大，不符要求}},(2^4\times 5^1,\boxed{5^2}),\underbrace{(2^4\times 5^0,5^3)}_{\beta>\alpha,\text{不符要求}}$

∴ $\alpha=2^4\times 5^1=80,\beta=5^2=25$

∴ 這組數最多能有 25 個數。

> ∵「$n=\alpha$」且題目要求「n 越大越好」，又已知「$\alpha>\beta$」
> ∴ β 要越大越好且 $\alpha\cdot\beta$ 需滿足「$\beta<\alpha$ 且為 $2^4\times 5^3$ 的正因數」

▶▶▶ **Ans**

這組數最多能有 25 個數

> $n=\beta$
> $(n+\alpha)(n-\beta)=0$

例題 12 a 與 b 都不是大於 60 的正整數且 $11+13+15+\cdots+99=a^2-b^2$，試求 $a-b$ 的值？

▶▶▶ **Sol**

$\boxed{11}+13+15+\cdots+\boxed{99}$

$=\underbrace{\dfrac{45\times(11+99)}{2}}_{(99-11)\div 2+1=45\text{ 項}}$　（公差 $=2$）

> 利用「等差級數和」的「等差梯形（求和）公式：$S_n=\dfrac{n\times(a_1+a_n)}{2}$」及「平方（差）／立方（差）」公式，來解題。

202

把「45×55」拆成「小×大」的各種可能組合

$= \boxed{45 \times 55} = \boxed{33 \times 75} = \boxed{15 \times 165} = \boxed{11 \times 225} = \boxed{9 \times 275} = \boxed{5 \times 495} = \boxed{3 \times 825}$

$= \boxed{1 \times 2475} \overset{令}{=} \underbrace{a^2 - b^2}_{題目的要求} = \underbrace{(a-b)}_{小}\underbrace{(a+b)}_{大}$ 平方差公式

$\because 11 + \cdots + 99$
$= (a-b)(a+b)$
$\therefore$ 需將 $11 + \cdots + 99$
拆成「小×大」
之組合

∴可得：

$a-b$（小）	$a+b$（大）	a	b	合／不合
45	55	50	5	合
33	75	54	21	合
15	165	90	75	不合（大於60）
11	225	118	107	不合（大於60）
9	275	142	133	不合（大於60）
5	495	250	245	不合（大於60）
3	825	414	411	不合（大於60）
1	2475	1238	1237	不合（大於60）

由 $a-b$ 及 $a+b$ 的「可能值等式」予以「聯立」

∴ $a-b = 45$，33

▶▶▶ **Ans**

$a - b = 45$，33

例題 13 (1)設 a、b、c 三數成等比數列，且 $abc = 64$，求 b？
(2)設 a、b、c 三數成等比數列，且 $ac = 25$，求 b？

「奇數項」等比問題，必由「中間項 $\div\times r$, $\div\times r^2$, ……」切入解題。

▶▶▶ **Sol** 由「中間項 $\div\times r$, $\div\times r^2$, ……」下手

(1)設 $a = \dfrac{b}{r}$ 且 $c = br$

$\because abc = 64 \Rightarrow (\dfrac{b}{r}) \times b \times (br) = 64 \Rightarrow b^3 = 64 = 4^3$

$\therefore b = 4$

把「64」用「因數分解」改寫成「(數)³」形態

(2)設 $a = \dfrac{b}{r}$ 且 $c = br$ 由「中間項 $\div\times r$, $\div\times r^2$, ……」下手

$\because ac = 25 \Rightarrow (\dfrac{b}{r}) \times (br) = 25 \Rightarrow b^2 = 25 = 5^2$

$\therefore b = \pm 5$ 別忘了！平方根正負皆要

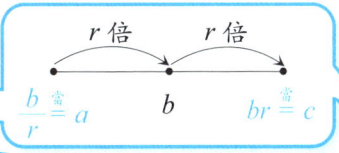

把「25」用「因數分解」改寫成「(數)²」形態！但需注意：「偶次方根」別忘了「正、負」都要！

▶▶▶ **Ans**

(1) 4　(2) ±5

實數的生存法則

例題 14 已知一等比級數的公比為 2，前 10 項和為 3069，求首項及末項？

▶▶▶ **Sol**

利用「等比級數和」公式：$S_n = \dfrac{a_1 \times (1 - r^n)}{1 - r}$ 來解題。

$\therefore 3069 = S_{10}$

$\quad = \dfrac{a_1 \times (1 - 2^{10})}{1 - 2}$

$\quad = a_1 \times (2^{10} - 1)$

$\quad = a_1 \times (1024 - 1) = 1023 a_1$

一般說來：「等比」的重點在「a_1, r, n」

留意：「$1 - r^n$」的「n 是項數」，不一定是「數列的次序數」！

$\therefore a_1 = \dfrac{3069}{1023} = 3$

$\therefore a_{10} = 3 \times 2^{(10-1)} = 3 \times 2^9 = 1536$

$a_n = a_1 \times r^{n-1}$

▶▶▶ **Ans**
首項 3，末項 1536

一般說來：「等比」的重點在「a_1, r, n」

例題 15 設一等比級數共有 8 項，其第三項是 12，第六項是 96，求其公比與和？

$a_n = a_1 \times r^{n-1}$

利用「等比級數和」公式：$S_n = \dfrac{a_1 \times (1 - r^n)}{1 - r}$ 來解題

▶▶▶ **Sol**

$\therefore 12 = a_3 = a_1 r^2$ 且 $96 = a_6 = a_1 r^5$

$\therefore \dfrac{96}{12} = \dfrac{a_1 r^5}{a_1 r^2} \Rightarrow 8 = r^3 \Rightarrow r = 2$

兩式相除，可得「公比 r」

$\therefore 12 = a_1 \times 2^2 = 4 a_1 \Rightarrow a_1 = 3$

$\therefore S_8 = \dfrac{3 \times (1 - 2^8)}{1 - 2} = 3 \times (2^8 - 1) = 3 \times (256 - 1) = 3 \times 255 = 765$

$S_n = \dfrac{首項 \times (1 - 公比^{項數})}{1 - 公比}$ 且 $r = 2$, 項數 $= 8$

▶▶▶ **Ans**
公比 2，和為 765

$a_n = a_1 \times r^{n-1}$

> 利用「等比級數和」公式：$S_n = \dfrac{a_1 \times (1-r^n)}{1-r}$，並配合「相同位置、等量代換」概念來解題。

例題 16 設 $f(x) = 2^x - 3x$，求 $f(0) + f(1) + f(2) + \cdots\cdots + f(10) = ?$

▶▶▶ Sol

> 「x」的位置，分別用：「0～10」取代

$\because f(0) = 2^0 - 3 \times 0$
$f(1) = 2^1 - 3 \times 1$
$f(2) = 2^2 - 3 \times 2$
$\vdots$
$f(10) = 2^{10} - 3 \times 10$

> 相同位置，等量代換

$\therefore f(0) + f(1) + f(2) + \cdots\cdots + f(10)$
$= (2^0 + 2^1 + 2^2 + \cdots\cdots + 2^{10}) - \boxed{3} \times (0 + 1 + 2 + 3 + \cdots\cdots + 10)$
$= \dfrac{2^0 \times (1 - 2^{\boxed{11}})}{1 - 2} - 3 \times \dfrac{\boxed{11} \times (0 + 10)}{2}$
$= (2^{11} - 1) - 165$
$= (2048 - 1) - 165$
$= 1882$

> 「公因數 3」，先外提

> 「有次方」跟「無次方」分別「分群」處理

> 留意！共有「11」項喔！

> ● 等比：$S_n = \dfrac{a_1(1 - r^{項數})}{1-r}$
> ● 等差：$S_n = \dfrac{n \times (a_1 + a_n)}{2}$

▶▶▶ Ans
1882

例題 17 如下圖（甲），地板上有一圓，其圓周上有一點 A。今在沒有滑動的情況下，將此圓向右滾動。已知當 A 接觸到地板時，會在地板留下一個印子，如圖（乙）所示，且此圓滾動的方式是：

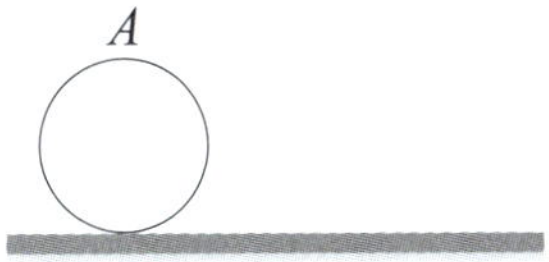

圖（甲） 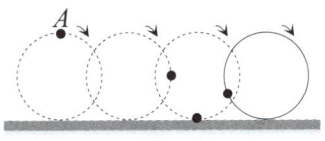　　　圖（乙）

第 1 分鐘轉 1 圈
第 2 分鐘轉 2 圈
第 3 分鐘轉 4 圈
$\vdots$

依此規則（即每一分鐘的圈數都是前一分鐘的兩倍），越轉越快。

(1)下列哪一圖形是此圓轉了圈之後,留在地板上的關係圖?
(A)
(B)
(C)
(D)

(2)請問,轉了 10 分鐘之後,地板上留下的印子共有幾個?
(A)10　(B)55
(C)500　(D)1023

【基測 93】

▶▶▶ Sol

利用「滾一圈的距離＝圓周長」且「滾一圈必留一個記號」來解題。

(1)∵滾一圈的距離＝圓周長
　∴每一點距離相等,與速度無關
　∴A 點會在地板上留下相等距離之印子
　∴選(D)

利用「等比級數和公式:$S_n = \dfrac{a_1(1-r^n)}{1-r}$」解題。

(2)∵ $1+2+4+\cdots\cdots+a_{10}$
$= \boxed{2^0} + 2^1 + 2^2 + 2^3 + \cdots\cdots + \boxed{2^9}$
$= \dfrac{1 \times (1-2^{\boxed{10}})}{1-2} = 2^{10} - 1 = 1024 - 1 = 1023$

「$2^0 \sim 2^9$」共「10 項」

公比 $r = 2$

$S_n = \dfrac{a_1(1-r^{\boxed{項數}})}{1-r}$

∴選(D)

▶▶▶ Ans

(1)(D)　(2)(D)

∵第 1 分:1 圈 v.s. 1 印;
　第 2 分:2 圈 v.s. 2 印;
　⋮
∴公比＝2

例題 18　一球自 20 公尺高的樓頂自由落下，每次著地時，反跳高度為落下高度的 $\frac{1}{2}$，則此球自落下到靜止於地面，所跳動的距離為何？

▶▶▶ Sol

「雜級數和」（部分等差、部分等比）或「無窮等比級數和」，先令 $S =$ 雜級數和，再求算 $S - rS$。

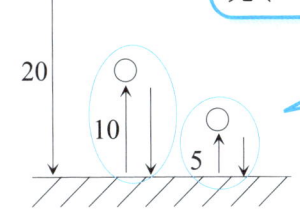

畫個圖，便可看出「反彈及再落下」為「成雙成對」的「等距」組合

「反彈及再落下」為「等距」組合

由上圖可知：

所求 $= 20 + \boxed{2} \times (10 + 5 + \frac{5}{2} + \cdots\cdots)$

上式括號部分

$\begin{cases} 現令\ x = \boxed{10} + 5 + \frac{5}{2} + \cdots\cdots \\ 上式除以 2 得：\frac{x}{2} = 5 + \frac{5}{2} + \frac{5}{4} + \cdots\cdots \\ 兩式相減得：\frac{x}{2} = 10 \end{cases}$

用「雜級數」$S - rS$

$\because 10 + 5 + \frac{5}{2} + \cdots\cdots$ 為「公比 $= \frac{1}{2}$」的「連續性幾何演變 ↑↓↑↓…」問題

$\therefore$ 也可以用「和 $= \dfrac{首項}{1 - 公比}$」

來求：$x = \dfrac{10}{1 - \frac{1}{2}} = 20$

$\therefore x = 20$

$\therefore$ 所求 $= 20 + \boxed{2} \times 20 = 60$

▶▶▶ Ans

60 公尺

實數的生存法則

例題 19 已知 $\dfrac{1}{1-x} = 1 + x + x^2 + \cdots + x^n + \cdots$，$|x|<1$，求 $\sum\limits_{n=1}^{\infty} nx^n$?

> 雜級數法：$\sum\limits_{n=1}^{\infty} nx^n = x + \boxed{2}x^2 + \boxed{3}x^3 + \cdots = S$，為一雜級數問題
> $\begin{cases} \text{一部分等差 } 1 \to 2 \to 3 \to \cdots \\ \text{一部分等比 } x \to x^2 \to x^3 \to \cdots \end{cases}$，可用「$S - \text{公比} \times S$」，來求算 S

▶▶▶ Sol

$\begin{cases} S \stackrel{令}{=} \sum\limits_{n=1}^{\infty} nx^n = x + \boxed{2x^2} + \boxed{3x^3} + \cdots \\ \therefore xS = \boxed{x^2} + \boxed{2x^3} + \cdots \end{cases}$

> 用「雜級數」$S - rS$
> 把「公因數 x」，先外提

$\therefore S - xS = (1-x)S = x + x^2 + \cdots = \boxed{x}(1 + x + x^2 + \cdots) = x \times \boxed{\dfrac{1}{1-x}} = \dfrac{x}{1-x}$

$\therefore S = \dfrac{x}{(1-x)^2}$

> 無窮等比級數和 $= \dfrac{\text{首項}}{1 - \text{公比}}$

▶▶▶ Ans

$\dfrac{x}{(1-x)^2}$

例題 20 右圖中，$\triangle OA_0A_1$ 是一底角為 $30°$，而腰長為 1 的等腰三角形，已知 $\angle OA_1A_2 = 30°$，$\overline{A_0A_1} /\!/ \overline{A_2A_3} /\!/ \overline{A_4A_5}$，且 $\overline{A_1A_2} /\!/ \overline{A_3A_4} /\!/ \overline{A_5A_6}$ 則

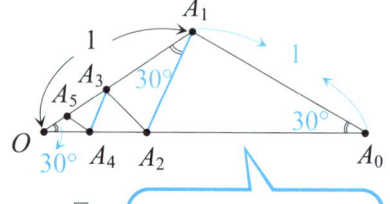

(1) $\overline{A_1A_2} : \overline{A_0A_1} =$

(A) $\dfrac{\sqrt{3}}{4}$ (B) $\dfrac{1}{2}$ (C) $\dfrac{\sqrt{3}}{2}$ (D) $\dfrac{\sqrt{3}}{3}$ (E) $\dfrac{\sqrt{2}}{2}$

(2) $\overline{A_0A_1} + \overline{A_1A_2} + \overline{A_2A_3} + \cdots =$

(A) $\dfrac{3+\sqrt{3}}{2}$ (B) $\dfrac{2}{2-\sqrt{3}}$ (C) 2 (D) $\dfrac{2}{2-\sqrt{2}}$ (E) $\dfrac{4}{4-\sqrt{3}}$

> 將「已知訊息」標記在「圖形」上

▶▶▶ Sol

(1) ∵ $\Delta A_0 A_2 A_1$ 為一個 30°-60°-90°的直角三角形

∴ 由圖可知：$\dfrac{\overline{A_1 A_2}}{\overline{A_0 A_1}} = \dfrac{\dfrac{1}{2}a}{\dfrac{\sqrt{3}}{2}a} = \dfrac{1}{\sqrt{3}} = \boxed{\dfrac{\sqrt{3}}{3}}$

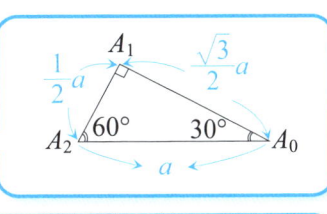

∴ 選(D)

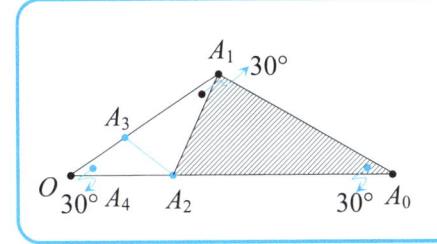

∵ $\angle OA_1 A_0 \overset{\text{等腰}}{\underset{\text{頂角}}{=}} 180° - 30° \times 2$
$= 120°$

∴ $\angle A_2 A_1 A_0 = 120° - \angle OA_1 A_2$
$= 120° - 30°$
$= 90°$

連續性幾何演變問題，必用：無窮等比級數和 $= \dfrac{\text{首項}}{1 - \text{公比}}$

(2) ∵ $\dfrac{\overline{A_1 A_2}}{\overline{A_0 A_1}} = \dfrac{\overline{A_2 A_3}}{\overline{A_1 A_2}} = \dfrac{\overline{A_3 A_4}}{\overline{A_2 A_3}} = \cdots\cdots = \boxed{\dfrac{1}{\sqrt{3}}}$

∴ $\overline{A_0 A_1} + \overline{A_1 A_2} + \overline{A_2 A_3} + \cdots = 1 + \dfrac{1}{\sqrt{3}} + \left(\dfrac{1}{\sqrt{3}}\right)^2 + \cdots\cdots = \boxed{\dfrac{1}{1-\dfrac{1}{\sqrt{3}}}} = \dfrac{\sqrt{3}}{\sqrt{3}-1} = \dfrac{3+\sqrt{3}}{2}$

∴ 選(A)

$\dfrac{\sqrt{3}}{3} = \dfrac{1}{\sqrt{3}} = $ 公比

將「分母」有理化

分母先通分，得：$\dfrac{1}{\dfrac{\sqrt{3}-1}{\sqrt{3}}}$

▶▶▶ Ans

(1)(D)　(2)(A)

例題 21　設 $T_1, T_2, T_3, \cdots$ 為一群多邊形，其作法如下：T_1 為邊長等於 1 的正三角形，以 T_n 每一邊中間三分之一的線段為一邊向外作正三角形，然後將該三分之一線段抹去所得的多邊形為 T_{n+1}，$n = 1, 2, \cdots$（如圖所示）令 a_n 表 T_n 的周長，求 T_3 的面積_____ 及 $\sum\limits_{n=1}^{\infty} \dfrac{1}{a_n} = $ _____

【84 自聯招】

實數的生存法則

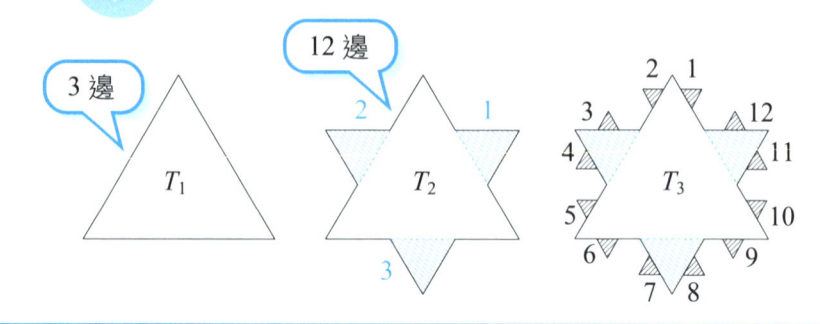

3 邊 → T_1

12 邊 → T_2

T_3（標示 1~12）

依一定規律連續性發展的幾何問題，必用無窮等比級數和 $\dfrac{a}{1-r}$ 概念來處理

▶▶▶ **Sol**

(1) T_1 之面積 $\boxed{A = \dfrac{\sqrt{3}}{4}}$ ← 正△面積 $= \dfrac{\sqrt{3}}{4}(邊長)^2$

T_2 比 T_1「多」了「3 個邊長」是「T_1 邊長 $\dfrac{1}{3}$」的小正三角形，

所以，每一個小三角形的面積等於 $\dfrac{1}{3^2}A$ ← 面積比值 = 邊長比值的「平方」

同理：T_3 比 T_2「多」了「12 個邊長」是「T_1 邊長的 $\dfrac{1}{9}$」的小正三角形，

所以，每一個小三角形的面積等於 $\dfrac{1}{81}A$

∴ T_3 之面積 $= A \times [\boxed{1} + \dfrac{1}{9} \times \boxed{3} + \dfrac{1}{81} \times \boxed{12}] = \dfrac{\sqrt{3}}{4} \times \dfrac{40}{27} = \dfrac{10\sqrt{3}}{27}$

T_3 面積 = 1 個 T_1 面積 A + 3 個 $\dfrac{1}{9}A$ + 12 個 $\dfrac{1}{81}A$

看「T_1 v.s. T_2」便可知

(2) ∵ T_n 的邊長是 T_{n-1} 邊長的 $\dfrac{1}{3}$，T_n 的邊數是 T_{n-1} 邊數的 4 倍，

∴ a_n 是 a_{n-1} 的 $\dfrac{4}{3}$ ← 周長 = 邊長 × 邊數

由「T_1 是 3 邊」及「T_2 是 12 邊」，可得！

∴ $\{a_n\}$ 是一個等比數列且「首項為 3，公比為 $\dfrac{4}{3}$」

∴ $\{\dfrac{1}{a_n}\}$ 是一個等比數列，首項為 $\dfrac{1}{3}$，公比為 $\dfrac{3}{4}$

首項由 T_1 決定；公比由「T_1 與 T_2」來決定

∴ $\displaystyle\sum_{n=1}^{\infty} \dfrac{1}{a_n} = \dfrac{\dfrac{1}{3}}{1-\dfrac{3}{4}} = \dfrac{4}{3}$

連續性幾何問題，必用：

無窮等比級數和 = $\dfrac{首項}{1-公比}$

▶▶▶ **Ans**

(1) $\dfrac{10\sqrt{3}}{27}$　(2) $\dfrac{4}{3}$

例題 22 設無窮等比級數 $\sum_{n=1}^{\infty}(x-3)^{n-1}$ 的和 $f(x)$ 存在。

試求 (1) x 的範圍 　(2) $f(\frac{7}{2})$

▶▶▶ Sol

(1) ∵ 無窮等比級數有「和」⇔ |公比| < 1

∴ $|x-3| \overset{令}{<} 1$ 　（利用：|公比| < 1）

∴ $(x-3)^2 < 1^2$ 　（利用：平方去絕對值）

∴ $(x-3)^2 - 1^2 < 0$ 　（利用「平方差公式」：$a^2 - b^2 = (a+b)(a-b)$）

∴ $[(x-3)+1][(x-3)-1] < 0$

∴ $(x-2)(x-4) < 0$

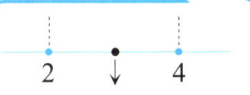

∴ $2 < x < 4$

∵ 當 $2 < x < 4$ 時，才會保證：$x-4 < 0$ 且 $x-2 > 0$

∴ $(x-2)(x-4) < 0$

(2) $\sum_{n=1}^{\infty}(x-3)^{n-1} = f(x)$ 　（相同位置，等量代換）

∴ $f(\frac{7}{2}) = \sum_{n=1}^{\infty}(\frac{7}{2}-3)^{n-1}$

$= \sum_{\boxed{n}=1}^{\infty}(\frac{1}{2})^{\boxed{n}-1}$ 　（首項是「$n=1$」代入 $(\frac{1}{2})^{n-1}$ 的結果）

$= \dfrac{(\frac{1}{2})^{\boxed{1}-1}}{1-\frac{1}{2}}$ 　（無窮級數和 $= \dfrac{首項}{1-公比}$）

$= \dfrac{1}{\frac{1}{2}}$

$= 2$

▶▶▶ Ans

(1) $2 < x < 4$

(2) 2

實數的生存法則

> 給首 n 項和 S_n 的關係式，欲求一般項 a_n，必用「$a_n = S_n - S_{n-1}$, $n \geq 2$」。再檢驗 $n=1$ 是否滿足前述式子！若不合，則用 $a_1 = S_1$ 另外處理。

例題 23 設數列 $\langle a_n \rangle$ 前 n 項的和 $a_1 + \cdots + a_n = 2^{n+1}(n^2 - 2n)$，則此數列的第 n 項 $a_n =$ _____ 。【87 社聯招】

▶▶▶ **Sol**

(1) 當 $n=1$：$a_1 = 2^{1+1} \times (1^2 - 2) = -4$

(2) 當 $n \geq 2$：

$$\begin{cases} a_1 + a_2 + \cdots + a_{n-1} + a_n = 2^{n+1}(n^2 - 2n) \\ a_1 + a_2 + \cdots + a_{n-1} = 2^{(n-1)+1}[(n-1)^2 - 2(n-1)] = 2^n(n^2 - 4n + 3) \end{cases}$$

> 用「$n-1$」取代「$a_1 + \cdots + \boxed{a_n}$」式子的「$n$」，便可得：「$a_1 + \cdots + \boxed{a_{n-1}}$」的式子

> 把「公因數 2^n」，先外提

∴ 兩式相減，可得：

$a_n = 2^{n+1}(n^2 - 2n) - 2^n(n^2 - 4n + 3) = 2^n[2(n^2 - 2n) - (n^2 - 4n + 3)] = 2^n(n^2 - 3)$

又因：$n=1$ 代入得：$a_1 = 2^1 \times (1^2 - 3) = -4$ 也符合關係式，故不需另用 $a_1 = S_1$ 來求取

∴ $a_n = 2^n(n^2 - 3)$，$n = 1, 2, \cdots$

▶▶▶ **Ans**

$2^n(n^2 - 3)$

> 「和比求項比」問題，必用：
> $$\dfrac{A_n}{B_n} = \dfrac{(n/2)[2a_1 + (n-1)d_a]}{(n/2)[2b_1 + (n-1)d_b]}$$
> $$= \dfrac{a_1 + [(n-1)/2]d_a}{b_1 + [(n-1)/2]d_b} = \dfrac{a_k}{b_k}, \quad k - 1 = \dfrac{n-1}{2}$$

> 把「和」的公式，改成「一般項」公式的形態

例題 24 已知兩個等差數列的前面 n 項和的比值為 $\dfrac{3n+2}{5n-1}$。試求這兩個等差數列的第 7 項比值？

> 亦即：$\dfrac{A_n}{B_n} = \dfrac{3n+2}{5n-1}$

▶▶▶ **Sol**

∵ 欲求 $\dfrac{a_7}{b_7}$

∴ 利用：「一般項」公式 $a_n = \boxed{a_1} + (n-1)d_a \overset{互}{\underset{轉}{\Leftrightarrow}}$ 「和」公式 $A_n = \dfrac{n \times [\boxed{2a_1} + (n-1)d_a]}{2}$

∴ 可得：$\dfrac{a_7}{b_7} = \dfrac{\boxed{a_1} + \boxed{(7-1)}d_a}{b_1 + (7-1)d_b} = \dfrac{\boxed{2a_1} + \boxed{12}d_a}{2b_1 + 12 d_b}$

> 上下「2 倍化」，把「a_1 變 $2a_1$」且「$12 d_a$」當「和公式」的「$(n-1)d_a$」

$= \dfrac{\dfrac{13}{2}[2a_1 + 12 d_a]}{\dfrac{13}{2}[2a_1 + 12 d_a]}$

$= \dfrac{A_{13}}{B_{13}} = \dfrac{3 \times \boxed{13} + 2}{5 \times \boxed{13} - 1} = \dfrac{41}{64}$

> 代「$n=13$」入「$\dfrac{A_n}{B_n} = \dfrac{3n+2}{5n-1}$」！

▶▶▶ **Ans**

$\dfrac{41}{64}$

> ∵ $12 \overset{當}{=}$「和」的 $(n-1)$
> ∴ $n = 13$

例題 25 已知兩個等差數列的第 n 項的比值為 $\dfrac{3n+2}{5n-1}$。試求這兩個等差數列的前面 9 項和的比值？

亦即：$\dfrac{a_n}{b_n} = \dfrac{3n+2}{5n-1}$

▶▶▶ Sol

$\because$ 欲求 $\dfrac{A_n}{B_n}$

$\therefore$ 利用：「和」公式 $A_n = \dfrac{n \times [\boxed{2a_1} + (n-1)d_a]}{2} \overset{互轉}{\Leftrightarrow}$「一般項」公式 $a_n = \boxed{a_1} + (n-1)d_a$

$\therefore$ 可得：$\dfrac{A_n}{B_n} = \dfrac{\dfrac{9}{2}[\boxed{2a_1} + (9-1)d_a]}{\dfrac{9}{2}[\boxed{2b_1} + (9-1)d_b]}$

$= \dfrac{\boxed{2a_1} + 8d_a}{2b_1 + 8d_b}$

$= \dfrac{\boxed{a_1} + 4d_a}{b_1 + 4d_b}$

上下「約去 2」，把「$2a_1$ 變 a_1」且「$4d_a$」當「一般項公式」的「$(n-1)d_a$」

$\because 4$
當「一般項」的 $(n-1)$
$\therefore n = 5$

$= \dfrac{a_5}{b_5}$

$= \dfrac{3 \times \boxed{5} + 2}{5 \times \boxed{5} - 1} = \dfrac{17}{24}$

代「$n=5$」入「$\dfrac{a_n}{b_n} = \dfrac{3n+2}{5n-1}$」

▶▶▶ Ans

$\dfrac{17}{24}$

例題 26 數列 $\{a_n\}_{n=1}^{\infty}$ 滿足：$a_1 = 1$ 且 $a_{n+1} = a_n + (n+1)$。試求 a_{20} 之值？

▶▶▶ Sol

$\because a_{n+1} = a_n + (n+1)$

「前、後項」具「加減」關係的累加型遞迴

$\therefore a_{n+1} - \boxed{a_n} = \boxed{n} + 1$

$\because$ 兩項「差 $a_{n+1} - a_n$」成「$n+1$」
$\therefore$ 需用「累加法」來處理

$\therefore$ 可得：$\begin{cases} a_2 - \boxed{a_1} = \boxed{1} + 1 \\ a_3 - \boxed{a_2} = \boxed{2} + 1 \\ \cdots \\ a_n - \boxed{a_{n-1}} = \boxed{(n-1)} + 1 \end{cases}$

$\therefore a_n - a_1 \overset{累加}{=} [1 + 2 + \cdots + (n-1)] + (\underbrace{1 + 1 + \cdots + 1}_{\text{「}n-1\text{」個「}1\text{」}})$

$\therefore a_n = a_1 + \dfrac{(n-1)[(n-1)+1]}{2} + (n-1)$

$\sum\limits_{n=1}^{n} k = \dfrac{n \times (n-1)}{2}$

213

$$= 1 + \frac{(n-1)n}{2} + (n-1)$$
$$= \frac{2 + (n-1)(n+2)}{2}$$

通分，並外提「公因數 $(n-1)$」

$$\therefore a_{20} = \frac{2 + (20-1)(20+2)}{2} = \frac{420}{2} = 210$$

▶▶▶ Ans

210

例題 27 數列 $\{a_n\}_{n=1}^{\infty}$ 滿足：$a_1 = 1$ 且 $a_n = \frac{n}{n+1} a_{n-1}$，$n \geq 2$。試求 a_{20} 之值？

▶▶▶ Sol

$$\therefore a_n = \frac{n}{n+1} a_{n-1}$$

$$\therefore \frac{a_n}{a_{n-1}} = \frac{n}{n+1}$$

「前、後項」具「乘除」關係的累積型遞迴

$\because$ 兩項「比 $\frac{a_n}{a_{n-1}}$」成「$\frac{n}{n+1}$」

$\therefore$ 需用「累積法」來處理

$$\therefore 可得：\begin{cases} \dfrac{a_2}{a_1} = \dfrac{2}{2+1} \\ \dfrac{a_3}{a_2} = \dfrac{3}{3+1} \\ \cdots \\ \dfrac{a_n}{a_{n-1}} = \dfrac{n}{n+1} \end{cases}$$

$$\therefore \frac{a_n}{a_1} \stackrel{累積}{=} \frac{2}{3} \times \frac{3}{4} \times \cdots \times \frac{n}{n+1} = \frac{2}{n+1}$$

$$\therefore a_n = \frac{2a_1}{n+1} = \frac{2}{n+1}$$

$$\therefore a_{20} = \frac{2}{20+1} = \frac{2}{21}$$

▶▶▶ Ans

$\dfrac{2}{21}$

例題 28 數列 $\{a_n\}_{n=1}^{\infty}$ 滿足：$a_1 = 2$ 且 $a_{n+1} = 3a_n - 1$，$n \geq 1$，試求數列的一般 a_n？

> ∵無法直接改成：「$a_n - a_{n-1} = n$ 的式子」或「$\dfrac{a_n}{a_{n-1}} = n$ 的式子」
> ∴需進行「引進新數列」的調整！

▶▶▶ Sol

∵ $a_{n+1} = \boxed{3}\, a_n - 1$

令 $\underbrace{(a_{n+1} - \ell)}_{\text{當 } b_{n+1}} = k\underbrace{(a_n - \ell)}_{\text{當 } b_n}$

變成：「$b_{n+1} = k\, b_n$」 $\Leftrightarrow \dfrac{b_{n+1}}{b_n} = k$

又因：將新式子「展開」得「$a_{n+1} = \boxed{k}a_n - k\ell + \ell$」

∴由「$a_{n+1} = \boxed{3\,a_n} - 1$」，可得：

$$\begin{cases} k \stackrel{\Leftrightarrow}{=} 3 \\ -k\ell + \ell \stackrel{\Leftrightarrow}{=} -1 \end{cases}$$

∴ $-3\ell + \ell = -1$

∴ $2\ell = 1$

∴ $\ell = \dfrac{1}{2}$

> 把「$k = 3$」代入
> $b_{n+1} = \boxed{k}\, b_n$

∴ 得：新數列 $\{b_n\}_{n=1}^{\infty}$ 的遞迴關係為：$b_{n+1} = 3\, b_n$

∴ $\dfrac{b_{n+1}}{b_n} = 3$

∴ $\begin{cases} \dfrac{b_2}{b_1} = 3 \\ \dfrac{b_3}{b_2} = 3 \\ \cdots \\ \dfrac{b_n}{b_{n-1}} = 3 \end{cases}$

∴ $\dfrac{b_n}{b_1} \stackrel{\text{累積}}{=} \underbrace{3 \times \cdots \times 3}_{\text{共}(n-1)\text{個}} = 3^{n-1}$

> $b_n = a_n - \ell$ 且「$\ell = \dfrac{1}{2}$」

∴ $b_n = 3^{n-1} \times b_1$

∴ $a_n - (\dfrac{1}{2}) = 3^{n-1} \times [a_1 - (\dfrac{1}{2})]$

∴ $\boxed{a_n - \dfrac{1}{2}} = 3^{n-1} \times (2 - \dfrac{1}{2}) = 3^{n-1} \times \dfrac{3}{2} = \boxed{\dfrac{3^n}{2}}$

∴ $a_n = \dfrac{3^n}{2} + \dfrac{1}{2} = \dfrac{3^n + 1}{2}$

▶▶▶▶ Ans
$\dfrac{3^n+1}{2}$

例題 29 循環小數 $0.\overline{31}$ 化成有理數，其值為？
(A) $\dfrac{31}{99}$　(B) $\dfrac{311}{999}$　(C) $\dfrac{31}{90}$　(D) $\dfrac{311}{990}$

▶▶▶▶ Sol

$0.\overline{31}$
$= 0.313131\cdots$
$= 0.31 + 0.0031 + 0.000031 + \cdots$
$= 0.31 \times (1 + 0.01 + 0.0001 + \cdots) = (0.31) \times (\dfrac{1}{1-0.01}) = \dfrac{0.31}{0.99} = \dfrac{31}{99}$

∴ 選項(A)正確。

> $0.\overline{31} = 0.313131\cdots = 0.31 + 0.0031 + \cdots$，必先外提「公因數 0.31」，把問題「等比級數」化！

> 外提「公因數 0.31」，予以「等比級數化」！

> 無窮等比和 $= \dfrac{首項}{1-公比}$

> 分子、分母「同乘 100」予以整數化

▶▶▶▶ Ans
$\dfrac{31}{99}$

例題 30 試求 $0.\overline{23} + 0.\overline{32}$ 之和，此處 $0.\overline{23} = 0.232323\cdots$。

▶▶▶▶ Sol

(1) $0.\overline{23} = 0.232323\cdots$
　　　$= 0.23 + 0.0023 + 0.000023 + \cdots$
　　　$= \boxed{23} \times (0.01 + 0.0001 + \cdots)$
　　　$= \dfrac{23 \times 0.01}{1-0.01} = \dfrac{0.23}{0.99} = \dfrac{23}{99}$

(2) $0.\overline{32} = 0.323232\cdots$
　　　$= 0.32 + 0.0032 + 0.000032 + \cdots$
　　　$= \boxed{32} \times (0.01 + 0.0001 + \cdots)$
　　　$= \dfrac{32 \times 0.01}{1-0.01} = \dfrac{0.32}{0.99} = \dfrac{32}{99}$

∴ 所求：$0.\overline{23} + 0.\overline{32} = \dfrac{23}{99} + \dfrac{32}{99} = \dfrac{55}{99} = \dfrac{5}{9}$。

> 外提「公因數 23」，予以「等比級數化」！

> 無窮等比和 $= \dfrac{首項}{1-公比}$

> 分子、分母「同乘 100」予以整數化

> 分子、分母，能約就約

> 外提「公因數 32」，予以「等比級數化」！

▶▶▶▶ Ans
$\dfrac{5}{9}$

例題 31

試求 $\sum_{n=1}^{\infty} \left[\dfrac{3^n}{4^n} + \dfrac{1}{n(n+1)} \right]$?

▶▶▶ **Sol**

因為：

> 等比級數 $\sum_{n=1}^{\infty} a \times r^{n-1} = \dfrac{a}{1-r}$

$$\sum_{n=1}^{\infty} \dfrac{3^n}{4^n} = \dfrac{3}{4} + \left(\dfrac{3}{4}\right)^2 + \left(\dfrac{3}{4}\right)^3 + \cdots = \dfrac{\frac{3}{4}}{1 - \frac{3}{4}} = \dfrac{\frac{3}{4}}{\frac{1}{4}} = 3$$

且

$$\sum_{n=1}^{\infty} \dfrac{1}{n(n+1)} = \lim_{n \to \infty} \sum_{k=1}^{n} \dfrac{1}{k(k+1)}$$

> 連續性分式級數 $\sum_{n=1}^{\infty} \dfrac{h(n)}{f(n)f(n+a)}$，拆成「兩個緊鄰子分式之差」

$$= \lim_{n \to \infty} \sum_{k=1}^{n} \left(\dfrac{1}{k} - \dfrac{1}{k+1} \right)$$

$$= \lim_{n \to \infty} \left\{ \left(1 - \dfrac{1}{\cancel{2}}\right) + \left(\dfrac{1}{\cancel{2}} - \dfrac{1}{\cancel{3}}\right) + \cdots + \left(\dfrac{1}{\cancel{n}} - \dfrac{1}{n+1}\right) \right\}$$

$$= \lim_{n \to \infty} \left(1 - \dfrac{1}{n+1}\right) = 1$$

> $\dfrac{1}{n+1} \xrightarrow[n越大分數越小]{} \dfrac{1}{無限大} \overset{等同}{=} 分數值趨近於 0$

∴ 所求為：$3 + 1 = 4$。

▶▶▶ **Ans**

1

> $\sum_{n=1}^{\infty} a_n = \lim_{n \to \infty} \sum_{k=1}^{n} a_k$

例題 32

試求 $\dfrac{3}{4} + \dfrac{5}{36} + \cdots + \dfrac{2n+1}{n^2(n+1)^2} + \cdots$?

▶▶▶ **Sol**

原式 $= \sum_{n=1}^{\infty} \dfrac{2n+1}{n^2(n+1)^2} = \lim_{n \to \infty} \sum_{k=1}^{n} \dfrac{2k+1}{k^2(k+1)^2}$

> 「連續性分式和」，必拆成「兩個緊鄰子分式之差」，再用「對消法」，來處理。

$$= \lim_{n \to \infty} \sum_{k=1}^{n} \dfrac{(k^2 + 2k + 1) - k^2}{k^2(k+1)^2}$$

> $\dfrac{k^2+2k+1}{k^2(k+1)^2} = \dfrac{(k+1)^2}{k^2(k+1)^2} = \dfrac{1}{k^2}$
> 且 $\dfrac{k^2}{k^2(k+1)^2} = \dfrac{1}{(k+1)^2}$

$$= \lim_{n \to \infty} \sum_{k=1}^{n} \left[\dfrac{1}{k^2} - \dfrac{1}{(k+1)^2} \right]$$

$$= \lim_{n \to \infty} \left[\left(1 - \dfrac{1}{\cancel{4}}\right) + \left(\dfrac{1}{\cancel{4}} - \dfrac{1}{\cancel{9}}\right) + \cdots + \left(\dfrac{1}{\cancel{n^2}} - \dfrac{1}{(n+1)^2}\right) \right]$$

$$= \lim_{n \to \infty} \left[1 - \dfrac{1}{(n+1)^2} \right] = 1$$

▶▶▶ **Ans**

1

> $\dfrac{1}{(n+1)^2} \xrightarrow[n越大分數越小]{} \dfrac{1}{無限大} \overset{等同}{=} 分數值趨近於 0$

實數的生存法則

例題 33 在第 111 列中，從左數起，第 10 個數是什麼？

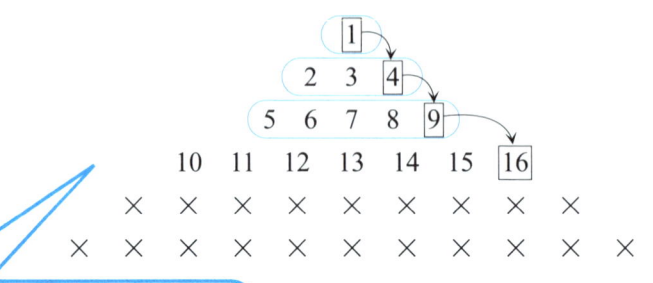

$$
\begin{array}{c}
\boxed{1} \\
2\ 3\ \boxed{4} \\
5\ 6\ 7\ 8\ \boxed{9} \\
10\ 11\ 12\ 13\ 14\ 15\ \boxed{16} \\
\times\ \times\ \times\ \times\ \times\ \times\ \times\ \times \\
\times\ \times\ \times\ \times\ \times\ \times\ \times\ \times\ \times
\end{array}
$$

分析「組特徵 v.s.組編號」：
- 一列 = 一組
- 第 1 列：$1 = 2 \times \boxed{1} - 1$ 個元素，尾數 1^2
  第 2 列：$3 = 2 \times \boxed{2} - 1$ 個元素，尾數 2^2
  ⋮

▶▶▶ Sol

留意「組的特徵」和「組的編號」關係。

先求出「所求列組」之前的「元素總個數」

(1)方法 1：
因為第 n 列有 $2n - 1$ 個數字，
所以，第 1 列到第 110 列共有 $1 + 3 + \cdots + (2 \times 110 - 1) = 1 + 3 + \cdots + 219$ 個數。
故得：第 111 列第 10 個數是

$$\underbrace{(1+3+\cdots+219)}_{\text{共 110 項}} + \boxed{10} = \frac{1}{2} \times (1 + 219) \times 110 + \boxed{10} = 12100 + 10 = 12110$$

由「簡單實例」
「$1 + 3 + 5$」共「3 項 = $(5 - 1) \div 2 + 1$ 項」，
可看出「$1 + \cdots + 219$」共「$(219 - 1) \div 2 + 1$」
$= 109 + 1$
$= 110$ 項

「$1 + 3 + \cdots + 219$」
是「公差 = 2」，
共「110 項」的
等差級數

等差梯形和：$a_1 + \cdots + a_n = \dfrac{n \times (a_1 + a_n)}{2}$

(2)方法 2：
第 1 列的「最後一個數」為 $1^2 = 1$
第 2 列的「最後一個數」為 $2^2 = 4$
⋮
第 110 列的「最後一個數」為 $110^2 = 12100$
第 111 列的「第 10 個數」為 $12100 + 10 = 12110$

▶▶▶ Ans
12110

所求＝「第 110 列」的「最後一個數」，再「往後」數「10 個」數

例題 34 下圖是從事網路工作者經常用來解釋網路運作的「蛇形模型」：

分析「組特徵 v.s. 組編號」：
- 一列 ＝ 一組
- 列數 ＝ 該列元素個數
- 「奇」數列：
  小到大 ⇔ 右到左

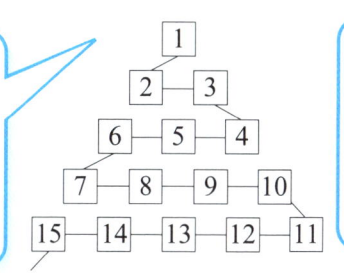

「分組、分群」的數列問題，先求算「在所求列之前」的「元素總個數」後再處理。

數字 1 出現在第 1 列；數字 2, 3（從左至右）出現在第 2 列；數字 4, 5, 6（從右至左）出現在第 3 列；數字 7, 8, 9, 10（從左至右）出現在第 4 列；依此類推。試問第 99 列，從左至右算，第 67 個數字為＿＿＿。

▶▶▶ Sol
∵ 第 1 列有 1 個數，第 2 列有 2 個數，⋯，第 k 列有 k 個數，⋯
∴ 到第 98 列為止，共有 $1 + 2 + \cdots + 98 = \dfrac{98 \times (1 + 98)}{2} = 4851$ 個數

奇數列：小到大 ⇔ 右到左

∵ 第 99 列有 99 個數，但是原始第 99 列的排算次序為「由右向左」
∴ 第 99 列「由右向左」依序為：
「$4851 + 1 = 4852$, 4853, ⋯⋯, 4949, $4851 + 99 = 4950$」
∴ 第 99 列「由左向右」排序的第 67 個數字，恰為「由右向左」排序的第 33 個數字
∴ 所求 ＝ $4851 + 33 = 4884$

題目要求「左到右的第 67 個數」等同「奇數列的右到左的」

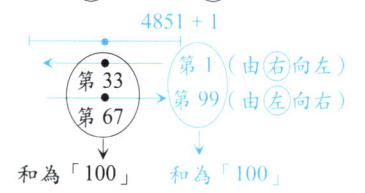

▶▶▶ Ans
4884

實數的生存法則

- 「數碼」digit ≠「數字」1, 12, 345, …
- 「數碼」指「0, 1, …, 9」等十個「阿拉伯記號」

例題 35 某日小明一時心血來潮將自然數由小到大排列起來，得到下列一串數碼「12345678910111213141516 17…」，舉例來說：這一串數碼由左邊起第 15 個數碼是 2。請問：這串數碼中，由左邊起第 1000 個數碼是多少？

留意「組的切割特徵」是：一位數一組，二位數一組，三位數一組，…。

▶▶▶ Sol

∵ 12345678910111213141516 17… 可以分成：

$$\begin{cases} \text{第 1 組（一位數）}\boxed{1}2345678\boxed{9}\text{，共 } 1\times 9=9 \text{ 個數碼} \\ \text{第 2 組（二位數）}\boxed{10}111213 1415\cdots\boxed{99}\text{，共 }2\times 90=180 \text{ 個數碼} \\ \text{第 3 組（三位數）}\boxed{100}101102\cdots\boxed{999}\text{，共 }3\times 900=2700 \text{ 個數碼} \end{cases}$$

未到要求的 1000 個數碼

未到要求的 1000 個數碼

超過要求的 1000 個數碼

∴「第 1000 個數碼」必在「第 3 組」出現

∵ 1000 − 180 − 9 = 811

∴「第 1000 個數碼」必是「第 3 組」的「第 811 個數碼」

扣除「所在列組之前」的「元素個數總合」

∵ 由「811 ÷ 3 = 270 餘 1」，可知：

「第 3 組」的「第 811 個數碼」是「第 270 個三位數 = 100 + (270 − 1) = $\boxed{369}$」的「下一個數碼 = $\boxed{3}$70 的第一個數碼 3」

▶▶▶ Ans

3

「369」的下一個「三位數」為「370」

∵「第 3 組」是由「三位數」組成

∴「每三個數碼」會變成下一個「三位數」

∴「811 ÷ 3 = 270 餘 1」代表「過了 270 個三位數」，再往下「1 個」數碼

∵「三位數」由「100」當「第 1 個」三位數

∴ 第 $\boxed{1}$ 個三位數 100 = 100 + ($\boxed{1}$ − 1)

∴ 第 $\boxed{270}$ 個三位數 = 100 + ($\boxed{270}$ − 1)

例題 36 某君於九十年初，在甲、乙、丙三家銀行各存入十萬元，各存滿一年後，分別取出。已知該年各銀行之月利率如下表，且全年十二個月皆依機動利率按月以複利計息。假設存滿一年，某君在甲、乙、丙三家銀行存款的本利和分別為 a、b、c 元，請問下列哪些式子為真？

	甲銀行	乙銀行	丙銀行
1-4 月	0.3%	0.3%	0.3%
5-8 月	0.3%	0.4%	0.2%
9-12 月	0.3%	0.2%	0.4%

【91 自聯招】

(1) $a > b$ (2) $a > c$ (3) $b > c$ (4) $a = b = c$

▶▶▶ **Sol**

$a = 10 \times (1+0.003)^4 (1+0.003)^4 (1+0.003)^4$

$b = 10 \times (1+0.003)^4 (1+0.004)^4 (1+0.002)^4$

$c = 10 \times (1+0.003)^4 (1+0.002)^4 (1+0.004)^4$

∴ $b = c$

又因：$\dfrac{a}{b} = \left[\dfrac{(1.003)(1.003)}{(1.004)(1.002)}\right]^4 > 1^4 = 1$

∴ $a > b$ 再因：$b = c$

∴ $a > c$

∴ 選(1)(2)

> 利用複利公式：
> 本利和 = $A(1+利率)^{期數}$ 來解題
>
> ● 利率取「月利率」
> ● 期數取「1~4、5~8、9~12」都是「4」
>
> 上下約去「$10 \times (1.003)^4$」，並將「共同次方」外提

▶▶▶ **Ans**

(1)(2)

例題 37 台灣證券交易市場規定股票成交價格只能在前一個交易日的收盤價（即最後一筆的成交價）的漲、跌 7%範圍內變動，例如：某支股票昨日的收盤價是每股 100 元，則今天該支股票每股的買賣格必須在 93 元至 107 元之間。假設有某支股票某天的收盤價是每股 40 元，次日起連續五個交易日以跌停板收盤（也就是每天跌 7%）緊接著連續五個交易日以漲停板收盤（也就是每天漲 7%），則經過這十個交易日後，該股票每股的收盤價最接近

(1) 39 元　(2) 39.5 元　(3) 40 元　(4) 40.5 元　(5) 41 元

【93 學測】

▶▶▶ **Sol**

10 日後該支股票的收盤價為：

$40 \times (1-0.07)^5 (1+0.07)^5$

$= 40 \times (1-0.0049)^5$

∵ $(a-b)(a+b) = a^2 - b^2$

∴ $(1-0.07)(1+0.07) = 1-(0.07)^2 = 1-0.0049$

> 本題為複利和 = $A(1+利率)^{期數}$ 的另類應用
>
> ● 利率取「漲 0.07；跌 −0.07」
> ● 期數取「5 天」

實數的生存法則

$$=40\times(1-\boxed{5}\times 0.0049+\overbrace{\boxed{10}\times 0.0049^2-\boxed{10}\times 0.0049^3+\boxed{5}\times 0.0049^4-\boxed{1}\times 0.0049^5}^{\text{數值太小,可省略}})$$

$\approx 40\times(1-5\times 0.0049)$

$=40\times 0.9755$

$=39.0200\approx 39$（元）

$\therefore$ 選(1)

▶▶▶ Ans

(1)

「≈」是「扭曲」的「等號」，通常「≈」後，接其「近似值」。

用「巴斯卡三角形」來看「係數」：

```
         1
       1   1         ⇔ (a±b)
     1   2   1       ⇔ (a±b)²
   1   3   3   1     ⇔ (a±b)³
 1   4   6   4   1   ⇔ (a±b)⁴
1  5  10  10  5   1  ⇔ (a±b)⁵
```

且「$b=0.0049$ 的奇次方，係數取負」

例題 38 試求 $\lim\limits_{n\to\infty}\dfrac{n!}{n^n}$？

利用「夾擠定理」來處理。

▶▶▶ Sol

$\because 0\le\dfrac{n!}{n^n}=\dfrac{n\times(n-1)\times\cdots\times 3\times 2\times\boxed{1}}{n\times n\times\cdots\times n\times n\times\boxed{n}}\le\dfrac{1}{n}$ 且 $\lim\limits_{n\to\infty}(0)=0$，$\lim\limits_{n\to\infty}\dfrac{1}{n}=0$

$\therefore$ 由夾擠定理知：$\lim\limits_{n\to\infty}\dfrac{n!}{n^n}=0$

▶▶▶ Ans

0

$\dfrac{n}{n}\times\dfrac{n-1}{n}\times\cdots\times\dfrac{2}{n}\le 1$，$n$ 夠大時

「階乘」，「次方」型 a_n 問題：常用「分項拆解、展開」方式，搭配「夾擠定理」來解題～請讀者應熟記！

例題 39 試求 (1) $\lim\limits_{n\to\infty}\dfrac{4^n}{n!}$？

(2) $\lim\limits_{n\to\infty}\dfrac{7^n}{n!}$？

利用「夾擠定理」來處理。

▶▶▶ Sol

(1) $\because 0\le\dfrac{4^n}{n!}=\left(\overbrace{\dfrac{4\times 4\times 4\times 4}{1\times 2\times 3\times 4}}^{\text{4 個 4}}\right)\times\left(\overbrace{\dfrac{4\times\cdots\cdots\times 4}{5\times\cdots\cdots\times(n-1)}}^{\text{不大於 1}}\right)\times\left(\dfrac{4}{n}\right)\le\dfrac{4^5}{4!\times n}$

且 $\lim\limits_{n\to\infty}(0)=0$，$\lim\limits_{n\to\infty}\dfrac{4^5}{4!\times n}=0$

$\therefore$ 由夾擠定理知：$\lim\limits_{n\to\infty}\dfrac{4^n}{n!}=0$

$\because$「頭尾」皆 →0

$\therefore$ 夾在中間的也會 →0

(2) $\because 0 \leq \dfrac{7^n}{n!} = \overbrace{\left(\dfrac{7 \times 7 \times 7 \times 7 \times 7 \times 7 \times 7}{1 \times 2 \times 3 \times 4 \times 5 \times 6 \times 7}\right)}^{7\text{個}7} \times \overbrace{\left(\dfrac{7 \times \cdots\cdots \times 7}{8 \times \cdots\cdots \times (n-1)}\right)}^{\text{不大於}1} \times \left(\dfrac{7}{n}\right) \leq \dfrac{7^8}{7! \times n}$

且 $\lim\limits_{n \to \infty}(0) = 0$，$\lim\limits_{n \to \infty}\dfrac{7^8}{7! \times n} = 0$

$\therefore$ 由夾擠定理知：$\lim\limits_{n \to \infty}\dfrac{7^n}{n!} = 0$

$\because$「頭尾」皆 $\to 0$
$\therefore$ 夾在中間的也會 $\to 0$

▶▶▶ Ans
(1) 0　(2) 0

例題 40 試求 $\lim\limits_{n \to \infty}\dfrac{1^2 + 2^2 + \cdots + n^2}{n^3}$ ？

利用 $1^2 + 2^2 + \cdots + n^2 = \dfrac{n(n+1)(2n+1)}{6}$ 來處理。

▶▶▶ Sol

$\lim\limits_{n \to \infty}\dfrac{1^2 + 2^2 + \cdots + n^2}{n^3} = \lim\limits_{n \to \infty}\dfrac{\dfrac{n(n+1)(2n+1)}{6}}{n^3}$

「單項」$\dfrac{1}{n} \to 0$

$= \lim\limits_{n \to \infty}\dfrac{n(n+1)(2n+1)}{6n^3} = \lim\limits_{n \to \infty}\dfrac{1 \times (1+\boxed{\dfrac{1}{n}})(2+\boxed{\dfrac{1}{n}})}{6} = \dfrac{2}{6} = \dfrac{1}{3}$

請留意：$\lim\limits_{n \to \infty}\dfrac{1^2 + 2^2 + \cdots + n^2}{n^3}$ 不一定相等 $= \lim\limits_{n \to \infty}(\dfrac{1^2}{n^3} + \dfrac{2^2}{n^3} + \cdots + \dfrac{n^2}{n^3})$
$= 0 + 0 + \cdots + 0 + \cdots = 0$。
亦即，「無限多個 $\to 0$」的數「相加」，「不見得會 $\to 0$」！

▶▶▶ Ans
$\dfrac{1}{3}$

「無限大」處極限，必同除以「底大、次方高」項「n^3」

例題 41 設 $[x]$ 表不大於 x 之最大整數，且 $\lim\limits_{n \to \infty}\dfrac{[\dfrac{n}{3}]}{n} = \alpha$，

$\lim\limits_{n \to \infty}(\sqrt{n^2 + [\dfrac{n}{3}]} - n) = \beta$，試求 α，β 之值？

取：$x = \dfrac{n}{3}$

▶▶▶ Sol

$\because n \to \infty$ 及 $\dfrac{n}{3} - 1 < [\dfrac{n}{3}] \leq \dfrac{n}{3}$

高斯函數 $[x] =$ 不大於 x 的最大整數，必滿足：
$\underset{\text{最大整數}}{x - 1} < [x] \underset{\text{不大於}}{\leq} x$
$\Leftrightarrow [x]$ 跟 x 的差距小於「1」

$\therefore \alpha = \lim\limits_{n \to \infty}\dfrac{[\dfrac{n}{3}]}{n} = \dfrac{1}{3}$ 且

$\beta = \lim\limits_{n \to \infty}(\sqrt{n^2 + [\dfrac{n}{3}]} - n)$

$\because \dfrac{n}{3} - 1 < [\dfrac{n}{3}] \leq \dfrac{n}{3}$

且 $\lim\limits_{n \to \infty}\dfrac{\dfrac{n}{3}}{n} = \lim\limits_{n \to \infty}\dfrac{\dfrac{n}{3} - 1}{n} = \dfrac{1}{3}$

$\therefore$ 由夾擠定理知：$\dfrac{[\dfrac{n}{3}]}{n} \to \dfrac{1}{3}$

實數的生存法則

$$\sqrt{n^2+\left[\frac{n}{3}\right]}-n \stackrel{平方差}{=} \frac{(\sqrt{n^2+\left[\frac{n}{3}\right]}-n)(\sqrt{n^2+\left[\frac{n}{3}\right]}+n)}{\sqrt{n^2+\left[\frac{n}{3}\right]}+n}$$

$$=\lim_{n\to\infty}\frac{\left[\frac{n}{3}\right]}{\sqrt{n^2+\left[\frac{n}{3}\right]}+n}$$

「根式」極限，必「有理化」
且「無限大處」極限，必
「同除以底，大次方高項」

$$=\lim_{n\to\infty}\frac{\frac{\left[\frac{n}{3}\right]}{n}}{\sqrt{1+\frac{\left[\frac{n}{3}\right]}{n}\times\frac{1}{n}}+1}=\frac{\frac{1}{3}}{\sqrt{1}+1}=\frac{1}{6}$$

故 $\alpha=\frac{1}{3}$，$\beta=\frac{1}{6}$。

▶▶▶ Ans

$\alpha=\frac{1}{3}$，$\beta=\frac{1}{6}$

已知：$\displaystyle\lim_{n\to\infty}\frac{\left[\frac{n}{3}\right]}{n}=\frac{1}{3}$

例題 42 設 10^n 的正因數和為 a_n，正因數積為 b_n。

試求 (1) $\displaystyle\lim_{n\to\infty}\frac{a_n}{10^n}$；(2) $\displaystyle\lim_{n\to\infty}(b_n)^{(1/n)^3}$？

利用 $P_1^{n_1}\times P_2^{n_2}\times\cdots\times P_k^{n_k}$，其中 $P_1,\cdots,P_k$ 為 A 之質因數，則：
(1) A 的正因數和 $=[P_1^0+P_1^1+\cdots+P_1^{n_1}]\times\cdots\times[P_k^0+P_k^1+\cdots+P_k^{n_k}]$。
(2) A 的正因數積 $=A^{(1/2)(n_1+1)(n_2+1)\times\cdots\times(n_k+1)}$。

▶▶▶ Sol

$\because 10=2\times 5$（因數分解） $\therefore 10^n=(2\times 5)^n=2^n\times 5^n$

$\because 10^n=2^n\times 5^n$

$\therefore a_n=(2^0+\cdots+2^n)(5^0+\cdots+5^n)$

代入「正因和」公式

$=(2^{n+1}-1)\left(\dfrac{5^{n+1}-1}{4}\right)$

代入 $\displaystyle\sum_{k=1}^{n}a_1r^{k-1}=\dfrac{a_1(r^{項數}-1)}{r-1}$ 或 $\dfrac{a_1(1-r^{項數})}{1-r}$

$=\dfrac{10^{n+1}-5^{n+1}-2^{n+1}+1}{4}$ 且 $b=(10^n)^{\frac{(n+1)(n+1)}{2}}=10^{\frac{n(n+1)(n+1)}{2}}$

$(a^m)^n=a^{m\times n}$

$\therefore\displaystyle\lim_{n\to\infty}\frac{a_n}{10^n}$

同除以 10^n

$=\displaystyle\lim_{n\to\infty}\frac{1}{4}\left[10-\left(\frac{1}{2}\right)^n\times 5-\left(\frac{1}{5}\right)^n\times 2+\left(\frac{1}{10}\right)^n\right]$

$=\dfrac{10}{4}=\dfrac{5}{2}$ 且 $\left(\dfrac{1}{2}\right)^n$，$\left(\dfrac{1}{5}\right)^n$ 及 $\left(\dfrac{1}{10}\right)^n\to 0$

用分配律展開

$$\lim_{n\to\infty}(b_n)^{(1/n)^3} = \lim_{n\to\infty} 10^{(n^2+2n+1)/2n^2}$$

$(a^m)^n = a^{m\times n}$

$\dfrac{n(n+1)(n+1)}{2n^3} = \dfrac{n^2+2n+1}{2n^2}$

$$= \lim_{n\to\infty} 10^{\frac{1+(\frac{2}{n})+(\frac{1}{n})^2}{2}} = 10^{1/2} = \sqrt{10}$$

$\dfrac{2}{n}$ 及 $\dfrac{1}{n} \to 0$

同除以 n^2

▶▶▶ Ans

(1) $\dfrac{5}{2}$　(2) $\sqrt{10}$

「無限大」處極限，必同除以「底大，次方高」項

例題 43 仿下圖的 3×3 與 4×4 方格的填數規律，在 10×10 的方格上填入數字，則所填入的 100 個數字的總和是多少？

觀察「規律」：

▶▶▶ Sol

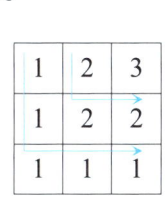

因為

簡化型態，觀察規律。

「5 個」1；「3 個」2；「1 個」3

$\boxed{3}\times 3$ 方格的數字總和 $= 1\times \boxed{5}_{\,3\times 2-1} + 2\times \boxed{3} + 3\times \boxed{1}$

$\boxed{4}\times 4$ 方格的數字總和 $= 1\times \boxed{7}_{\,4\times 2-1} + 2\times \boxed{5} + 3\times \boxed{3} + 4\times \boxed{1}$

⋮

「7 個」1；「5 個」2；「3 個」3；「1 個」1

可觀察出：

$\boxed{10}\times 10$ 方格的數字總和

$= 1\times \boxed{19}_{\,10\times 2-1} + 2\times \boxed{17} + 3\times \boxed{15} + \cdots + 10\times \boxed{1}$

$= \sum\limits_{k=1}^{10} \boxed{k}\times \boxed{(21-2k)}$

由「$\boxed{1}\times 19$」及「$\boxed{2}\times 17$」v.s.「$k=1$」及「$k=2$」，來觀察「一般項」

$= \sum\limits_{k=1}^{10} (21k - 2k^2)$

儘可能化加減

$$= 21 \times \sum_{k=1}^{10} k - 2 \times \sum_{k=1}^{10} k^2$$

利用：$\sum_{k=1}^{n} k = \dfrac{n \times (n+1)}{2}$; $\sum_{k=1}^{n} k^2 = \dfrac{n \times (n+1) \times (2n+1)}{6}$

$$= 21 \times \dfrac{10 \times 11}{2} - 2 \times \dfrac{10 \times 11 \times 21}{6}$$

$$= 385$$

▶▶▶ Ans

385

共有乘除「常數」先外提

「數碼」是指「0, 1, 2, 3, 4, 5, 6, 7, 8, 9」等「阿拉伯記數符號」

例題 44 試求 $(\underbrace{111\cdots111}_{2011})^2$ 展開的所有數碼和？

「循相同模式不斷延伸」的數學問題，必用「縮小規模／簡化形態」概念來解題。

▶▶▶ Sol

因為：

$11 \times 11 = 1\boxed{2}1 \Rightarrow$ 所有數碼和 $= 1 + \boxed{2} + 1$ ，

$111 \times 111 = 12\boxed{3}21 \Rightarrow$ 所有數碼和 $= 1 + 2 + \boxed{3} + 2 + 1$ ，

⋮

所以：

$(\underbrace{111\cdots111}_{2011})^2$ 的所有數碼和

$= \underbrace{1+2+\cdots+2010} + \boxed{2011} + \underbrace{2010+\cdots 2+1}$

$= 2 \times \dfrac{2010 \times (2010+1)}{2} + \boxed{2011}$

$= 2010 \times 2011 + \boxed{2011}$

$\sum_{k=1}^{n} k = \dfrac{n \times (n+1)}{2}$

$= (2010 + 1) \times 2011$

外提「公因數 2011」

$= 2011^2$

▶▶▶ Ans

2011^2

分析「小規模」的「發展模式」特徵為：

⊙ 「2」個「11」相乘：得「$\boxed{3}$位數」

⊙ 「2」個「111」相乘：得「$\boxed{5}$位數」

> 猜測、檢核所有可能性並尋找規律。

例題 45 數列：2、5、13、36、104、＿＿＿、915，缺的數是下列哪一個？
(A)151　(B)164　(C)307　(D)486　(E)532。

▶▶▶ **Sol**

$\boxed{2} \to \boxed{2} \times 3 - \boxed{1} = \boxed{5} \to \boxed{5} \times 3 - \boxed{2} = \boxed{13} \to \boxed{13} \times 3 - \boxed{3} = \boxed{36} \to \boxed{36} \times 3 - \boxed{4} = \boxed{104}$
$\to \boxed{104} \times 3 - \boxed{5} = \boxed{307}$

最後別忘了檢驗你的猜測：因接續的發展為 $\boxed{307} \times 3 - \boxed{6} = 915$，符合前面的規律觀察與猜測，因此，是一次正確的猜測。

▶▶▶ **Ans**

(C)

> 「複雜型遞迴關係」，必設法尋找發展規律。
> ∵ a_n 部份有「二次式」
> ∴ 非常態遞迴

例題 46 若數列 $\{a_n\}_{n=1}^{\infty}$ 滿足 $a_1 = \dfrac{1}{7}$，$a_2 = \dfrac{3}{7}$ 及 $a_{n+1} = \dfrac{7}{2} a_n (1 - a_n)$ $(n \geq 1)$，則 $a_{101} - a_{100} = ?$

▶▶▶ **Sol**

∵ $a_{n+1} = \dfrac{7}{2} a_n (1 - a_n)$

∴ $a_3 = \dfrac{6}{7}$，$a_4 = \dfrac{3}{7}$，$a_5 = \dfrac{6}{7}$，$a_6 = \dfrac{3}{7}$，……

> 常態遞迴：① $a_n = a_{n-1} + f(n)$
> ② $a_n = a_{n-1} \times f(n)$
> ③ $a_n = k a_{n-1} + \ell$
> 數列 a_n, a_{n-1} 都「一次式」

> 先伐入「$n=2$，得 a_3」；「$n=3$，得 a_4」；…再看看有沒有機會：觀察出其規律！

∴ 可察覺規律為：$\dfrac{\text{分子}\begin{cases}\text{奇數項 6}\\\text{偶數項 3}\end{cases}}{\text{分母 7}}$

∴ $a_{101} = \dfrac{6}{7}$，$a_{100} = \dfrac{3}{7}$

∴ $a_{101} - a_{100} = \dfrac{6}{7} - \dfrac{3}{7} = \dfrac{3}{7}$

▶▶▶ **Ans**

$\dfrac{3}{7}$

實數的生存法則

> 「$n=1$」要檢證命題成立,不可以「假設成立」

例題 47 試證:對所有正整數 n,$1^2-2^2+3^2-4^2+\cdots+(2n+1)^2=(n+1)(2n+1)$(恆)成立。

▶▶▶ Sol

step ①:當 $n=1$ 時,

> 用「$n=1$」代入命題左側

$$左側 = 1^2 - 2^2 + (2\times 1+1)^2$$
$$= 1-4+9$$
$$= 6$$

且 右側 $= (1+1)(2\times 1+1)$　　◁ 用「$n=1$」代入命題右側
$$= 2\times 3$$
$$= 6$$

∴ 左側 = 右側

∴ $n=1$ 時,命題成立

step ②:「設」$n=k$ 時,　　◁ 用「$n=k$」代入命題兩側

$1-2^2+3^2-4^2+\cdots+(2k+1)^2=(k+1)(2k+1)$ 成立

> 為了能運用 step ②,一是要寫成 step ②的「完整左側」式子

step ③:當 $n=k+1$ 時,

> 用「$n=k+1$」代入命題左側

$$左側 = 1^2-2^2+3^2-4^2+\cdots+(2k+1)^2$$
$$-(2k+2)^2+[2(k+1)+1]^2$$
$$=(k+1)(2k+1)-(2k+2)^2+(2k+3)^2$$

> 利用 step ②的「假設」

$$=\boxed{(k+1)}[(2k+1)-4(k+1)]+(2k+3)^2$$

> $(2k+2)^2=4(k+1)^2$,並外提「公因數 $k+1$」

$$=(k+1)(-2k-3)+(2k+3)^2$$
$$=\boxed{(2k+3)}[-(k+1)+(2k+3)]$$

> 外提「公因數 $2k+3$」

$$=(2k+3)(k+2)$$
$$=[(k+1)+1][2(k+1)+1]=右側$$

∴ $n=k+1$ 時,命題也成立

∴ 由 step ①〜step ③ 及「數學歸納法」,可得知:對所有正整數,本命題恆成立。

▶▶▶ Ans

對所有正整數,本命題恆成立。

> 調整「表達」形態成:用「$n=k+1$」代入命題右側的形式

例題 48 一機器狗每秒鐘前進或者後退一步，程式設計師讓機器狗以前進 3 步，然後再後退 2 步的規律移動。如果將此機器狗放在數線的原點，面向正的方向，以 1 步的距離為 1 單位長。令 $P(n)$ 表示第 n 秒時機器狗所在位置的坐標，且 $P(0)=0$。那麼下列選項何者為真？
(1) $P(3)=3$ (2) $P(5)=1$ (3) $P(10)=2$ (4) $P(101)=21$ (5) $P(103)<P(104)$

【91 學測】

▶▶▶ Sol

∴ 由題意可知：

① $P(1)=0\boxed{+1}=1$，$P(2)=1\boxed{+1}=2$，
$P(3)=2\boxed{+1}=3$，$P(4)=3\boxed{-1}=2$，$P(5)=2\boxed{-1}=1$，

> 每秒進退一步；每接連 3 步，便接連退 2 步
>
> $P(1)$，$P(2)$，$P(3)$ 都前進 1 步；$P(4)$，$P(5)$ 都後退 1 步

亦即，每 5 秒，一個進 3 退 2 週期

② $P(6)=1+1=2$，$P(7)=2+1=3$，
$P(8)=3+1=4$，$P(9)=4-1=3$，$P(10)=3-1=2$，

③ $P(11)=2+1=3$，$P(12)=3+1=4$，
$P(13)=4+1=5$，$P(14)=5-1=4$，$P(15)=4-1=3$，…

∴ 可得：$P(5k)=k$，$P(5k+1)=k+1$，
$P(5k+2)=k+2$，$P(5k+3)=k+3$，$P(5k+4)=k+2$

∴ $P(101)=P(5\times\boxed{20}+\boxed{1})=\boxed{20}+\boxed{1}=21$，
$P(103)=P(5\times\boxed{20}+\boxed{3})=\boxed{20}+\boxed{3}=23$，
$P(104)=P(5\times\boxed{20}+\boxed{4})=\boxed{2}+\boxed{20}=22$，

> 觀察：$P(0)=P(5\times 0)=0$
> $P(5)=P(5\times 1)=1$
> $P(10)=P(5\times 2)=2$
> ⋮

∴ $P(103)>P(104)$

選 (1)(2)(3)(4)

▶▶▶ Ans

(1)(2)(3)(4)

> 把 $P(n)\stackrel{改成}{=}P(5\times\boxed{k}+\boxed{餘})\stackrel{值}{=}\boxed{k}+\boxed{餘}$

非等差、非等比數列問題，必設法尋找發展規律：因題目與 5 相關（前進 3 步，後退 2 步），故用 5 來做分類切割的標準！亦即：區分為「$5k$，$5k+1$，$5k+2$，…」來處理。

實數的生存法則

例題 49 如圖，每一行，每一列或任一對角線上的三數皆為等差數列，求出圖中剩下的英文字的數。

a	b	c
d	38	e
52	f	62

▶▶▶▶ Sol

先找出圖中有最多已知數字的行、列、對角線

① 先由 $\boxed{52\ f\ 62}$ 下手，可得：

$$\frac{52+62}{2}=f$$

奇數項等差問題，必由「中間項」切入問題

利用：a、b、c 的「b 為 a、c」之「等差中項」 $\Rightarrow b=\dfrac{a+c}{2}$ 來解題

$$\therefore f=\frac{114}{2}=57$$

② 再由 $\begin{array}{|c|}\hline b \\ \hline 38 \\ \hline 57 \\ \hline\end{array}$，可得：$\dfrac{b+57}{2}=38$

利用：等差中項 $b=\dfrac{a+c}{2}$

$$\therefore b=19$$

仍由「已知（含新得已知）數」最多的「行、列、對角線」下手

③ 接著，由兩條對角線 $\begin{array}{|c|c|c|}\hline a & 19 & c \\ \hline & 38 & \\ \hline 52 & 57 & 62 \\ \hline\end{array}$，可得：

$$\begin{cases} \dfrac{a+62}{2}=38 \Rightarrow a=14 \\ \dfrac{c+52}{2}=38 \Rightarrow c=24 \end{cases}$$

利用：等差中項 $b=\dfrac{a+c}{2}$

④ 最後，由第 1 及第 3 行 $\begin{array}{|c|c|c|}\hline 14 & 19 & 24 \\ \hline d & 38 & e \\ \hline 52 & 57 & 62 \\ \hline\end{array}$，可得：

$$d=\frac{14+52}{2}=33 \text{，} e=\frac{24+62}{2}=43$$

利用：等差中項 $b=\dfrac{a+c}{2}$

▶▶▶▶ Ans

$a=14$，$b=19$，$c=24$，$d=33$，$e=43$，$f=57$

例題 50 在 △ABC 中，∠A = 90°，其三邊成等差數列，已知 △ABC 的面積為 96 cm^2，求其周長 = ?

▶▶▶ Sol

設三邊長為 $3d$、$4d$、$5d$ cm

$\therefore 3d \times 4d \times \dfrac{1}{2} = 96$

$\therefore 6d^2 = 96$

$\therefore d^2 = 16$

$\therefore d = \pm 4$

但因：$d < 0$ 不合

$\therefore d = 4$

$\therefore$ 所求 $= 3d + 4d + 5d = 12d = 12 \times 4 = 48$（$cm$）

畢氏定理：兩股平方和 = 斜邊平方

具有「等差」特質的直角△邊長只有：「3, 4, 5」

三角形面積 = 底 × 高 × $\dfrac{1}{2}$

「平方根」正負都要

但邊長為負不合

$a^2 + (a+d)^2 \underset{a>0 \text{ 且 } d>0}{=} (a+2d)^2$
$\Rightarrow a^2 + a^2 + 2ad + d^2 = a^2 + 4ad + 4d^2$
$\Rightarrow a^2 - 2ad - 3d^2 = 0$
$\Rightarrow (a - 3d)(a + d) = 0$
$\Rightarrow a = 3d$ 或 $a = -d$（不合）
$\Rightarrow$ 三邊 a，$a + d$，$a + 2d$ 分別為 $3d$，$4d$，$5d$

▶▶▶ Ans

48 cm

例題 51 小明將等差數列 5, 9, 13, 17, …… 由小到大從本子的第一頁開始，每頁依序寫上 17 個數，求數字 1349 會在第幾項上？

▶▶▶ Sol

設 1349 是數列 5, 9, 13, 17, … 的第 n 項

$\because a_1 = 5$ 且 $d = 9 - 5 = 4$

$\therefore 1349 = 5 + (n-1)4 = 5 + 4n - 4 = 1 + 4n$

$\therefore n = 337$

$\therefore 1349$ 為此數列的第 337 項

又因：$337 \div 17 = 19 \cdots 4$（餘 4）

$\therefore$「1349」應寫在第 20 頁

找出首項 a，公差 d

$a_n = a_1 + (n-1)d$

每頁寫「17」個數

▶▶▶ Ans

20

例題 52 一等差數列 $a_1, a_2, \cdots, a_{100}$，已知 $a_{94} - a_{38} < 0$，且 $a_{50} = 0$，則下列何者正確？ (A) $a_{38} + a_{83} > 0$ (B) $a_{38} - a_{83} < 0$ (C) $a_{26} + a_{62} > 0$ (D) $a_{26} - a_{62} < 0$

▶▶▶▶ Sol

$\because a_{94} - a_{38} < 0 \quad \therefore$ 可知公差 $d < 0$

又因：$a_{50} = a_1 + 49d \stackrel{令}{=} 0$ （$a_{50} = 0$ 且 $a_n = a_1 + (n-1)d$）

$\therefore a_1 = -49d$

(A) $a_{38} + a_{83} = 2a_1 + 37d + 82d = 2a_1 + 119d = -98d + 119d = 21d < 0$，不選

(B) $a_{38} - a_{83} = -45d > 0$，不選

(C) $a_{26} + a_{62} = 2a_1 + 86d = -12d > 0$，選   （$a_n = a_1 + (n-1)d$）

(D) $a_{26} - a_{62} = -36d > 0$，不選

▶▶▶▶ Ans

(C)

例題 53 若 a、b、c 三數成等差數列，則 $\dfrac{1}{a}$、$\dfrac{1}{b}$、$\dfrac{1}{c}$ 一定也是等差數列？

▶▶▶▶ Sol

不一定！如：

$a = 1$，$b = 2$，$c = 3$，是等差數列

但：$\dfrac{1}{1}$，$\dfrac{1}{2}$，$\dfrac{1}{3}$，不是等差數列

差 $\dfrac{1}{2}$　差 $\dfrac{1}{6}$

▶▶▶▶ Ans

不一定

例題 54 如圖，用 • 排英文字母「H」，第 1 個圖為 1 個 H，第 2 個圖為 2 個 H 相連，第 3 個圖為 3 個 H 相連，……，請問若共有 83 個「•」是多少個 H 相連？

第 1 個　　第 2 個　　第 3 個

▶▶▶ **Sol**

由圖可知第 1 個圖用了「7 個 ●」；第 2 個圖用了「7 + 4 個 ●」，
第 3 個圖用了「(7 + 4) + 4 個 ●」

∴ 可得第 n 個圖共用（以 n 表示）：$7+(n-1) \times 4 = 4n+3$ 個「●」

∴ $4n+3 \overset{令}{=} 83$，可得：$n=20$

∴ 有 20 個 H 相連　　◀ 第 n 個圖 ⇔ n 個 H 相連

▶▶▶ **Ans**

20 個

例題 55　老師將 6 個成等差數列的數寫在黑板上：11, 25, 32, 37, 46，結果小明發現寫錯了一個數，還少寫了一個數，請問哪個數寫錯了？

▶▶▶ **Sol**

∵ 11,　25,　32,　37,　46
　　差 14　差 7　差 5　差 9　　差 14

差是 7 的倍數

　　　　　　　　　　　　　　◀ 差是「7 的倍數」為「最多數的共同特徵」

∴ 可知：在 11 和 25 中間少了一個數 18

∴ 這是一個「公差 = 7」的等差數列

∴ 可得：11, ⃞18⃞, 25, 32, ⃞39⃞, 46，亦即：37 寫錯了。

　　　　　　　　　　　　　　◀ 正確的數字 = 39

▶▶▶ **Ans**

37 寫錯了

例題 56　將一公差不為 0 的等差數列 $a_1, a_2, a_3, \cdots, a_n$，反過來重新排列成一新數列 $b_1, b_2, b_3, \cdots, b_n$。若已知 $a_{13} = b_{13} = 10$，求原數列的總和 = ？

▶▶▶ **Sol**

由題目可知：　　◀ 數列「反過來寫」

$a_1 = b_n,\ a_2 = b_{n-1},\ \cdots a_{13} = b_{n-12}$

∴ $\boxed{a_{13}} = b_{n-12} = \boxed{b_{13}} = \boxed{10}$

　　　　　　　　　　◀ 下標和 = $n+1$

　　　　　　　　　　◀ 題目訊息：$a_{13} = b_{13} = 10$

∴ $n - 12 = 13$

◀ 比較 $b_{n-12} = b_{13}$ 的下標

∴ $n = 25$
∵ 共有 25 項
∴ a_{13} 為中間項
∴ $a_1 + a_2 + \cdots + a_{25} = \boxed{a_{13}} \times 25 = 10 \times 25 = 250$

▶▶▶ Ans
250

∵ 前後「配對和」 = 2 倍中間值

且 $a_1 + \cdots + \boxed{a_{13}} + \cdots + a_{25}$
= 12 組「配對和」+ $\boxed{a_{13}}$
= $(24 + 1) \times \boxed{a_{13}}$，
其中「每一組配對和 = $2a_{13}$」

例題 57 有 9 個學生，每人依次相差 2 歲，由大排到小，較大的 3 人的年齡和恰好等於較小 6 人的年齡和，請問其中一位 18 歲的學生應排在第幾個？

▶▶▶ Sol
設年齡最小 x 歲
∴ 依題意，可得：

最大「3 人」距 x 分別有「6, 7, 8」個「2 歲」

$(x + \boxed{2 \times 8}) + (x + \boxed{2 \times 7}) + (x + \boxed{2 \times 6})$

最小「6 人」距 x 分別有「0, 1, 2, 3, 4, 5」個「2 歲」

$= (x + \boxed{2 \times 5}) + (x + \boxed{2 \times 4}) + (x + \boxed{2 \times 3}) + (x + \boxed{2 \times 2}) + (x + \boxed{2}) + x$

∴ $3x + 42 = 6x + 30$
∴ $3x = 12$
∴ $x = 4$
∴ 依序為 20, 18, 16, 14, 12, 10, 8, 6, 4 歲

依題意：由大排至小

▶▶▶ Ans
第 2 位

例題 58 如圖㈠中，每一行、列皆為等差數列，圖㈡、圖㈢為圖㈠中截取的一部分，求 $x+y=$ ？

1	2	3	4	…
3	5	7		…
5	8	11		…
7	11	15		…
				…
…	…	…	…	

圖㈠

15
19
x

圖㈡

15	17
23	y

圖㈢

▶▶▶ **Sol**

① ∵ 圖㈡的公差 $d=4$ ◀── 同一個「縱向行」公差為 $19-15=4$

∴ $x=19+4=23$

② 由圖㈠可知：$\begin{cases} \text{第一列公差為 } \boxed{1} \\ \text{第二列公差為 } \boxed{2} \\ \text{第三列公差為 } \boxed{3} \\ \cdots \end{cases}$ $\begin{matrix}+1\\+1\end{matrix}$

亦即：下一列公差比上一列公差「多 1」

又因：15、17 的同一個「橫向列」公差為 $\boxed{2}$

∴ 它的下一列：23、y 的「橫向列」公差應為 $\boxed{2}+1=\boxed{3}$

∴ $y=23+\boxed{3}=26$

∴ $x+y=23+26=49$

▶▶▶ **Ans**

49

例題 59 若一等差級數前 999 項的和為 999，求 $a_{500}=$ ？

▶▶▶ **Sol**

∵ $\dfrac{999(a_1+a_{999})}{2}=999$ ◀── 利用：「等差級數和」 $\sum\limits_{k=1}^{n} a_k = \dfrac{n\times(a_1+a_n)}{2}$

$\therefore a_1 + a_{999} = 2$ 〔等號兩側，同約 999〕

$\therefore a_{500} = \dfrac{a_1 + a_{999}}{2} = 1$

〔等差中項：「b 為 a、c」的「等差中項」$\Rightarrow b = \dfrac{a+c}{2}$〕

▶▶▶ Ans

1

例題 60 兩等差數列的第 n 項比為 $(2n+3):(6n+4)$，求此兩數列前 11 項和之比值 = ?

▶▶▶ Sol

$\dfrac{S_1}{S_2} = \dfrac{a_6 \times 11}{b_6 \times 11}$ 〔a_6 為 a_1 及 a_{11} 的等差中項〕

$= \dfrac{\overset{3}{15} \times 11}{\underset{8}{40} \times 11}$ 〔令 $n=6$ 代入 $\dfrac{2n+3}{6n+4}$〕

$= \dfrac{3}{8}$ 〔「分子、分母」上下能約就約〕

▶▶▶ Ans

$\dfrac{3}{8}$

〔$A:B$ 的比值 $= \dfrac{A}{B}$〕

〔利用 $S_n = \dfrac{n \times (a_1 + a_n)}{2} = n \times a_{中項}$，其中 $a_{中項} = a_1$，a_n 的「等差中項」〕

例題 61 在某月的月初購買 15000 元商品，先付現款 5000 元，餘款分 6 期在每個月的月末繳付 a 元，若月利率為 1%，每月計複利一次，求 $a=$？（$1.01^6 \overset{約}{\approx} 1.06152$）（四捨五入到小數第一位）

〔利用複利公式：本利和＝本金×（1＋利率）^期數 來解題〕

▶▶▶ Sol

$\therefore$ 本金 $= 15000 - 5000 = 10000 = 10^4$ 〔尚欠商家的錢 $\overset{等同}{=}$ 向商家的借款〕

〔視為：「月初」商家的一次性存款〕

$\therefore 10^4 \times (1.01)^6$ 〔共 6 期增利且月利率 $1\% = \dfrac{1}{100} = 0.01$〕

$= 10^4 \times 1.06152$

〔商家預計總收入〕

$= 10615.2$

$\therefore 10615.2 = a + a(1.01)^1 + \cdots + a(1.01)^5$

$= \dfrac{a[(1.01)^6 - 1]}{1.01 - 1}$

$\fallingdotseq 6.152a$

$\Rightarrow a \fallingdotseq 1725.5$

▶▶▶ Ans

1725.5 元

利用等比級數和公式：
$S_n = \dfrac{a_1(1 - r^{項數})}{1 - r}$
$= \dfrac{a_1(r^{項數} - 1)}{r - 1}$（$r \neq 1$）

客人每期 a 元，付 6 期還上述款項

● 第 1 次付 a 元到第 6 次付 a 元，共複利 5 次，亦即：創造了 $a(1.01)^5$ 本利和給商家

⋮

● 第 6 次付 a 元給商家，是並無生息狀況下的純付款，亦即：只貢獻了 a 元給商家

例題 62 若一數列 $\{a_n\}_{n=1}^{\infty}$ 滿足 $a_1 + 2a_2 + \cdots + na_n = n^2 + 3n + 1$，求 $a_{100} = ?$

由 S_n 求 $a_n \Rightarrow \begin{cases} a_n = S_n - S_{n-1}, n \geq 2 \\ a_1 = S_1 \end{cases}$ 來解題

▶▶▶ Sol

令 $S_n = a_1 + 2a_2 + \cdots + na_n$ ← 題目訊息

$\because S_n = n^2 + 3n + 1$ ← 相同位置，等量代換

$\therefore S_{n-1} = (n-1)^2 + 3(n-1) + 1$

$= n^2 - 2n + 1 + 3n - 3 + 1$

$= n^2 + n - 1$

$(a \pm b)^2 = a^2 \pm 2ab + b^2$

$\therefore na_n = S_n - S_{n-1}$

$= n^2 + 3n + 1 - (n^2 + n - 1)$

$= n^2 + 3n + 1 - n^2 - n + 1$

$= 2n + 2$

$S_n - S_{n-1}$
$= (a_1 + 2a_2 + \cdots + \boxed{na_n})$
$\quad - (a_1 + 2a_2 + \cdots + (n-1)a_{n-1})$
$= na_n$

$\therefore a_n = \dfrac{2n + 2}{n}$

$\therefore a_{100} = \dfrac{2 \times 100 + 2}{100} = 2.02$

▶▶▶ Ans

2.02

看到「n」用「$n-1$」取代

實數的生存法則

例題 63 數列 $\frac{1}{1}, \frac{1}{2}, \frac{2}{1}, \frac{1}{3}, \frac{2}{2}, \frac{3}{1}, \frac{1}{4}, \frac{2}{3}, \frac{3}{2}, \frac{4}{1}, \cdots$ 則 $\frac{12}{32}$ 是第幾項？

$\underline{\frac{1}{1}}, \underline{\frac{1}{2}, \frac{2}{1}}, \underline{\frac{1}{3}, \frac{2}{2}, \frac{3}{1}}, \underline{\frac{1}{4}, \frac{2}{3}, \frac{3}{2}, \frac{4}{1}}, \cdots$ 找出規律後分群

- 每一群分子都由 1 開始，逐漸變大，且分母恰為分子逆序
- 分子 ＋ 分母 － 1 ＝ 群的「次序數」

▶▶▶ Sol

∵ 取：「$\frac{1}{1}$」為第 1 群，「$\frac{1}{2}, \frac{2}{1}$」為第 2 群，「$\frac{1}{3}, \frac{2}{2}, \frac{3}{1}$」為第 3 群

∴ $\frac{12}{32}$ 在第「($\boxed{12}+\boxed{32}-1$) ＝ 43」群的「第 12」個數

需掌握所在位置前的元素總個數

∴ $(1+2+3+\cdots+42) + \boxed{12} = \frac{(1+42)\times 42}{2} + \boxed{12} = 915$

▶▶▶ Ans　前面「42」群總個數　　利用梯形公式：（上底＋下底）× 高 ÷ 2

第 915 項

例題 64 設有一數列 $\{(1), (\frac{1}{2}), (\frac{1}{3}, \frac{2}{3}), (\frac{1}{4}, \frac{2}{4}, \frac{3}{4}), (\frac{1}{5}, \frac{2}{5}, \frac{3}{5}, \frac{4}{5}), \cdots\cdots\}$

請問 $\frac{5}{16}$ 在此數列的第幾項？

$\{(1), (\frac{1}{2}), (\frac{1}{3}, \frac{2}{3}), (\frac{1}{4}, \frac{2}{4}, \frac{3}{4}), (\frac{1}{5}, \frac{2}{5}, \frac{3}{5}, \frac{4}{5}), \cdots\cdots\}$ 找出規律後分

可看成 $(\frac{1}{1})$　　第 n 群：$\frac{1}{n}, \frac{2}{n}, \cdots, \frac{n-1}{n}$

▶▶▶ Sol

∵ 除了第 1 項「1」外，分子是「由 1 開始，逐漸加 1」，一直加到比分母小「1」
的數且「分母 ＝ 群數」

∴ $\boxed{\frac{5}{16}}$ 在第 $\boxed{16}$ 群的第 $\boxed{5}$ 項　　第 n 群：$\frac{1}{n}, \frac{2}{n}, \cdots, \boxed{\frac{n-1}{n}}$

第 $n\neq 1$ 群，有 $n-1$ 個元素

$\boxed{1} + (\overbrace{1+2+3+\cdots+14}) + 5$

　　　　1～15 群　　第 16 群
　　　　　　　　　　第 5 項

需掌握所在位置前的元素總個數

238

$$= 1 + \frac{(1+14) \times 14}{2} + 5$$
$$= 1 + 105 + 5$$
$$= 111$$

> 梯形公式：
> （上底＋下底）× 高 ÷ 2

▶▶▶ Ans

第 111 項

例題 65 從 $1, 2, \ldots, 600$ 中先刪去 2 的倍數，再刪去 3 的倍數，剩下 n 個自然數（正的整數），由小到大排成數列 $\{a_k\}_{k=1}^{n}$，求 $a_{100} = ?$

▶▶▶ Sol

$\because a_1 = \boxed{1}, a_2 = 5, a_3 = \boxed{7}, a_4 = 11, a_5 = \boxed{13} \cdots$

$\boxed{+4} \quad +2 \quad +4 \quad +2 \cdots$

> 寫出一些項，來觀察數列的規律

> $\because a_{100} = a_{99} + 4 = a_{奇} + 4$
> $\therefore$ 取 $a_{奇}$ 來造 b_n

並設新數列 $<b_n>$：$b_1 = a_1 = 1, b_2 = a_3 = 7, b_3 = a_5 = 13, \cdots$，
亦即：$b_n = a_{2n-1}$ 為「公差 $d = 6$」的等差數列

$\therefore a_{100} = a_{99} + \boxed{4}$
$\quad\quad = b_{50} + \boxed{4}$

> 後 $a_{奇}$ － 前 $a_{偶}$ ＝ 2
> 後 $a_{偶}$ － 前 $a_{奇}$ ＝ 4

$a_{99} = a_{2n-1}$
$\Rightarrow n = 50$
$\Rightarrow a_{99} = b_{50}$
$\quad\quad = 1 + 49 \times 6$
$\quad\quad = 295$

> $b_n = b_1 + (n-1)d$，
> 其中 $b_1 = 1$ 且 $d = 6$

$\therefore a_{100} = 295 + \boxed{4} = 299$

▶▶▶ Ans

299

實數的生存法則

例題 66 數列 $\{a_n\}_{n=1}^{\infty}$ 中，$a_1=1$，且 $a_n=a_{n-1}+n$，求 $a_n=?$

▶▶▶ Sol

$a_1 = \boxed{1}$
$a_2 = a_1 + \boxed{2}$
$a_3 = a_2 + \boxed{3}$ ← 累加型，利用加法相消
$a_4 = a_3 + \boxed{4}$
$\vdots$
$+)\ a_n = a_{n-1} + \boxed{n}$
$\overline{a_n = 1+2+3+4+\cdots+n}$

$= \dfrac{(1+n)\times n}{2}$ ← 梯形公式 =（上底＋下底）× 高 ÷ 2

$= \dfrac{n^2+n}{2}$

▶▶▶ Ans

$\dfrac{n^2+n}{2}$

例題 67 若 $<a_n>=<1, 3, 7, 13, 21, \cdots\cdots>$，求一般項 $a_n=?$

▶▶▶ Sol

$<1,\ 3,\ 7,\ 13,\ 21,\ \cdots\cdots>$
　　+2　+4　+6　+8

累加型數列，利用加法相消

$a_1 = \boxed{1}$
$a_2 = a_1 + \boxed{2}$
$a_3 = a_2 + \boxed{4}$
$a_4 = a_3 + \boxed{6}$
$\vdots$
$+)\ a_n = a_{n-1} + \boxed{(n-1)\times 2}$
$\overline{a_n = 1+2+4+6+\cdots+(n-1)\times 2}$

$\qquad = 1+2[1+2+3+\cdots+(n-1)]$

外提「公因數 2」

$$= 1 + 2\sum_{k=1}^{n-1} k = 1 + 2\frac{(n-1)(n-1+1)}{2}$$

（相同位置，等量代換）

$$\sum_{k=1}^{n} k = 1 + 2 + \cdots + n = \frac{n(n+1)}{2}$$

$$= 1 + n(n-1)$$
$$= 1 + n^2 - n$$
$$\therefore a_n = n^2 - n + 1$$

「分子、分母」，上下能約就約

▶▶▶ Ans

$n^2 - n + 1$

例題 68 設一數列 $<a_n>$ 的 $a_1 = \frac{-17}{2}$，且 $a_n = \frac{3}{2} a_{n-1} + 5$（$n \geq 2$）求 $a_n = ?$

（等號兩邊平衡） （把等式右方變成相同倍數）

▶▶▶ Sol

$$a_1 + 10 = \frac{-17}{2} + 10 = \frac{3}{2}$$

$$a_2 + 10 = \frac{3}{2}(a_1 + 10)$$

$$a_3 + 10 = \frac{3}{2}(a_2 + 10)$$

令 $a_n + \ell = \frac{3}{2}(a_{n-1} + \ell)$, $n \geq 2$

$\therefore a_n = \frac{3}{2} a_{n-1} + \frac{\ell}{2}$

$\therefore 5 = \frac{\ell}{2}$

$\therefore \ell = 10$

（留下） ⋮

$\times)\ a_n + 10 = \frac{3}{2}(a_{n-1} + 10)$

─────────────

$$a_n + 10 = \left(\frac{3}{2}\right)^n$$

「累積」後，「等號左右互消」

$$\therefore a_n = \left(\frac{3}{2}\right)^n - 10$$

共 n 個 $\frac{3}{2}$ 相乘

▶▶▶ Ans

$\left(\frac{3}{2}\right)^n - 10$

例題 69 試求 $1 \times 2 + 2 \times 3 + 3 \times 4 + \cdots + 100 \times 101$ 之值 $= ?$

▶▶▶ Sol

原式 $= \sum_{k=1}^{100} k(k+1) = \frac{100 \times 101 \times 102}{3}$

$= 343400$

$$\sum_{k=1}^{n} k(k+1) = \frac{n(n+1)(n+2)}{3}$$

先觀察出 a_k 的一般項

$$\sum_{k=1}^{n} k(k+1) = \sum_{k=1}^{n} k^2 + \sum_{k=1}^{n} k = \frac{n(n+1)(2n+1)}{6} + \frac{n(n+1)}{2}$$

或

[盡量拆成 Σ 加減]

原式 $= \sum_{k=1}^{100} k(k+1) = \sum_{k=1}^{100} (k^2+k) = \sum_{k=1}^{100} k^2 + \sum_{k=1}^{100} k$

$= \dfrac{100 \times 101 \times 201}{6} + \dfrac{100 \times 101}{2}$

$\sum_{k=1}^{n} k = \dfrac{n(n+1)}{2}$

$= 338350 + 5050$

$= 343400$

▶▶▶▶ Ans

343400

$\sum_{k=1}^{n} k^2 = \dfrac{n(n+1)(2n+1)}{6}$

例題 70 試求 $1+(1+2)+(1+2+3)+\cdots+(1+2+3+\cdots+n)$ 之值？

$1+(1+2)+(1+2+3)+\cdots$
每一項都用梯型公式求和

第 k 項 $a_k = 1+\cdots+k = \dfrac{k(k+1)}{2}$

▶▶▶▶ Sol

原式 $= \sum_{k=1}^{n} \dfrac{k(k+1)}{2} = \dfrac{1}{2}(\sum_{k=1}^{n} k^2 + \sum_{k=1}^{n} k)$

[共同因數先外提]

[儘量拆成 Σ 加減]

$\sum_{k=1}^{n} k^2 = \dfrac{n(n+1)(2n+1)}{6}$
$\sum_{k=1}^{n} k = \dfrac{n(n+1)}{2}$

$= \dfrac{1}{2}[\dfrac{n(n+1)(2n+1)}{6} + \dfrac{n(n+1)}{2}]$

$= \dfrac{n(n+1)(n+2)}{6}$

或

[公因數 $\dfrac{1}{2}$，先外提]

原式 $= \sum_{k=1}^{n} \dfrac{k(k+1)}{2} = \dfrac{1}{2} \sum_{k=1}^{n} k(k+1)$

$\sum_{k=1}^{n} k(k+1) = \dfrac{n(n+1)(n+2)}{3}$

$= \dfrac{1}{2} \times \dfrac{n(n+1)(n+2)}{3}$

$= \dfrac{n(n+1)(n+2)}{6}$

▶▶▶▶ Ans

$\dfrac{n(n+1)(n+2)}{6}$

$\sum_{k=1}^{n} k(k+1)$
$= \sum_{k=1}^{n} k^2 + \sum_{k=1}^{n} k$
$= \dfrac{n(n+1)(2n+1)}{6} + \dfrac{n(n+1)}{2}$

數列與級數

> 分母為連續性整數積，必拆成「子分式之差」

例題 71 試求 $\dfrac{1}{1\times 2}+\dfrac{1}{2\times 3}+\dfrac{1}{3\times 4}+\cdots+\dfrac{1}{50\times 51}$ 之值？

▶▶▶ **Sol**

原式 $=(\dfrac{1}{1}-\dfrac{1}{2})+(\dfrac{1}{2}-\dfrac{1}{3})+\cdots+(\dfrac{1}{50}-\dfrac{1}{51})$

$=1-\dfrac{1}{51}=\dfrac{50}{51}$

▶▶▶ **Ans**

$\dfrac{50}{51}$

例題 72 求 $\dfrac{1}{1}+\dfrac{1}{1+2}+\dfrac{1}{1+2+3}+\dfrac{1}{1+2+3+4}+\cdots+\dfrac{1}{1+2+\cdots+100}=?$

▶▶▶ **Sol**

> 分子皆為 1，需先求分母的一般式

設分母為 $a_k = 1+2+\cdots+k$

$\therefore a_k = \dfrac{k(k+1)}{2}$

> 外提「公因數 2」
> 分母為連續性整數積，必拆成「子分式之差」

$\therefore$ 所求 $= 2\sum\limits_{k=1}^{100}\dfrac{1}{k(k+1)} = 2\sum\limits_{k=1}^{100}(\dfrac{1}{k}-\dfrac{1}{k+1})$

$= 2\times[(\dfrac{1}{1}-\dfrac{1}{2})+(\dfrac{1}{2}-\dfrac{1}{3})+\cdots+(\dfrac{1}{100}-\dfrac{1}{101})]$

$= 2\times(1-\dfrac{1}{101}) = 2\times\dfrac{100}{101} = \dfrac{200}{101}$

> 差梯形和
> $+\cdots+a_n$
> $\dfrac{\times(a_1+a_n)}{2}$

▶▶▶ **Ans**

$\dfrac{200}{101}$

> 分母為連續整數乘積的 Σ，必拆成「子分式差」…但留意：是否需要調整？

例題 73 試求 $\dfrac{1}{3\times 4\times 5}+\cdots+\dfrac{1}{13\times 14\times 15}$ 之值？

▶▶▶ **Sol**

$\dfrac{1}{2}(\dfrac{1}{3\times 4}-\dfrac{1}{4\times 5})+\dfrac{1}{2}(\dfrac{1}{4\times 5}-\dfrac{1}{5\times 6})+\cdots+\dfrac{1}{2}(\dfrac{1}{13\times 14}-\dfrac{1}{14\times 15})$

$=\dfrac{1}{2}[(\dfrac{1}{3\times 4}-\dfrac{1}{4\times 5})+(\dfrac{1}{4\times 5}-\dfrac{1}{5\times 6})+\cdots+(\dfrac{1}{13\times 14}-\dfrac{1}{14\times 15})]$

> 公倍數外提「$\dfrac{1}{2}$」

$$= \frac{1}{2}\left(\frac{1}{3\times 4} - \frac{1}{14\times 15}\right)$$
$$= \frac{1}{2}\left(\frac{1}{12} - \frac{1}{210}\right)$$
$$= \frac{1}{2} \times \frac{(35-2)}{420}$$
$$= \frac{\overset{11}{\cancel{33}}}{\underset{280}{\cancel{840}}}$$
$$= \frac{11}{280}$$

▶▶▶▶ Ans

$\frac{11}{280}$

例題 74 兩等差數列首 n 項和之比為 $(2n+3):(3n+2)$，求此兩數列第 11 項之比 = ？

級數和 = 中間項 × 項數

▶▶▶▶ Sol

$\therefore a_{11} \times 21 = A_{21}$

且 $b_{11} \times 21 = B_{21}$

$$A_{21} = \frac{(a_1+a_{21})\times 21}{2} = \frac{2a_{11}\times 21}{2} = a_{11}\times 21$$
$$S_n = \frac{(a_1+a_n)\times n}{2}$$

$\therefore a_{11} : b_{11} = A_{21} : B_{21}$

$\therefore$ 用 $n=21$ 代入 $(2n+3):(3n+2)$，

可得所求 = $\overset{9}{\cancel{45}} : \overset{13}{\cancel{65}}$

$= 9:13$

▶▶▶▶ Ans

$9:13$

例題 75 已知 $\sum\limits_{k=1}^{9} a_k = 6$, $\sum\limits_{k=1}^{11} b_k = 9$，且 $a_{10}=3$, $b_{11}=-2$，則 $\sum\limits_{k=1}^{10}(3a_k-2b_k+5) = ?$

盡量拆成 Σ 加減且大家共同的乘除常數先外提

▶▶▶▶ Sol

所求 $= 3\sum\limits_{k=1}^{10} a_k - 2\sum\limits_{k=1}^{10} b_k + \sum\limits_{k=1}^{10} 5$

$= 3(\sum\limits_{k=1}^{9} a_k + a_{10}) - 2(\sum\limits_{k=1}^{11} b_k - b_{11}) + \sum\limits_{k=1}^{10} 5$

常數倍先外提

$= 3(6+3) - 2(9+2) + 50$

$= 27 - 22 + 50$

$= 55$

▶▶▶ Ans

55

例題 76　設世界人口每年增長率均固定，已知 1987 年底世界人口達 50 億，1999 年底第 60 億人誕生，試問 2023 年底世界人口數最接近幾億？

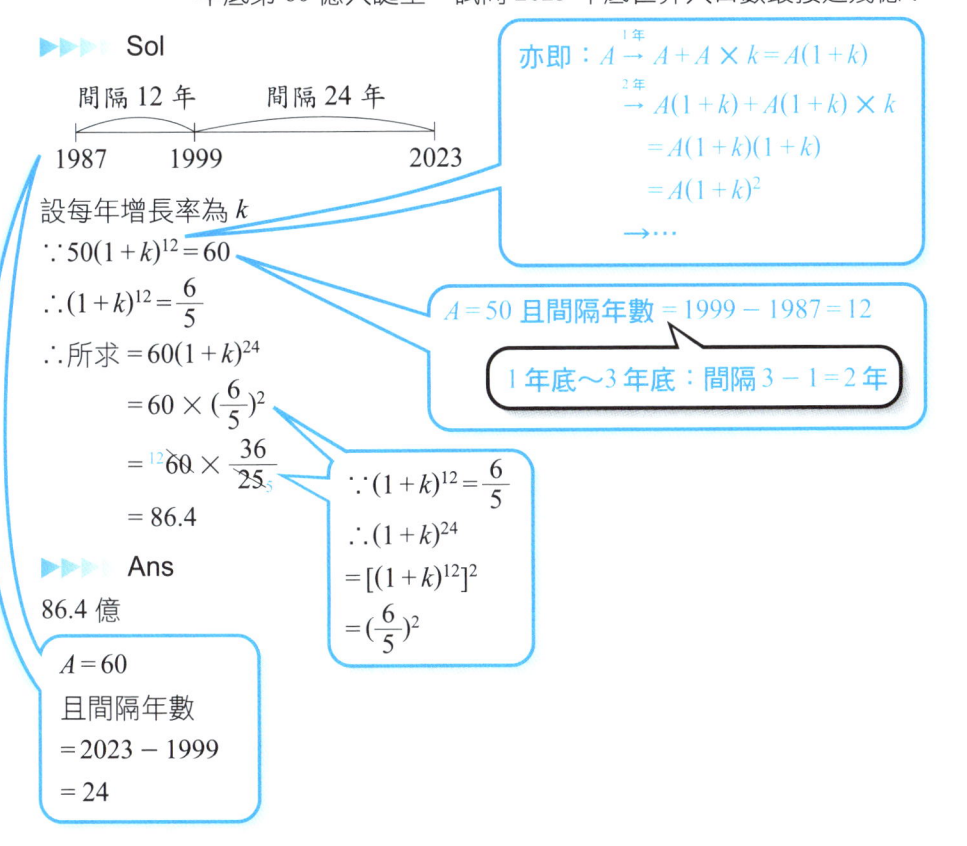

▶▶▶ Sol

```
   間隔 12 年    間隔 24 年
├─────────┼───────────────┤
1987      1999            2023
```

設每年增長率為 k

∵ $50(1+k)^{12} = 60$

∴ $(1+k)^{12} = \dfrac{6}{5}$

∴ 所求 $= 60(1+k)^{24}$

$= 60 \times (\dfrac{6}{5})^2$

$= \overset{12}{\cancel{60}} \times \dfrac{36}{\underset{5}{\cancel{25}}}$

$= 86.4$

▶▶▶ Ans

86.4 億

亦即：$A \xrightarrow{1\text{年}} A + A \times k = A(1+k)$
$\xrightarrow{2\text{年}} A(1+k) + A(1+k) \times k$
$= A(1+k)(1+k)$
$= A(1+k)^2$
$\rightarrow \cdots$

$A = 50$ 且間隔年數 $= 1999 - 1987 = 12$

1 年底～3 年底：間隔 $3 - 1 = 2$ 年

∵ $(1+k)^{12} = \dfrac{6}{5}$

∴ $(1+k)^{24}$

$= [(1+k)^{12}]^2$

$= (\dfrac{6}{5})^2$

$A = 60$

且間隔年數

$= 2023 - 1999$

$= 24$

實數的生存法則

例題 77 平面上有 100 條相異的直線，任二線必相交，任三線不共點，求此 100 條線可將平面分割成幾個部分？

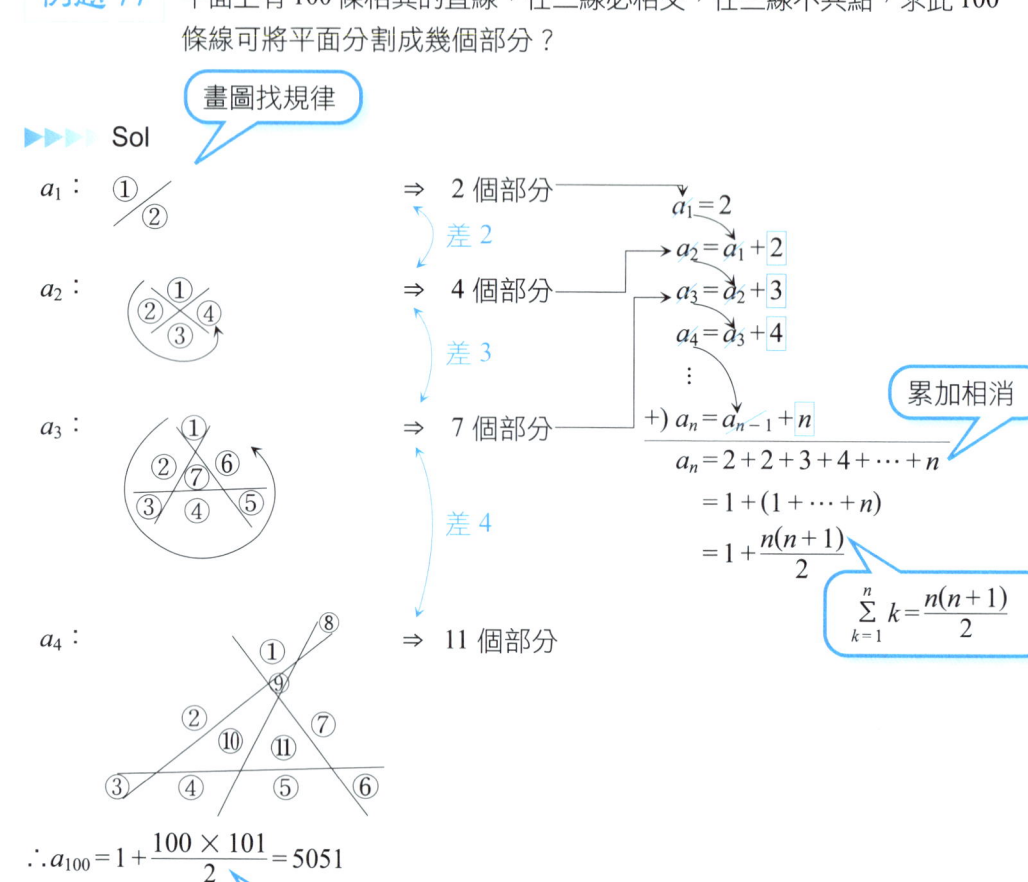

▶▶▶ **Sol**（畫圖找規律）

a_1： ⇒ 2 個部分

差 2

a_2： ⇒ 4 個部分

差 3

a_3： ⇒ 7 個部分

差 4

a_4： ⇒ 11 個部分

$$
\begin{aligned}
a_1 &= 2 \\
a_2 &= a_1 + 2 \\
a_3 &= a_2 + 3 \\
a_4 &= a_3 + 4 \\
&\vdots \\
+)\ a_n &= a_{n-1} + n \\
\hline
a_n &= 2 + 2 + 3 + 4 + \cdots + n \\
&= 1 + (1 + \cdots + n) \\
&= 1 + \frac{n(n+1)}{2}
\end{aligned}
$$

（累加相消）

$$\sum_{k=1}^{n} k = \frac{n(n+1)}{2}$$

$$\therefore a_{100} = 1 + \frac{100 \times 101}{2} = 5051$$

把「$n=100$」代入 $a_n = 1 + \frac{n(n+1)}{2}$

▶▶▶ **Ans**

5051

例題 78 試求 $1 \times \boxed{1} + 2 \times \boxed{2^1} + 3 \times \boxed{2^2} + \cdots + 10 \times \boxed{2^9}$ 之值 = ?

> 雜級數和 ⇒ 利用 $S - rS$

> ⊙ 1, 2, 3, … 等差
> ⊙ 1, 2^1, 2^2, … 等比

▶▶▶ Sol

$S = \boxed{1 \times 1} + \boxed{2 \times 2^1} + \boxed{3 \times 2^2} + \cdots + \boxed{10 \times 2^9}$

$-2S = \qquad\quad\; 1 \times 2 + 2 \times 2^2 + \cdots + 9 \times 2^9 + 10 \times 2^{10}$

$\overline{}$

$-S = \quad 1 \;+\; 2 \;+\; 2^2 \;+\cdots+ 2^9 - 10 \times 2^{10}$

$\therefore S = 10 \times 2^{10} - (1 + 2 + 2^2 + \cdots + 2^9)$

$\quad = 10 \times 2^{10} - \dfrac{1 \times (2^{10} - 1)}{2 - 1}$

> 項數 = 10

$\quad = 10240 - (1024 - 1)$

$\quad = 9217$

▶▶▶ Ans

9217

> 利用等比級數和公式：
> $S_n = \dfrac{a_1(1 - r^{\text{項數}})}{1 - r}$
> $\quad = \dfrac{r^{\text{項數}} - 1}{r - 1}$

筆記欄

CHAPTER 12

近似值

重點整理 12-1　近似值的意義與取法
重點整理 12-2　解開例題、弄懂策略

實數的生存法則

> 近似值 $\overset{又稱}{=}$ 概數值
> $\overset{又稱}{=}$ 概算值

重點整理 12-1　近似值的意義與取法

> 「測定值」的「最後一位或最小一位」= 指定單位　或稱：指定位數

① 「需要工具去量測」才能獲得的數值，必為「測定值」，而「非實際值」。
② 請記得這些概念：
- 在實際測量中通常用「四捨五入法」，以「指定的單位」讀出被測量物的「近似值」。
- 實際測量中，在得不到精確的實際值或雖然能取得精確的實際值，但實際上卻不需要那麼精確時，我們常以近似值來代替實際值。

> 由「指定單位」的「後一位或小一位」來決定「是否進位」到「指定單位」

取法 1

用「四捨五入法」取實際值 x 的近似值為 a 時，則實際值 x 的範圍為：

近似值 $-\dfrac{1}{2}$（指定的單位）$\leq$ 實際值 $<$ 近似值 $+\dfrac{1}{2}$（指定的單位）

> 因「到達 $\dfrac{1}{2}$（指定的單位）」一定要「進位」！

且「最小可能實際值」= 近似值 $-\dfrac{1}{2}$（單定的單位）

> 如：$\boxed{1.5}\sim\boxed{2.4....9}$ 的數，用「四捨五入法」取到「整數」的「近似值」為 $\boxed{2}$～用「簡單實際狀況」來聯想規則！

取法 2

由「指定單位」的「後一位或小一位」來決定「是否進位」到「指定單位」

用「無條件捨棄法」取實際值 x 的近似值為 a 時，則實際 x 的範圍為：
近似值 $\leq$ 實際值 $<$ 近似值 +（指定的單位）

因「大於近似值的部份」一定要「捨棄」，所以「實際值」不可能「小於近似值」！

且「最小可能實際值」= 近似值

如：$\boxed{2}$～$\boxed{2.9…9}$ 的數，用「無條件捨棄法」取到「整數」的「近似值」為 $\boxed{2}$～用「簡單實際狀況」來聯想規則！

留意：「無條件」是「指定單位」之後「非（全）0」時，才有「無條件捨棄或進位」的動作可執行！反之，如：「290000」取到「萬位」時，不論是「無條件捨棄，或進位」仍為「29 萬」…因「萬位之後」沒有「可捨、可進」之要件！

取法 3

用「無條件進位法」取實際值 x 的近似值為 a 時，則實際 x 的範圍為：
近似值 −（指定的單位）$<$ 實際值 $\leq$ 近似值

因「大於近似值的部份」一定要「進位」，所以「實際值」不可能「大於近似值」！

且「最大可能實際值」= 近似值

如：$\boxed{1.0…01}$～$\boxed{2}$ 的數，用「無條件進位法」取到「整數」的「近似值」為 $\boxed{2}$ ～用「簡單實際狀況」來聯想規則！

實數的生存法則

重點整理 12-2　解開例題、弄懂策略

精選範例

> 「幾個水果；幾本書；幾元」都不是「不需工具」只需「計數」便能獲得的「實際值」

例題 1　指出下列各量，哪些是測定值？哪些是實際值？
(1) 5 個芒果　(2) 21 公升汽油　(3) 400 本書　(4) 1000 元　(5) 18 克的信件

> 「測定值」指的是需要利用「測量工具」進行量測，才能獲得的數值。

▶▶▶▶ Sol

∵ 只有(2)與(5)需要「測量工具」進行量測，才能獲得數值。
∴ 只有(2)與(5)為測定值，其他(1)、(3)、(4)皆為實際值

▶▶▶▶ Ans

「測定值」(2)、(5)；「實際值」(1)、(3)、(4)

例題 2　按照括號內所指定的單位，利用四捨五入法，寫出下列各量（數）的概數：
(1) 8654123 元（十萬元）
(2) 2785492 公斤（公噸）
(3) 385659（千人）
(4) 235465 公尺（公里）
(5) 12.3958（小數第二位）

> 由「指定單位」的「後一位或小一位」來決定「是否進位」到「指定單位」

▶▶▶▶ Sol

(1) 86 $\boxed{54123}$ 元　= 87 十萬元
　　達（過）十萬之半，故進位
(2) 2785 $\boxed{492}$ 公斤　= 2785 公噸
　　未達（過）公噸之半，故捨棄
(3) 385 $\boxed{659}$ 人　= 386 千人
　　達（過）千人之半，故進位
(4) 235 $\boxed{465}$ 公尺　= 235 公里
　　未達（過）公里之半，故捨棄
(5) 12.39 $\boxed{58}$ 　= 12.40
　　達（過）指定位數之半，故進位

> 由「萬位」的「5 點多萬」過「十萬」之半，看出應「進位」

> 由「百公斤」的「4 百多公斤」小於「千公斤」之半，看出不應「進位」

> 仿(1), (2)處理！

252

▶▶▶ **Ans**

(1) 87 十萬元　(2) 2785 公噸　(3) 386 千人　(4) 235 公里　(5) 12.40

例題 3　以萬人為單位，用四捨五入法取得某城市人口的概數為 1270000 人，問這城市最少有幾人？

▶▶▶ **Sol**

因以萬人為單位，

故 $\dfrac{\text{指定的單位}}{2} = \dfrac{10000}{2} = 5000$，

∴ 可得：$1270000 - 5000 \leq x < 1270000 + 5000$

亦即：$1265000 \leq x < 1275000$

∴ 所求 = 1265000 人

利用「四捨五入」的：「近似值 − $\dfrac{\text{指定的單位}}{2}$ ≤ 實際值 < 近似值 + $\dfrac{\text{指定的單位}}{2}$」來求算「實際值」的可能範圍。

設「實際值」= x

介於其中

可用：「1.5 ~ 2.4…9」的「四捨五入」近似值 =「2」來思考

▶▶▶ **Ans**

1265000 人

例題 4　設甲、乙兩數用無條件進位法取得之概數值分別為 78 與 11，則甲 + 乙的最大值為何？

▶▶▶ **Sol**

∵ 甲的最大值為 78，乙的最大值為 11

∴ 甲 + 乙的最大值為：78 + 11 = 89

利用「無條件進位之概數值＝最大的可能實際值」

同步

可用：「1.0…1 ~ 2」的「無條件進位」近似值 =「2」來思考

▶▶▶ **Ans**

89

例題 5　有一直尺，其上刻有公分、公厘，用這條尺去量一繩長為 51.6 公分，問：

(1)其測量單位是什麼？

(2) 51.6 公分是否為實際值？

(3)如果不是實際值，試寫出實際值的範圍（分別以「四捨五入」、「無條件捨棄」及「無條件進位」為例）

實數的生存法則

▶▶▶ Sol

利用「需要工具去測量，才能獲得的數值，為測定值，而非實際值」

(1) ∵ 測定值 = $\boxed{51.6}$ 公分

∴ 最小單位為 $\boxed{0.1}$ 公分 = 1 公厘

∴ 測量單位為「公厘」

測定值的「最後一位或最小一位」便是「指定單位」

(2)「51.6 公分」這個數值是「量測」下的結果，故不為「實際值」

(3) ①「四捨五入」：「近似值 $-\frac{1}{2}$（指定單位）$\leq$ 實際值 $<$ 近似值 $+\frac{1}{2}$（指定單位）」

∴ $51.6 - \frac{0.1}{2}$ 公分 $\leq$ 實際值 $< 51.6 + \frac{0.1}{2}$ 公分

∴ 51.55 公分 $\leq$ 實際值 < 51.65 公分

②「無條件捨棄」：「近似值 $\leq$ 實際值 $<$ 近似值 +（指定單位）」

∴ 51.6 公分 $\leq$ 實際值 $< 51.6 + 0.1$ 公分

∴ 51.6 公分 $\leq$ 實際值 < 51.7 公分

③「無條件進位」：「近似值 $-$（指定單位）$<$ 實際值 $\leq$ 近似值」

∴ $51.6 - 0.1$ 公分 $<$ 實際值 ≤ 51.6 公分

∴ 51.5 公分 $<$ 實際值 ≤ 51.6 公分

▶▶▶ Ans

(1) 公厘　(2) 否

(3) 四捨五入：51.55 公分 $\leq$ 實際值 < 51.7 公分；

無條件捨棄：51.6 公分 $\leq$ 實際值 < 51.7 公分；

無條件進位：51.5 公分 $<$ 實際值 ≤ 51.6 公分

例題 6 試求 $(0.98)^4$ 的近似值到小數第四位（四捨五入）

▶▶▶ Sol

$(0.98)^4 = (1-0.02)^4$

$= [(1-0.02)^2]^2$

∵ $(a \pm b)^2 = a^2 \pm 2ab + b^2$

∴ $(1-0.02)^2 = 1^2 - 2 \times 1 \times 0.02 + (0.02)^2$

$= (1 - 0.04 + 0.0004)^2$

$= (1-0.04)^2 + 2(1-0.04)(0.0004) + (0.0004)^2$

將前兩項 $1 - 0.04$，當成一項

$(a \pm b)^2 = a^2 \pm 2ab + b^2$

∵ 只取到小數第 4 位，

∴ $(0.0004)^2$ 太小 ⇒ 忽略不計

$(a \pm b)^2 = a^2 \pm 2ab + b^2$

$\approx (1 - 0.08 + 0.0016) + 0.000768$

$= 0.92 + 0.0016 + 0.000768$

$= 0.9216 + 0.000768$

$= 0.922368$

∵ 四捨五入到小數第 4 位

∴ $0.922\boxed{3}68 \approx 0.9224$
　　　　+1

由「指定位數」的「小一位」作要不要進位的判斷

▶▶▶ Ans
0.9224

筆記欄

CHAPTER 13

ㄚ格里ugly 算式的規律觀察與處理

重點整理 13-1　應用的關鍵「特徵」及「策略」

重點整理 13-2　解開例題、弄懂策略

重點整理13-1　應用的關鍵「特徵」及「策略」

應用 1

見非慣用的「新式運算」，必依其「定義式」配合「相同位置，等量代換」概念來處理

> 周而復始 $\overset{定義}{\Leftrightarrow}$ 相同的東西又回到「相同位置」

> 常配合「同餘」概念來解題！

> 「同餘」問題，通常也是一個「找循環周期」問題

應用 2

「周而復始」：「特定符號」或「路徑」一再（再次）重複出現」的「循環問題」，必先找出「循環週期」。

> 「不同類別」，其「循環週期」需依「不同類別，分類求取」

> 必要時，可以取「各個類別循環週期長度」的「最小公倍數」，當作「全體符號（混合類別後的全體）」的「循環週期長度」。

應用 3

> 等同：將「$n!$」進行「質因質分解」

> 等同：質數 p 的「最高幾次方」可以整除「$n!$」

「階乘數」的因數分解，亦即：
求「質數 p」滿足「p^k 整除 $n!=n \times (n-1) \times \cdots \times 1$ 且 p^{k+1} 不整除 $n!$」的 k 值，必用：

$$\begin{array}{r|l} p & n \\ \hline p & 商 \\ \hline p & 商 \\ \hline & \vdots \end{array} \Rightarrow \text{「}k = \text{商之和」}$$

> 注意：本方法只適用於「質數 p」

> 常用來求：「$n!$」的「末尾有幾個零」？
> Ans：幾組「$2 \times 5 = 10$」，便會使「末尾」產生幾個「零」

ㄚ格里ugly算式的規律觀察與處理

- 「$k =$ 商之和 $= [\dfrac{n}{p}] + [\dfrac{n}{p^2}] + \cdots$

  $[x] \overset{定義}{=} x$ 的高斯值 $\overset{定義}{=}$ 不大於 x 的最大整數

- 解說：「$1 \sim n$」中共有 $\boxed{1} \times p$，$2 \times p$，$\cdots$，$\boxed{[\dfrac{n}{p}]} \times p$ 等 $[\dfrac{n}{p}]$ 個 p 的倍數

  同理：這 $[\dfrac{n}{p}]$ 個 p 的倍數有 $\boxed{1} \times p^2$，$\cdots$，$\boxed{[\dfrac{n}{p^2}]} \times p^2$ 等 $[\dfrac{n}{p^2}]$ 個 p^2 的倍數

  $\therefore 1 \times \cdots \times n$，共可提供：$[\dfrac{n}{p}] + [\dfrac{n}{p^2}] + \cdots$ 個「p」的乘積！

  $1 \sim [\dfrac{n}{p}]$，本身又是 p 的倍數

實數的生存法則

重點整理13-2　解開例題、弄懂策略

精選範例

例題 1 若已知 $a \otimes x = 4 \times x + 5$ 且 $b \oplus (x-1) = a \otimes (x+3)$，其中「$+ - \times$」為我們一般慣用的「加法、減法、乘法」，試求 $b \oplus (-9)$ 的值？

> ∵「⊕ 及 ⊗」都是非慣用的「新式運算」
> ∴需用「相同位置，等量代換」來解題

▶▶▶ Sol

$b \oplus (-9)$
$= b \oplus (-8-1)$
$= a \otimes (-8+3)$
$= a \otimes (-5)$
$= 4 \times (-5) + 5$
$= -20 + 5$
$= -15$

> ∵ $b \oplus (x-1) = a \otimes (x+3)$
> ∴需將「-9 配成 $x-1$」的形態，才能知道「對應相同位置的 x」由誰來扮演！

> $b \oplus (x-1) = a \otimes (x+3)$ 的 x 由「-8」來扮演

> $a \otimes x = 4 \times x = 5$ 的 x 由「-5」來扮演，並利用「負數被 ±、×、÷ 時，應先加小括號」概念

▶▶▶ Ans
$b \oplus (-9) = -15$

例題 2 已知 $a \triangle b = 4 \times a - 3 \times b$，求 $5 \triangle 6$、$6 \triangle 5 = ?$

> ∵「△」都是非慣用的「新式運算」
> ∴需用「相同位置，等量代換」來解題

▶▶▶ Sol

① $5 \triangle 6$
$= 4 \times \boxed{5} - 3 \times \boxed{6}$
$= 20 - 18$
$= 2$

> ∵ $a \triangle b = 4 \times a - 3 \times b$
> ∴分別取 $\begin{cases} a=5 \\ b=6 \end{cases}$ 及 $\begin{cases} a=6 \\ b=5 \end{cases}$
> 代入上式，便可得解！

② $6 \triangle 5$
$= 4 \times \boxed{6} - 3 \times \boxed{5}$
$= 24 - 15$
$= 9$

▶▶▶ Ans
$5 \triangle 6 = 2$，$6 \triangle 5 = 9$

例題 3 對每兩個實際 $a \neq b$，定義運算 ⊙ 如下：
$(a \odot b) = \dfrac{2 \times (a+b)}{a-b}$，其中 +、× 為平常慣用之加乘運算。
試問 $((1 \odot 2) \odot 3)$ 之值為多少？

見「新式運算」必用「相同位置，等量代換」來解題

▶▶▶ Sol
$\because (1 \odot 2) = \dfrac{2 \times (1+2)}{1-2} = -6$

取「1 當 a」且取「2 當 b」

$\therefore ((1 \odot 2) \odot 3) = (-6 \odot 3) = \dfrac{2 \times (-6+3)}{-6-3} = \dfrac{2}{3}$

▶▶▶ Ans
$\dfrac{2}{3}$

例題 4 若『⊕』是一個對於 1 與 0 的新運算符號，且其運算規則如下：
$1 \oplus 1 = 0$，$1 \oplus 0 = 1$，$0 \oplus 1 = 1$，$0 \oplus 0 = 0$
則下列四個運算結果哪一個是正確的？
(A) $(1 \oplus 1) \oplus 0 = 1$
(B) $(1 \oplus 0) \oplus 1 = 0$
(C) $(0 \oplus 1) \oplus 1 = 1$
(D) $(1 \oplus 1) \oplus 1 = 0$

見「新式運算」必利用「相同位置，等量代換」來解題

▶▶▶ Sol
(A) $\boxed{(1 \oplus 1)} \oplus 0 = \boxed{0} \oplus 0 = 0$ 先用「$1 \oplus 1$」，再用「$0 \oplus 0$」
(B) $\boxed{(1 \oplus 0)} \oplus 1 = \boxed{1} \oplus 1 = 0$ 先用「$1 \oplus 0$」，再用「$1 \oplus 1$」
(C) $\boxed{(0 \oplus 1)} \oplus 1 = \boxed{1} \oplus 1 = 0$ 先用「$0 \oplus 1$」，再用「$1 \oplus 1$」
(D) $\boxed{(1 \oplus 1)} \oplus 1 = \boxed{0} \oplus 1 = 1$ 先用「$1 \oplus 1$」，再用「$0 \oplus 1$」

▶▶▶ Ans
(B)

實數的生存法則

例題 5 已知：$2 \triangle 3 = 2 \times 3 \times 4$，$4 \triangle 2 = 4 \times 5$。一般對自然數 a、b，$a \triangle b$ 表示 $a \times (a+1) \times \cdots \times (a+b-1)$，求 $(6 \triangle 3) - (5 \triangle 2)$ 之值＝？

▶▶▶▶ Sol

見「新式運算」必用「相同位置，等量代換」來解題

連乘「$b=3$」項就停止

$\because \begin{cases} 6 \triangle 3 = 6 \times (6+1) \times (6+3-1) = 336 \\ 5 \triangle 2 = 5 \times (5+2-1) = 30 \end{cases}$

連乘「$b=2$」項就停止

$\therefore (6 \triangle 3) - (5 \triangle 2)$
$= 336 - 30$
$= 306$

▶▶▶▶ Ans

306

連乘 b 項就停止

$\because a \triangle b = a \times (a+1) \times \cdots \times (a+b-1)$

$\therefore$ 分別取 $\begin{cases} a=6 \\ b=3 \end{cases}$ 及 $\begin{cases} a=5 \\ b=2 \end{cases}$ 代入上式，便可得解

例題 6 設「$a \otimes b$」代表大於 a 且小於 b 所有質數的個數。例如：大於 10 且小於 15 的質數有 11、13 兩個，所以 $10 \otimes 15 = 2$。若 $25 \otimes c = 3$，則 c 可能為哪些數？

滿足：$10 <$ 質數 < 15 的質數個數

$\because$「$\otimes$」是非慣用的「新式運算」
$\therefore$ 需要「相同位置，等量代換」來解題

這裡要特別留意：不能寫「滿 3 個質數」便停止，一定要「多寫一個質數」才行！

▶▶▶▶ Sol

$\because$「$a \otimes b$」＝「$a<x<b$ 且 x 為質數」的「x」個數
$\therefore 25 \otimes c = 3$ 意謂：「比 25 大、比 c 小的質數有 3 個」
又因為：大於 25 的質數有 $\boxed{29, 31, 37}$（比 25 大、比 c 小的質數有「3 個」），41,…
$\therefore$ 大於 25，「恰達」$\boxed{3}$ 個質數要求而「未滿」$\boxed{4}$ 個質數的「c」可能為「38，39，40」

▶▶▶▶ Ans

c 可能為 38，39，40

丫格里 ugly 算式的規律觀察與處理

例題 7 若 $a \triangle b = a+(a+1)+(a+2)+\cdots+(a+b-1)$
已知 $x \triangle 10 = 75$，求 $x = ?$

> 連寫「b」項就停止

> 將 $\begin{cases} a=x \\ b=10 \end{cases}$，代入 $a \triangle b = a+(a+1)+\cdots+(a+b-1)$

> 見「新式運算，必用「相同位置，等量代換」

▶▶▶ Sol

$\because x \triangle 10 = x+(x+1)+(x+2)+\cdots+(x+9) \overset{令}{=} 75$

> 連寫「b = 10」項就停止

$\therefore 10x+(1+2+\cdots+9) = 75$

> 題目要求：$x \triangle 10 = 75$

$\therefore 10x + \dfrac{(1+9) \times 9}{2} = 75$

> 梯形公式：（上底＋下底）× 高 ÷ 2

$\therefore 10x + 45 = 75$

$\therefore 10x = 30$

$\therefore x = 3$

▶▶▶ Ans

3

例題 8 將 $\dfrac{19}{27}$ 化為小數，則小數點後第 122 位數為何？

(A)0　(B)3　(C)7　(D)9　【基測 96】

▶▶▶ Sol

$\because \dfrac{19}{27} = 0.\overline{703}$

> 用長除法可得：$\dfrac{19}{27} = 0.\boxed{703}\boxed{703}\boxed{703}\cdots\cdots$

$\therefore$「循環週期為：每 3 個數一循環」

> $\because$「703」一直「重複出現」
> $\therefore$ 是一個「找循環週期」問題

$\because 122 \div 3 = 40\cdots$（餘）2

$\therefore$ 小數點後，第 122 位數字

> 意謂：跑了「22 次」循環又走了「2 個」

＝小數點後第 2 位數字

＝「0」

$\therefore$ 選 (A)

▶▶▶ Ans

(A)

實數的生存法則

例題 9 下表中，同一行的上下兩符號組成一對新編碼，如第 1 組編碼為 Ch，第 2 組編碼為 Di，請問第 23 組編碼是什麼？

C	D	E	C	D	E	C	D	E	C
h	i	j	k	h	i	j	k	h	i

「CDE」一直「重複出現」

「$hijk$」一直「重複出現」

「重複出現現象，必為「找循環週期」問題

▶▶▶ Sol

∵ CDE 長度 = 3，$hijk$ 長度 = 4，因上下兩列，有個別的「循環週期」。

∴ 分別「對3、對4」進行「同餘」運算得：$23 \equiv \boxed{2} \pmod{3}$ 且 $23 \equiv \boxed{3} \pmod{4}$

∴ 對「大寫英文字母列」取「第 $\boxed{2}$ 個字母 D」，

而對「小寫英文字母列」取「第 $\boxed{3}$ 個字母 j」

∴ 所求為 Dj

mod 3 v.s. 大寫「CDE」
mod 4 v.s. 小寫「$hijk$」

▶▶▶ Ans

Dj

∵欲求「TAIWAN2018」「再次」出現
∴為「找循環週期」問題

例題 10 字母 TAIWAN 和數字 2018 分別依下列方式調整其次序「TAIWAN2018、AIWANT0182、IWANTA1820、WANTAI82010、…」試問最少經過幾次調整，TAIWAN2018 又再重新出現？

「週而復始的循環」問題，必先找「循環週期」～「不同類別」符號，其「循環週期」需「不同類別，分類求取」

• 字母「TAIWAN」共「6」個字母
• 數字「2018」共「4」個數碼

▶▶▶ Sol

∵「字母 6 次成一個循環」，「數字 4 次成一個循環」

最小公倍數為 12

∴「全體符號 TAIWAN2018」的「循環週期長度」為「12」。亦即：

每 12 次「全體符號 TAIWAN2018」會再出現一次。

▶▶▶ Ans

12

∵題目要求「字母類」跟「數字類」同時「回到相同位置」
∴「兩類」都要完成「完整的周期」
∴應取「周期的最小公倍數」來當「全體」的周期

264

例題 11　某公司每天晚上必須派保全人員留守，甲、乙、丙、丁、戊五位保全人員的留守值班表如：

星期\週次	一	二	三	四	五	六	日
第 1 週	甲	乙	丙	丁	戊	甲	乙
第 2 週	丙	丁	戊	甲	乙	丙	丁
……	……	……	……	……	……	……	……

其排班規則如下：

1. 按甲、乙、丙、丁、戊的順序，各排一天班。
2. 五人排完之後再以原順序排班。

請問『丙』先生在下列週次中的哪一週必須留守兩次？

(A)第 38 週　　(B)第 39 週

(C)第 40 週　　(D)第 41 週　　【基測 91】

▶▶▶ Sol

「周而復始的循環」問題，必先找出「循環週期」。

星期\週次	一	二	三	四	五	六	日
第 1 週	甲	乙	丙	丁	戊	甲	乙
第 2 週	丙	丁	戊	甲	乙	丙	丁
第 3 週	戊	甲	乙	丙	丁	戊	甲
第 4 週	乙	丙	丁	戊	甲	乙	丙
第 5 週	丁	戊	甲	乙	丙	丁	戊
第 6 週	甲	乙	丙	丁	戊	甲	乙

由上圖可知：每「5 週」就會循環一次

即：循環週期為 5 週

且丙會在第 2 週、第 4 週「留守 2 次」

∵第 39 週之排班與第 4 週完全相同

∴選(B)　　$39 \div 5 = 7_{個循環} \cdots 餘 4（週）$

把「選項」的「38、39、40、41」進行「對 5」的同餘運算

▶▶▶ Ans

(B)

∵「班表」每隔「5 週」又會回到「相同位置」

∴為「周而復始」問題

∴需找「循環週期」。

例題 12 設 $100! = 2^a \times 3^b \times 5^c \times \cdots$，試求 a、b、c。

> 本題如同：把「100!」進行「質因數分解」

> 欲求滿足「p^k 整除 $n!$ 且 p^{k+1} 不整除 $n!$」的 k 值，必用
>
> $$\begin{array}{c|c} p & n \\ \hline p & 商 \\ \hline p & 商 \\ & \vdots \end{array}$$
>
> ，再取：$k =$ 商之和
>
> 其中 $p =$ 質數；$n! = n \times (n-1) \times \cdots \times 1$

▶▶▶ Sol

(1) 求 a 時，用 2 來除 100：

$$\begin{array}{r|r} 2 & 100 \\ \hline 2 & 50 \\ \hline 2 & 25 \\ \hline 2 & 12 \\ \hline 2 & 6 \\ \hline 2 & 3 \\ \hline & 1 \end{array}$$

（商之和）

∴ $a = 50 + 25 + 12 + 6 + 3 + 1 = 97$ ←「2」可以整除「100!」的「最高次方」

(2) 求 b 時，用 3 來除 100：

$$\begin{array}{r|r} 3 & 100 \\ \hline 3 & 33 \\ \hline 3 & 11 \\ \hline 3 & 3 \\ \hline & 1 \end{array}$$

（商之和）

∴ $b = 33 + 11 + 3 + 1 = 48$ ←「3」可以整除「100!」的「最高次方」

(3) 求 c 時，用 5 來除 100：

$$\begin{array}{r|r} 5 & 100 \\ \hline 5 & 20 \\ \hline & 4 \end{array}$$

（商之和）

∴ $c = 20 + 4 = 24$ ←「5」可以整除「100!」的「最高次方」

▶▶▶ Ans

$a = 97$，$b = 48$，$c = 24$

例題 13　在乘式 $2 \times 4 \times 6 \times 8 \times 10 \times 12 \times 14 \times 16 \times 18 \times 20$ 的數值中，末尾有 2 個連續的零。試問 $2 \times 4 \times 6 \times 8 \times 10 \times 12 \times 14 \times 16 \times 18 \times 20 \times 22 \times 24 \times \cdots \times 96 \times 98 \times 100$ 的數值中，末尾有幾個連續的零？

▶▶▶ Sol

∵ $2 \times 4 \times 6 \times 8 \times 10 \times 12 \times 14 \times 16 \times 18 \times 20 \times 22 \times 24 \times \cdots \times 96 \times 98 \times 100$
$= \boxed{2^{50}} \times (1 \times 2 \times 3 \times 4 \times \cdots \times 48 \times 49 \times 50)$ 且

（先外提「公因數」2）

欲使「數值的末尾產生連續的零」，需配出「2×5」

∴ 我們需先掌握「$1 \times 2 \times 3 \times 4 \times \cdots \times 48 \times 49 \times 50$」的數值中，可以配出「幾組」「$2 \times 5$」

∵「$1 \times 2 \times 3 \times 4 \times \cdots \times 48 \times 49 \times 50$」滿足：

① ∵ $\boxed{1 \times 2 \times 3 \times 4 \times \cdots \times 48 \times 49 \times 50}$「最多」可以被「$2^{25+12+6+3+1} = 2^{\boxed{47}}$ 整除」

（取「商之和」當「次方」）

```
2 | 50
2 | 25  ～意謂 1～50 有 25 個 2¹ 的倍數～提供 2²⁵
2 | 12  ～意謂 1～50 有 12 個 2² 的倍數～「再」提供 2¹²
2 |  6  ～意謂 1～50 有  6 個 2³ 的倍數～「再」提供 2⁶
2 |  3  ～意謂 1～50 有  3 個 2⁴ 的倍數～「再」提供 2³
     1  ～意謂 1～50 有  1 個 2⁵ 的倍數～「再」提供 2¹
```

∵「$2 \times 5 = 10$」
∴ 一組「2×5」便會造出「末尾」的一個「連續零」

② ∵ $\boxed{1 \times 2 \times 3 \times 4 \times \cdots \times 48 \times 49 \times 50}$「最多」可以被「$5^{10+2} = 5^{\boxed{12}}$ 整除」

（取「商之和」當「次方」）

∴ $2 \times 4 \times 6 \times 8 \times 10 \times 12 \times 14 \times 16 \times 18 \times 20 \times 22 \times 24 \times \cdots \times 96 \times 98 \times 100$
$= 2^{50} \times (1 \times 2 \times 3 \times 4 \times \cdots \times 48 \times 49 \times 50)$「最多」可以配出「12 組」「$2 \times 5$」

∴ $2 \times 4 \times 6 \times 8 \times 10 \times 12 \times 14 \times 16 \times 18 \times 20 \times 22 \times 24 \times \cdots \times 96 \times 98 \times 100$ 的數值中，末尾有 12 個連續的零

∵「5」的「個數」較少
∴ 可配成「2×5」的組數，必以「5 的個數」為準

▶▶▶ Ans

12 個連續的零

```
5 | 50
5 | 10  ～意謂 1～50 有 10 個 5¹ 的倍數～提供 5¹⁰
     2  ～意謂 1～50 有  2 個 5² 的倍數～「再」提供 5²
```

筆記欄

CHAPTER 14

觀念型選擇題
「取值帶入」投機法

重點整理 14-1　應用的關鍵「特徵」及「策略」
重點整理 14-2　解開例題、弄懂策略

實數的生存法則

重點整理14-1　應用的關鍵「特徵」及「策略」

> 涉「× ÷ 的不等式」代入值時，應「把 0」也納入代值的選項之一

> 涉「±的不等式」，代入值時，應「正、負」及「大差距的值」都要代看看

涉及「不確定、不指定」數值的「觀念判別」之「選擇題」可以用「代入符合題意要求」的「多組確定數值」，並依「1 組不合，選項即錯；2 到 3 組都合，選項即對」來解題！

> 涉及「絕對值、二次根號」問題，在「代入特定值」時，應「正、負、0」都要代入看看！

> 這個「投機代值法」之所以要「限定」在「選擇題」，才可使用的主要考量是：擔心「閱卷者」明明白白地「看出」：作答的你——粉投機喔！

> 在「函數圖形」、「坐標」的相關判斷上，這個「取值代入法」甚為重要，詳情請參閱本套書的《歡迎來到函數世界》！讀者在面對「函數圖形、坐標」問題時，你可以嚐試用這個「取值代入」方法去解相關判斷問題

重點整理14-2　解開例題、弄懂策略

精選範例

例題 1 若 $|c|<b<|a|$，則下列何者正確？
(A) $b \geq 0$　(B) $a+b>0$　(C) $b+c>0$　(D) $a+c>0$

▶▶▶ **Sol**

(1)「正確解法」：

∵「絕對值，必 ≥ 0」

∴ $|c|<b \Rightarrow 0 \leq |c|<b \Rightarrow \boxed{b>0} \Rightarrow$「(A)正確」

又因：$|甲| < 正數 \underset{去絕對值}{\overset{不等式}{\Leftrightarrow}}$「$-$正數」$<甲<$「正數」

$\underset{去絕對值}{\overset{平方}{\Leftrightarrow}} 甲^2 < (正數)^2$

$\underset{分解}{\overset{平方差}{\Leftrightarrow}} (甲 + 正數)(甲 - 正數) < 0$

$\underset{\substack{「甲+正數」及\\「甲-正數」\\必一正、一負}}{\Leftrightarrow} 甲 + 正數 > 0 \text{ 且 } 甲 - 正數 < 0$

$a^2 - b^2 = (a+b)(a-b)$　用「分配律」展開

取「甲 = c」

∴ $|c|<b \Leftrightarrow \boxed{-b<c}<b \Rightarrow \boxed{b+c>0} \Rightarrow$「(C)正確」

但其他選項(B)及(D)，則無法推出「恆正確」的結論

∴ 還是「只能」用「代入特定值」方式，再判斷！

∴ 與其「被折磨老半天」，還是「要回到代入特定值」方式來解題

～那何不一開始就用

∵ 題目「不確定、不指定」a, b, c
∴ 可以「投機」一下！

(2)「投機代值法」：

∵ 題目要求「$|c|<b<|a|$」

∴ 符合要求的「特定值」可以是「$c = \pm 1，b = 2，a = \pm 3$」

∴ 只有(A)、(C) 可使這些「特定值代入都成立」

▶▶▶ **Ans**

∵ 涉及「絕對值」
∴「正負」特定值及「0」都「應該試一試」！

(A)，(C)

實數的生存法則

見「絕對值」一定要設法「去掉絕對值」！

例題 2 若 $a<0$ 且 $ab<0$，則 $|a-b-10|-|6+b-a|=?$

▶▶▶ Sol

(1)「正確解法」：

$\because a<0$ 且 $ab<0$ （（正）×（負）才會得「負」）

$\therefore b>0$

$\therefore \begin{cases} a-b-10<0 \\ 6+b-a>0 \end{cases}$

$a-b-10 =$ 負 $-_{減}$ 正 $-_{減}$ 正

$6+b-a =$ 正 $+_{加}$ 正 $-_{減}$ 負 $=$ 正 $+_{加}$ 正 $+_{加}$ 正

$\therefore \begin{cases} |a-b-10|=-a+b+10 \\ |6+b-a|=6+b-a \end{cases}$

|非負| = 照抄且 |非正| = 全部變號

$\therefore |a-b-10|-|6+b-a|$

$= -a+b+10 - \overline{(6+b-a)}$

整串式子「被 ± × ÷」，應先「加括號」

$= -a+b+10 \; \underline{-6-b+a}$

括號前有「負」，去括號時，應「全部變號」

$= 10-6$

正、負「配對」互消

$= 4$

(2)「投機代值法」：

$\because$ 題目只要求「$a<0$ 且 $ab<0$」

$\therefore$ 符合要求的「特定值」可以是「$a=-1$ 且 $b=1$」

$\therefore$ 將這兩個「投機特定值」代入：

$|a-b-10|-|6+b-a|$

$= |\overline{-1-1}-10|-|6\overline{+1-(-1)}|$

「負數」被「± × ÷」，應先「加括號」

$= |-12|-|8|$

$= 12-8$

|非負| = 照抄且 |非正| = 全部變號

$= 4$

▶▶▶ Ans

4

$\because$ 題目「不確認、不指定」a、b

$\therefore$ 可以「投機」一下！

觀念型選擇題「取值帶入」投機法

例題 3 若實數 a, b, c 滿足 $abc>0$，$ab+bc+ca<0$，$a+b+c>0$，$a>b>c$，則下列選項何者為真？(1) $a>0$ (2) $b>0$ (3) $c>0$ (4) $|a|>|b|$ (5) $a^2>b^2$

【91 學測】

▶▶▶ Sol

(1)「正確解法」：

∵ $abc>0$ 〔正負符號對數值大小的簡單判斷〕

∴ a, b, c 為三正數或二負數一正數

∵ $a>b>c$ 〔已知訊息〕

∴ $a, b, c>0$ 或 $a>0>b>c$ 〔三正／二負一正〕

又因：$ab+bc+ca<0$ 〔不可能：全正〕

∴ $a, b, c>0$ 不成立

∴ $a>0>b>c$ 〔排除「三正」，只剩 $a>0>b>c$〕

再因：$a+b+c>0$

∴ 正值 a 比兩個負值和 $b+c$ 還大

∴ $|a|>|b|$ 且 $|a|>|c|$

∴ $|a|^2>|c|^2$ 即 $a^2>c^2$

∴ 選 (1)(4)(5)

(2)「投機代值法」：

∵ $\begin{cases} abc>0：3\text{ 正或 }1\text{ 正 }2\text{ 負} \\ ab+bc+ca<0：\text{不會 }3\text{ 正} \\ a+b+c>0：\text{正}>-(\text{兩負}) \\ a>b>c：a\text{ 正且 }b, c\text{ 負} \end{cases} \Rightarrow$ 「1 正 2 負」

∴ $a>-(b+c)$

且 a 正，$b>c$ 都為負

∴ 取：「$a=5$，$b=-1$，$c=-2$」

顯然：(1) $a>0$；(4) $|a|>|b|$；(5) $a^2>c^2$ 都要選

〔原本，絕對值問題，應「正、負、0」都應代看看，但有前面的初步判斷，我們已可確定 a, b, c 的正負！因此，不用再考慮其他！〕

▶▶▶ Ans

(1)(4)(5)

實數的生存法則

例題 4 若 $a<0<b$，下列何者的值最大？
(A)$a+b$ (B)$a-b$ (C)$b-a$ (D)$|a+b|$

▶▶▶ Sol

(1)「正確解法」：

$\because \begin{cases} a<0 \\ b>0 \end{cases}$ $\therefore \begin{cases} a\text{ 為負} \\ b\text{ 為正} \end{cases}$

(A)$\because \begin{cases} \text{若 }a\text{ 負很}多\text{，}b\text{ 正很}少 \Rightarrow a+b<0 \\ \text{若 }a\text{ 負很}少\text{，}b\text{ 正很}多 \Rightarrow a+b>0 \end{cases}$

　　$\therefore a+b$ 不一定「正或負」

(B)$\because a<0$ 且 $b>0$　$\therefore a-b<0$　　〔負 −₍減₎ 正，必 <0〕

(C)$\because a<0$ 且 $b>0$　$\therefore b-a>0$ 且 $\begin{cases} b-a>a+b \\ b-a>|a+b| \end{cases}$

(D)同(A)，但絕對值必 ≥ 0

〔$a+b=$「一正一負」會互相抵消，會變小〕

〔正 −₍減₎ 負 = 正 +₍加₎ 正〕

(2)「投機代值法」：

　$\because$ 題目只要求「$a<0<b$」

　$\therefore$ 符合要求的「特定值」可以是「$a=-1$ 且 $b=2$」

　$\therefore$ 將這兩個值「投機特定值」代入：

(A)$a+b=-1+2=1$

(B)$a-b=-1-2=-3$

(C)$b-a=2-(-1)=2+1=3$

(D)$|a+b|=|-1+2|=1$

▶▶▶ Ans

(C)

觀念型選擇題「取值帶入」投機法

例題 5 若 |甲數| > |乙數|，則下列何者錯誤？
(A)甲數有可能大於乙數　(B)乙數有可能大於甲數　(C)乙數可能為 0
(D)甲數可能為 0

▶▶▶ Sol

(A)(B)：
∵甲、乙都有絕對值
∴甲、乙可能正或負
又因題目：|甲數| > |乙數|
∴可取：甲數 = 3，乙數 = 2　∴(A)正確
∴可取：甲數 = −3，乙數 = 2　∴(B)正確

(C)(D)：
∵絕對值，必 ≥ 0
∴ 0 ≤ |乙數| < |甲數|
又因：|甲數| ≠ |乙數|
∴乙數可為 0，但甲數不可為 0
∴(C)正確，但(D)必錯

▶▶▶ Ans

(D)

例題 6 已知 $a, b, c > 0$ 且 $\dfrac{102}{101} \times a = \dfrac{96}{97} \times b = c$
試判別 a, b, c 的大小關係？

▶▶▶ Sol

(1)正確解法：

∵ $\dfrac{102}{101} > 1 > \dfrac{96}{97}$

∴ $\dfrac{102}{101} \times a = \dfrac{96}{97} \times b = c$，意謂：

「1 點多個 $a = c$」且「不足 1 個 $b = c$」
又因：$a, b, c > 0$
∴「$\boxed{a}$ < 1 點多個 a」= $\boxed{c}$ =「不足 1 個 b」< $\boxed{b}$

實數的生存法則

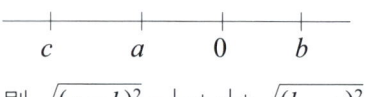

(2)「取值代入」投機法：
∵ 題目「以 $c>0$」為主角　〔「1個 c」v.s.「a,b」〕
∴ 取「$c=1$」代入，可得：　〔其實，取 $a=1$ 或 $b=1$ 也可以！〕
$$\frac{102}{101}\times a = \frac{96}{97}\times b = 1$$
∴ $a = \frac{101}{102} < 1 < \frac{97}{96} = b$
∴ $a < c < b$　〔c 取 1〕

▶▶▶ Ans
$a < c < b$

例題 7 已知 a, b, c 三數在數線上的位置如下圖所示

```
——+———————+———————+———————+——
   c       a       0       b
```

則 $\sqrt{(a-b)^2} - |a+c| + \sqrt{(b-c)^2} = ?$
(A) $2a$　(B) $2b$　(C) $2c$　(D) 0

▶▶▶ Sol
(1) 正確解法：
由數線圖，可知：
$b > 0 > a > c$　〔右正大，左負小〕
∵ $a-b<0$，$a+c<0$ 且 $b-c>0$　〔大數 − 小數 > 0〕
〔小數 − 大數 < 0〕　〔負 + 負 < 0〕

∴ $\sqrt{(a-b)^2} = b-a$，　〔開平方，必非負〕
$|a+c| = -(a+c) = -a-c$　〔|非正| = 全部變號〕
且 $\sqrt{(b-c)^2} = b-c$　〔開平方，必非負〕
∴ $\sqrt{(a-b)^2} - |a+c| + \sqrt{(b-c)^2}$
$= b-a-(-a-c)+(b-c)$　〔「整串式子」被 ± × ÷，先加括號〕
$= b-a+a+c+b-c$
$= 2b$

(2)「取值代號」投機法：
由數線圖，可知：
$b > 0 > a > c$　〔右正大，左負小〕

∴ 可取：$b = 2$，$a = -1$，$c = -3$

∴ $\sqrt{(a-b)^2} - |a+c| + \sqrt{(b-c)^2}$
$= \sqrt{(-1-2)^2} - |-1-3| + \sqrt{(2-(-3))^2}$
$= \sqrt{(-3)^2} - |-4| + \sqrt{5^2}$
$= \sqrt{9} - 4 + 5$
$= 3 - 4 + 5$
$= 4 = 2$ 個 b

▶▶▶ Ans

(B)

> 最好取「絕對值」不相等的三數，以利判斷最終結果跟誰的倍數有關

> 「負」被 ± × ÷，先加括號

觀念型選擇題「取值帶入」投機法

筆 記 欄

APPENDIX

數學的根
—「邏輯與集合」

附錄-1 淺談「邏輯」
附錄-2 漫談「集合」
附錄-3 應用的關鍵「特徵」與「策略」
附錄-4 解開例題、弄懂策略

實數的生存法則

> 因為「邏輯與集合」是數學的根，所以，無法歸類在「數字，方程式，函數，幾何」的任一分支之下！但它又無所不在，迫於無奈，只好在「套書的首冊」用夾帶「附錄」方式，介紹給讀者。

附錄-1 淺談「邏輯」

「數學」一直以來，都被看成一門「講求道理，細究因果關係」的學問。因此，數學世界要有一套判斷「有沒有道理，因果關係是否必然」的原則。這套「判斷原則」，我們稱它為「邏輯」。以下，是我們對它的粗淺介紹！

淺談 1

> 「規定」的邏輯思維是：「不是規定禁止」的行為，「都可以」！

「邏輯」的定義：

邏輯即 logic，源自希臘文。泛指思考、思維或表達思維的言詞。換句話說，我們可將邏輯學視為研究正確思維及其規律的科學。

(A) 廣義邏輯學：辯證邏輯、數理邏輯、形式邏輯。
(B) 狹義邏輯學：形式邏輯。

三個基本的邏輯思維原則：

1. **同一律**：同一對象在同一時間內和同一關係，具有同一的性質。也就是在論述過程中，每個概念的意義應該都相同，不能有任何改變！

2. **排中律**：在同一個思維過程中，兩個相互矛盾的思想中，必有一個是真、一個是假。

3. **充足理由律**：任何思維過程中，只有當它具有充足的理由時，才能被認為是正確的判斷。

> 例如乙問甲說：如果你手上拿冰，你會不會感到冷？當甲回答說：會！乙再拿一張寫有「冰」字的紙條給甲，並再擷問甲說：你現在手上拿冰，真的會感到冷嗎？前述的論述在邏輯上是不合理的，因為甲對冰的認知是實體的冰，而乙卻取巧將之扭曲成單純的字形符號。本例也強烈提示我們：和別人做事理的爭辯時，應先清楚的界定論證過程中的諸多辭語意義，一如我們對數學結構中公設、名詞與符號定義的要求。

淺談 2

「邏輯敘述」的種類：

(A) 敘述：可判定真（True）、偽（False）的句子。
(B) 複合敘述：兩個敘述所構成，可判定真、偽的新敘述。
(C) 論證：三個以上（含三個敘述）所構成，可判定真、偽的新敘述。

淺談 3

邏輯敘述的「連接詞」：

(A) 且 $\wedge$：使用格式「$P \wedge Q$」，其中 P, Q 為兩敘述。
(B) 或 $\vee$：使用格式「$P \vee Q$」，其中 P, Q 為兩敘述。
(C) 若，則 $\Rightarrow$：使用格式「$P \Rightarrow Q$」，其中 P, Q 為兩敘述。
(D) 若，且唯若 $\Leftrightarrow$：使用格式「$P \Leftrightarrow Q$」，其中 P, Q 為兩敘述。

> 「若 P，則 Q」允許：「比 P 更強（嚴格）的要求」仍可推出「跟 Q 完全相同的結論」

常見的邏輯敘述相關名詞
1. 稱「$P \Leftrightarrow Q$」中的 P, Q 為「等價敘述」。
2. 稱「$P \Rightarrow Q$」中的 P 為 Q 之「充分條件」（sufficient condition）；Q 為 P 之「必要條件」（necessary condition）。
3. 滿足條件 P 者，必滿足條件 Q；反之，則不恆成立。
4. 稱「$P \Rightarrow Q$」為條件敘述。
5. 「$\sim$ 敘述」，表示該敘述之「否定」。

> 前「充」，後「必」

> 常見「否定等價敘述」有：
> ⊙ $\sim(P \wedge Q) = (\sim P) \vee (\sim Q)$
> ⊙ $\sim(P \vee Q) = (\sim P) \wedge (\sim Q)$

⊙ 稱「$\sim Q \Rightarrow \sim P$」為「$P \Rightarrow Q$」的「否逆」敘述。
⊙ 稱「$Q \Rightarrow P$」為「$P \Rightarrow Q$」的「逆」敘述。
⊙ 稱「$\sim P \Rightarrow \sim Q$」為「$P \Rightarrow Q$」的「否」敘述。

⊙ 「$\sim$」稱為「否」
⊙ 「$\Rightarrow$」的「左右交換」稱為「逆」

淺談 4

邏輯「真值表」:

判定經「邏輯敘述連接詞」結合後之新敘述的真、偽依據。

P	Q	$P \wedge Q$	$P \vee Q$	$P \Rightarrow Q$	$P \Leftrightarrow Q$
T	T	T	T	T	T
T	F	F	T	F	F
F	T	F	T	T	F
F	F	F	F	T	T
真（T）、偽（F）		同真方真	一真即真	(T⇒F)F	同號方真

淺談 5

邏輯「等價敘述」:

精準的從另一個角度看，若 A, B 兩敘述的「真值表完全相同」，則稱 A, B 兩敘述「邏輯等價」，並記之為「$A \equiv B$」。

最常見的邏輯等價敘述為：$A(P \Rightarrow Q) \equiv B(\sim Q \Rightarrow \sim P)$

亦即：「若 P，則 Q」$\overset{等價}{\equiv}$「若 $\sim Q$，則 $\sim P$」

本等價關係，是在處理「因果關係論證」中，最最重要的「換句話說」技巧！

附錄-2　漫談「集合」

「數學」除了要用「邏輯」來說道理、論因果外，在「非歐幾何（非「歐幾里得」幾何）」面世後，數學家終於不再自大地認為「數學推論」是放諸四海皆適用並成立的「絕對真理」，而是由衷接受不足，承認「數學推論」僅只是「有一定適用對象，有一定適用範圍」的「相對或局部真理」！

因此，數學家便提出一套可以交待、談論「適用對象，適用範圍」的概念。接著，我們將粗略地介紹，數學家如何運用「集合概念」來陳述「適用對象，適用範圍」！

Q：三角形內角和，真的都是 180 度嗎？
A：不見得。不同公設及不同適用對象的幾何，結論不同，例如以下狀況：

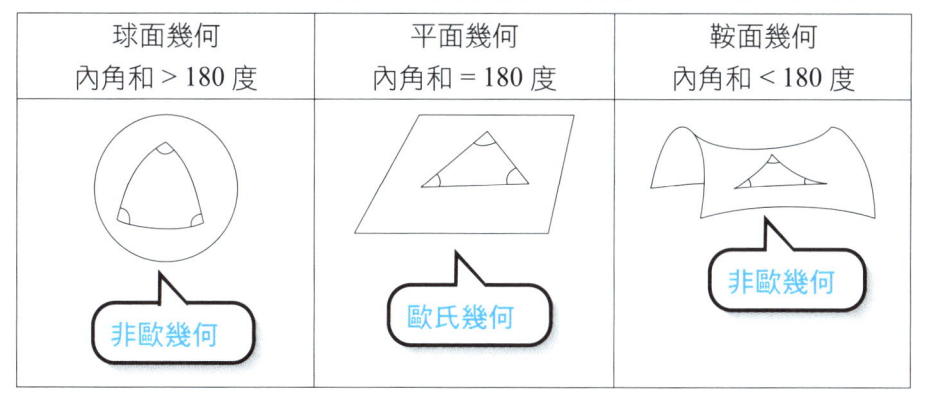

球面幾何	平面幾何	鞍面幾何
內角和 > 180 度	內角和 = 180 度	內角和 < 180 度
非歐幾何	歐氏幾何	非歐幾何

實數的生存法則

常見「集合」有
- ⊙ $\mathbb{N}$ = 所有「正整數」集合 = 所有「自然數」集合
- ⊙ $\mathbb{Z}$ = 所有「整數」集合
- ⊙ $\mathbb{Q}$ = 所有「有理數」集合
- ⊙ $\mathbb{R}$ = 所有「實數」集合
- ⊙ $\mathbb{C}$ = 所有「複數」集合

漫談 1

「東西」可能是「數字、橘子、人、動物、日期、重量、社團、……」

「集合」的定義：

「集合」$\overset{定義}{\Leftrightarrow}$ 由一些東西組成的團體，並有下述相關概念

> 「集合」不強調組成物的「出現次序」，也不強調組成物「是否重複出現」
> 如：{1, 2}，{2, 1}，{1, 1, 2}，{1, 1, 2, 2, 2}
> 這些「集合」都是「由相同東西」組成的「同一個集合」

(A) 通常用「大寫英文字母」$A, B, C, \cdots, X, Y, Z$ 來代表集合
(B) 集合描述法：有「敘述法（Oral）」、「表列法（Listing）」
　　 及「集合構造法（Set-buildering）」等三種。

> ■敘述法：用語言或文字描寫集合組成物。
> ■表列法：把集合組成物逐項列出，再用大括號 { } 把集合組成物全部圍起來。
> ■集合構造法：以 $\{x \mid x \text{ 滿足 } P\}$，其中 P 為集合組成物的共同特徵敘述。
>
> 例：A = 不大於 10 的非負偶數集合　〔敘述法〕
> 　　　 = $\{0, 2, 4, 6, 8, 10\}$　〔表列法〕
> 　　　 = $\{x \mid x = 2n, 0 \leq n \leq 5, \text{ 且 } n \text{ 是整數}\}$　〔集合構造法〕
>
> $P \Leftrightarrow$ 集合元素的「篩選條件」
>
> 例：ϕ = 沒有組成物的集合　〔敘述法〕
> 　　　 = { }　〔表列法〕
> 　　　 = $\{x \mid x \neq x\}$　〔集合構造法〕

(C) 「最小集合」$\overset{定義}{\Leftrightarrow}$「空集合（empty set）」$\overset{定義}{\Leftrightarrow}$ 沒有組成物的集合 $\overset{記為}{\Leftrightarrow} \phi$
(D) 「最大集合」$\overset{定義}{\Leftrightarrow}$「宇集合（universal set）」$\overset{定義}{\Leftrightarrow}$ 討論主題的「最大適用範圍」$\overset{記為}{\Leftrightarrow} U$

> 如：討論台灣全民健保問題時，「所有台灣國民」即為此問題的「宇集合」

> 如：$A = \{0, 2, 4, 6, 8, 10\}$ 的「元素」有「$0, 2, 4, 6, 8, 10$」
> 且 $n(A) = 6$（A 集合有 6 個元素）
>
> 也可以記為：$0, 2, 4, 6, 8, 10 \in A$

漫談 2

「元素」的定義：

a 是集合 A 的「元素（element）」 $\overset{讀作}{\Leftrightarrow}$ a「屬於（belong to）」A

$\overset{定義}{\Leftrightarrow}$ a 是 A 的「組成物」或 A「含（contain）」a $\overset{記為}{\Leftrightarrow}$ $a \in A$，並有下述相關概念：

> 在「集合」裡面，「看得到（表列法）」或「滿足共同特徵（集合構造法）」
> 或「符合集合描述（敘述法）」的東西 = 元素

(A) a 不是集合 A 的「元素」 $\overset{讀作}{\Leftrightarrow}$ a「不屬於」A

$\qquad \overset{定義}{\Leftrightarrow}$ a 不是 A 的「組成物」或 A「不含」a $\overset{記為}{\Leftrightarrow}$ $a \notin A$。

(B) 通常用「小寫英文字母」$a, b, c \cdots\cdots x, y, \cdots\cdots$ 來代表元素。

(C) 有限個元素的集合 A，它的 $n(A) \overset{定義}{=}$ 集合 A 的元素個數。

漫談 3

「子集合」的定義：

> 找「子集合」的方法：
> ● 先寫 { }
> ● 再把「0 個」，「1 個」，…，「全部」元素往 { } 裡面丟，就可得子集合

A 是 B 的「子集合（subest）」

$\overset{讀作}{\Leftrightarrow}$ A「包含於（is contained in）」B

$\overset{讀作}{\Leftrightarrow}$ B「包含（contain）」A

$\overset{定義}{\Leftrightarrow}$ 「$A = \phi$」或「$\forall a \in A \overset{可推得}{\Rightarrow} a \in B$」

$\overset{記為}{\Leftrightarrow}$ $A \subseteq B$，並有下述相關概念

> $\phi \subseteq$ 任意集合
>
> 規定：「empty set ϕ 是任意 set 的 subset」
> 是為了使「某些數學的發展更完備」！

> 判別「$A \subseteq B$」的方法：
> 看看 A 的集合符號 { } 裡面的東西（元素）是不是「都能」
> 在 B 的集合符號 { } 裡面看得到。若可以，則確認「$A \subseteq B$」

(A) A 不是 B 的「子集合」

$\qquad \overset{讀作}{\Leftrightarrow}$ A「不包含於」B

$\qquad \overset{讀作}{\Leftrightarrow}$ B「不包含」A

實數的生存法則

$\overset{定義}{\Leftrightarrow}$「$A \neq \phi$」且「$\exists\, a \in A, a \notin B$」
$\overset{記為}{\Leftrightarrow} A \not\subseteq B$

(B) A 跟 B「相等（equal）」

再次強調：「集合」是否「相等」只決定於「元素是否相同」，與「元素出現次序」、「元素是否重複出現」完全無關。

$\overset{定義}{\Leftrightarrow}$「$A = \phi$ 且 $B = \phi$」或「A 跟 B 有相同的元素（elements）」
$\overset{定義}{\Leftrightarrow} A \subseteq B$ 且 $B \subseteq A$
$\overset{記為}{\Leftrightarrow} A = B$

亦即：兩集合相等 $\overset{定義}{\Leftrightarrow}$ 兩集合相互包含

兩集合的「所有元素」都相同 $\Leftrightarrow$ 集合相等

(C) A 是 B 的「真子集（proper subset）」
$\overset{定義}{=} A \subseteq B$ 且 $A \neq B$
$\overset{記為}{=} A \subset B$ 或 $A \subsetneq B$

亦即：由 B 的所有「子集合」，所組成的新集合 $\sim 2^B$ 以 B 的「子集合」當「元素」！

(D) B 的「冪集合（power set）」
$\overset{定義}{=} \mathbb{P}(B) \overset{記為}{=} 2^B \overset{令}{=} \{A \mid A \subseteq B\}$

如：設 $B = \{1, 2, 3\}$，即 $\mathbb{P}(B) = \{\phi, \{1\}, \{2\}, \{3\}, \{1,2\}, \{1,3\}, \{2,3\}, \{1,2,3\}\}$ 且 $n(B) = 3$，$n(2^B) = n(\mathbb{P}(B)) = 8 = 2^3 = 2^{n(B)}$

漫談 4

集合的「運算」：

(A) A 跟 B 的「聯集（union）」$\overset{定義}{\Leftrightarrow} A \cup B \overset{令}{=} \{x \mid x \in A \,\boxed{或}\, x \in B\}$

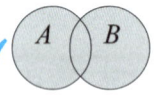

「聯集」相當於邏輯上的「或」

「在 A 或在 B」出現的元素都要

(B) A 跟 B 的「交集（intersection）」$\overset{定義}{\Leftrightarrow} A \cap B \overset{令}{=} \{x \mid x \in A \,\boxed{且}\, x \in B\}$

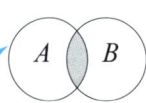

「交集」相當於邏輯上的「且」

只取「在 A 出現」也「在 B 出現」的元素

(C) A 對應於 B 的「差集（difference）」$\overset{定義}{\Leftrightarrow} B - A \overset{令}{=} \{x \mid x \in B \text{ 但 } x \notin A\}$

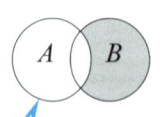

從 B 裡面，把「A 的元素」通通挖掉

稱這類圖形為「文氏圖」或「集合交聯圖」

當「$A \cap B = \phi$」，

讀作：A 跟 B「交集」為「空集合」！
…不可以讀成：A 跟 B「沒有交集」

則稱：A 跟 B 彼此「互斥（disjoint）」

由「$B-A$ 及 A^c」定義可知：$B-A = B \cap (A^c)$

(D) A 的「補集（complement）」 $\overset{定義}{\Leftrightarrow} A^c \overset{令}{=} U-A$ ← 也可記之為：$A' = \overline{A} = \sim A$

「補集」相當於邏輯上的「否定」

補上 A^c 就能「填滿整個宇集合」

若 U 不同，則 A^c 也跟著不同！
如：$A = \{1\}$
■ 若 $U = \{1, 2\}$，則 $A^c = \{2\}$；
■ 若 $U = \{1, 2, 3\}$，則 $A^c = \{2, 3\}$

漫談 5

集合的「升級」：

(A)「序對（order pair）」(a, b)
   $\overset{定義}{\Leftrightarrow} (a, b) \overset{令}{=}$ 集合 $\{\{a\}, \{a, b\}\}$ ← 用「集合」來定義「序對」

特徵：第一位元素單獨放！

● 稱 a 是 (a, b) 的「第一位元素（the first element）」及稱 b 是 (a, b) 的「第二位元素（the second element）」
● 序對 (a, b) 跟 (c, d) 相等 $\overset{定義}{\Leftrightarrow} a = c$ 且 $b = d$ $\overset{記為}{\Leftrightarrow} (a, b) = (c, d)$

亦即：(a, b) 跟 (c, d) 的「第一位元素」跟「第二位元素」分別相等！

例：序對 $(1, 2)$ 的集合表示式為 $\{\{1\}, \{1, 2\}\}$ ← 第一位元素單獨放！
例：已知序對 $(a, 2) = (1, 3a^2 + b)$，試求 (a, b)
$\because (a, 2) = (1, 3a^2 + b)$
$\therefore a = 1$ 且 $2 = 3a^2 + b$ ← $(a, 2)$ 跟 $(1, 3a^2 + b)$ 的「第一位元素」跟「第二位元素」分別相等！
$\therefore b = 2 - 3a^2 = 2 - 3 = -1$
$\therefore (a, b) = (1, -1) \overset{也可}{=} \{\{1\}, \{1, -1\}\}$

(B) A 跟 B 的「卡氏積集（Cartesian product）」 $\overset{定義}{\Leftrightarrow} A \times B \overset{令}{=} \{(a, b) | a \in A$ 且 $b \in B\}$

如：若 $A \overset{令}{=} \{a, b, 3\}$ 且 $B \overset{令}{=} \{2, 4\}$，則可得知：
$A \times B = \{(a, 2), (a, 4), (b, 2), (b, 4), (3, 2), (3, 4)\}$

可以推廣成：$A^m = \underbrace{A \times A \times A \cdots A}_{m\text{個}}$

附錄-3　應用的關鍵「特徵」與「策略」

應用 1

邏輯的「真、偽、等價」判斷及「敘述改寫」，必用：
「真值表」或「若 P，則 $Q \overset{等價}{\equiv}$ 若 $\sim Q$，則 $\sim P$」

> 見「集合構造法」描寫的集合「交集」，必用：
> ⊙ $A \cap B$ ⇔ 篩選條件方程式（不等式）聯立。但聯立前，元素符號應先「化一致（相同）」 ← 通常用「引入新符號，予以單純一致化」來處理
> ⊙ 條件方程式（不等式），亦應用新符號改寫

應用 2

集合的「屬於，包含，相等，運算，升級」問題，必用：
「文氏圖（集合交聯圖）」，「相關定義」及 集合的相關性質
(A) 集合的排容律：
$$n(\bigcup_{k=1}^{n} A_k) = \sum_{k=1}^{n} n(A_k) - \sum_{i \neq j} n(A_i \cap A_j) + \sum_{i \neq j \neq k} n(A_i \cap A_j \cap A_k) - \cdots + (-1)^{n+1} \times n(\bigcap_{k=1}^{n} A_k)$$

(B) $n(2^A) = 2^{n(A)}$　　2^A 含空集合，才會有這個完美結果

(C) $n(A \times B) = n(A) \times n(B)$

(D) $A - B = A - (A \cap B) = (A \cup B) - B$

(E) 集合的 De-morgain's 律：
⊙ $\overline{\bigcap_{\lambda \in \Lambda} A_\lambda} = \bigcup_{\lambda \in \Lambda} \overline{A_\lambda}$ ； $\overline{\bigcup_{\lambda \in \Lambda} A_\lambda} = \bigcap_{\lambda \in \Lambda} \overline{A_\lambda}$ ← 取「補」：變號且 ∪ ∩ 互換

⊙ $A \cap (\bigcup_{\lambda \in \Lambda} B_\lambda) = \bigcup_{\lambda \in \Lambda} (A \cap B_\lambda)$ ； $A \cup (\bigcap_{\lambda \in \Lambda} B_\lambda) = \bigcap_{\lambda \in \Lambda} (A \cup B_\lambda)$ ← 先聯後交 = 先交後聯

⊙ $A - (\bigcup_{\lambda \in \Lambda} B_\lambda) = \bigcap_{\lambda \in \Lambda} (A - B_\lambda)$ ； $A - (\bigcap_{\lambda \in \Lambda} B_\lambda) = \bigcup_{\lambda \in \Lambda} (A - B_\lambda)$

「−」聯 = 先「−」後交
「−」交 = 先「−」後聯

取「−」：變號且 ∪ ∩ 互換

> 基本上：在應用時，不用特意「記公式」！只需「畫（文氏）集合交聯圖」及「對不重疊空白區域，假設符號」策略，就可以依圖列算式

附錄-4　解開例題、弄懂策略

精選範例

例題 1　中山高速公路重慶北路交流道南下入口匝道分成內、外兩線車道，路旁立有標誌「外側車道大型車專用」。下列何者不違反此規定？
(1)小型車行駛內側車道　(2)小型車行駛外側車道　(3)大客車行駛內側車道　(4)大客車行駛外側車道　(5)大貨車行駛外側車道

> 邏輯在生活上的粗淺判斷應用。

▶▶▶ **Sol**

此標誌意指：外側車道只能行駛大型車，而內側車道則無限制，
∴「大型車」可以任意行使內、外側車道，而不是規定：大型車「只能」行駛於外側車道；且「小型車」不能行駛「外側」車道，亦即：「小型車」只能行駛「內側」車道。
∴選(1)(3)(4)(5)

> 「邏輯」敘述的重點是：「沒規定禁止」的「都可以」

▶▶▶ **Ans**

(1)(3)(4)(5)

例題 2　判斷以下何者是對的敘述？
(1)「$5 \geq 5$」。
(2)「$1 + 2 = 3$ 且 $(-5)^2 < (-3)^2$」。
(3)「$1 + 2 = 3$ 或 $(-4)^2 < -2^2$」。

▶▶▶ **Sol**

(1) ∵「$5 \geq 5$」是指「$\underset{T}{5=5}$ 或 $\underset{F}{5>5}$」　∴是對 (T) 的敘述。

> 「或」是「一真即真」

(2)錯的敘述。
(3)對的敘述。

∵「$1+2=3$」(T) 且「$(-5)^2<(-3)^2$」(「$25<9$」為F) 不符合「且的同真方真」
∴整句話是錯(F)的敘述

▶▶▶ **Ans**

(1)(3)

∵「$1+2=3$」(T) 或「$(-4)^2<-2^2$」(「$16<-4$」為F)
符合「或的一真即真」
∴整句話是對(T)的敘述

例題 3 寫出下列敘述的否定敘述：
(1)「$x>4$ 或 $x<-4$」。 (2)「$x>1$ 且 $x\neq 2$」。

⊙ $\sim(P\vee Q)=(\sim P)\wedge(\sim Q)$
⊙ $\sim(P\wedge Q)=(\sim P)\vee(\sim Q)$

▶▶▶ **Sol**

(1)「$-4\leq x\leq 4$」。
(2)「$x\leq 1$ 或 $x=2$」。

「$x\leq 1$」的否定是「$x>1$」；
「$x=2$」的否定是「$x\neq 2$」

「$x>4$」（x 大於 4）的否定是「$x\leq 4$」（x 小於等於 4）；
「$x<-4$」（x 小於 -4）的否定是「$x\geq -4$」（x 大於等於 -4）

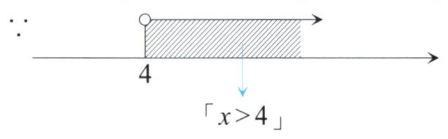

用「數線」來看「x 式子」的「否定」：
∵「$x>4$」
∴「$x>4$」的否定是「補滿整條數線」的「$x\leq 4$」

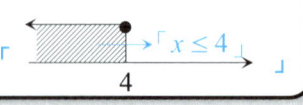

例題 4 假設坐標平面上一非空集合 S 內的點 (x,y) 具有以下性質：「若 $x>0$，則 $y>0$」。試問下列哪些敘述對 S 內的點 (x,y) 必定成立？
(1)若 $x\leq 0$，則 $y\leq 0$； (2)若 $y\leq 0$，則 $x\leq 0$；
(3)若 $y>0$，則 $x>0$； (4)若 $x>1$，則 $y>0$；
(5)若 $y<0$，則 $x\leq 0$。

取 $P=$「$x>0$」；$Q=$「$y>0$」

▶▶▶ Sol

已知「規定」：

「若 P，則 Q」 $\overset{等價}{\equiv}$ 「若 $\sim Q$，則 $\sim P$」

```
         ○————————————▶
                x>0                    (A)
  ————————●————————————▶
         0
```

$\Rightarrow$
```
         ○————————————▶
                y>0                    (B)
  ————————●————————————▶
         0
```

亦即：當「x 在 (A)」的範圍時，仍能推出「跟 (B) 完全相同的結論」

「若 P，則 Q」在邏輯上「允許」：「比 P 更強的要求」，仍可以推出「跟 Q 完全相同的結論」 ← 不能推出「其他結論」

(1) $\because$「$x \leq 0$」不在「$x>0$」內

$\therefore$ 無法下任何結論

$\therefore$(1) 不選

(2) $\because$「若 $y \leq 0$，則 $x \leq 0$」

$\because$「若 P，則 Q」 $\overset{等價}{\equiv}$ 「若 $\sim Q$，則 $\sim P$」

$\overset{等價}{\equiv}$「若 $\sim(x \leq 0)$，則 $\sim(y \leq 0)$」

$=$「若 $x>0$，則 $y>0$」

$\therefore$(2) 要選

$\because$ 選項 (B)，已由「原來的 $x \overset{推}{\Rightarrow} y$」變成「$y \overset{推}{\Rightarrow} x$」

$\therefore$ 考慮用「等價關係」

(3) $\because$「$y>0$」不在 (2) 的「$y \leq 0$」內

$\therefore$ 無法下任何結論

$\therefore$(3) 不選

(4) $\because$「$x>1$」比「$x>0$」更強

$\therefore$ 仍可以推出「$y>0$」這個跟「原敘述相同的結論」

$\therefore$(4) 要選

(5) $\because$「$y<0$」比 (2) 的等價敘述的「$y \leq 0$」更強

$\therefore$ 仍可以推出「$x \leq 0$」這個跟「原等價敘述相同的結論」

$\therefore$(5) 要選

▶▶▶ Ans

(2)(4)(5)

例題 5 (1)利用表列法，表示 36 的所有正因數所成的集合。

(2)利用集合構造法，表示被 3 除餘 2 的所有三位數所成的集合

> 有 1, 2, 3, 4, 6, 9, 12, 18, 36

> 用除法等式：$a = b \times q + r$

▶▶▶ Sol

(1) $\{1, 2, 3, 4, 6, 9, 12, 18, 36\}$

> 把所有組合物，逐一列出，並用大括號圍起來

(2) $\{x \mid x = 3k+2, 33 \leq k \leq 332 \text{ 且 } k \in \mathbb{N}\}$ 或 $\{3k+2 \mid 33 \leq k \leq 332 \text{ 且 } k \in \mathbb{N}\}$。

> 用 $\{x \mid x$ 滿足「集合組成物的共同特徵」$\}$ 來表現

例題 6 設 $S = \{a, b, c, d\}$，

(1)試列出集合 S 的元素？

(2)試列出集合 S 的所有子集合？

> 在集合裡面「看得到的東西」= 元素

▶▶▶ Sol

(1) S 的元素有 a, b, c, d，共四個

> 元素 = 組成集合的東西

(2) S 的子集合可分為以下幾種：

- 不含任何元素的子集：ϕ
- 含 1 個元素的子集：$\{a\}, \{b\}, \{c\}, \{d\}$
- 含 2 個元素的子集：$\{a,b\}, \{a,c\}, \{a,d\}, \{b,c\}, \{b,d\}, \{c,d\}$
- 含 3 個元素的子集：$\{a,b,c\}, \{a,b,d\}, \{a,c,d\}, \{b,c,d\}$
- 含 4 個元素的子集：S

> 總計 S 共有 $16 = 2^4 = 2^{n(S)}$ 個子集合

找「子集合」的方法：
- 先寫 $\{\ \}$
- 再把「0 個」，「1 個」，…，「全部」元素往 $\{\ \}$ 裡面丟，就可得「子集合」

例題 7 設 $S = \{0, 1, \{1\}\}$，則

(1)試列出集合 S 的元素　(2)試列出集合 S 的所有子集合

▶▶▶ Sol

(1) S 的元素有 0，1，$\{1\}$，共三個。

在集合裡面「看得到的東西」= 元素

(2) S 的子集合可分為以下幾種：

- 不含任何元素的子集：ϕ
- 含 1 個元素的子集：$\{0\}$, $\{1\}$, $\{\{1\}\}$
- 含 2 個元素的子集：$\{0, 1\}$, $\{0, \{1\}\}$, $\{1, \{1\}\}$
- 含 3 個元素的子集：S

總計 S 共有 $8 = 2^3 = 2^{n(S)}$ 個子集合

找「子集合」的方法：
- 先寫 $\{\ \}$
- 再把「0 個」，「1 個」，…，「全部」元素往 $\{\ \}$ 裡面丟，就可得「子集合」

例題 8 設 $S = \{\phi, 0, 1, \{0, 1\}\}$，下列哪些選項是正確的？

(1) $\phi \in S$　(2) $\phi \subseteq S$　(3) $\{\phi\} \subseteq S$　(4) $\{0, 1\} \in S$　(5) $\{0, 1\} \subseteq S$。

在集合符號 $\{\ \}$ 內，看得到相同東西，則「屬於」

當「小」集合的集合符號 $\{\ \}$ 內的東西，「都在」「大」集合的集合符號 $\{\ \}$ 內看得到，「小」集合就「包含」於「大」集合

- 「屬於／不屬於」是一種「個體（元素）與團體（集合）」的「關係描述詞」
- 「包含／不包含」是一種「團體（集合）與團體（集合）」的「關係描述詞」
- 帶有「集合代號 $\{\ \}$」的「符號」，如：$\{a, 1\}$

如：$\{a, 1\}$ 是含 a，1 兩個 element 的 set

除了可以視為「集合」外，也可以把「集合代號 $\{\ \}$」視為該「符號」～「不可分割」的一部分！

亦即：連同「集合代號 $\{\ \}$」，把整個「符號」視為一個「單一元素」！

如：視 $\{a, 1\}$ 是一個形狀是 $\{a, 1\}$ 的單一 element

293

如：設 $A=\{1,a,\{1\},\{a\},\{1,a\},2\}$，則可知：
(1) $1 \in A$ (2) $a \in \{a\}$ (3) $\{1\} \in A$ 或 $\{1\} \subseteq A$
(4) $\{1,\{a\}\} \notin A$ 或 $\{1,\{a\}\} \subseteq A$
(5) $\{2,\{2\}\} \notin A$ 或 $\{2,\{2\}\} \not\subseteq A$

把 {1} 當元素
把 {1} 當含 1 這個元素的集合
把 {1, {a}} 當元素
把 {1, {a}} 當含 1 及 {a} 兩個元素的集合
把 {2, {2}} 當元素
把 {2, {2}} 當含 2 及 {2} 兩個元素的集合

▶▶▶▶ Sol
(1) ∵ 把 ϕ 當元素時，$\phi \in S$
　　∴ (1)要選
(2) ∵ 把 ϕ 當集合時，$\phi \subseteq$ 任意集合 S
　　∴ (2)要選
(3) ∵ 把 $\{\phi\}$ 看成含 ϕ 這個元素的集合時，$\{\phi\} \subseteq S$
　　∴ (3)要選
(4) ∵ 把 $\{0, 1\}$ 當元素時，$\{0, 1\} \in S$
　　∴ (4)要選
(5) ∵ 把 $\{0, 1\}$ 當成含 0, 1 兩個元素的集合時，$\{0, 1\} \subseteq S$
　　∴ (5)要選

▶▶▶▶ Ans
(1)(2)(3)(4)(5)

集合組成物「都相同」⇔ 集合相等

例題 9 設 $A=\{a,b,c\}$，$B=\{a-1,1,2\}$。若 $A=B$，則數對 (a,b,c) 共有幾組解？

▶▶▶▶ Sol
∵ $a \in A$ 且 $A=B$
∴ $a \in B$
∴ $a=1$ 或 $a=2$

∵ $a \in B$
∴ a 必定是 B 的元素「$a-1, 1, 2$」的某一個
∴ 可能是 $\begin{cases} a=a-1 \text{（無解）或} \\ a=1 \text{ 或} \\ a=2 \end{cases}$

把「$a=1$」及「$a=2$」分別代入「A 及 B」的定義

(1) 當 $a=1$ 時：則 $A=\{1,b,c\}$，$B=\{0,1,2\}$，
$\because A=B$
$\therefore \begin{cases} b=0 \\ c=2 \end{cases}$ 或 $\begin{cases} b=2 \\ c=0 \end{cases}$。

(2) 當 $a=2$ 時：則 $A=\{2,b,c\}$，$B=\{1,1,2\}=\{1,2\}$，
$\because A=B$
$\therefore \begin{cases} b=1 \\ c=1 \end{cases}$ 或 $\begin{cases} b=1 \\ c=2 \end{cases}$ 或 $\begin{cases} b=2 \\ c=1 \end{cases}$。

因此數對 (a,b,c) 的可能解有：
$(1,0,2)$，$(1,2,0)$，$(2,1,1)$，$(2,1,2)$，$(2,2,1)$，共 5 組。

▶▶▶ Ans
5 組

$\because$ 兩集合是否相等，只決定於「兩集合的組成物是否全部相同」！
與「元素次序或元素是否重複出現」完全無關！
$\therefore \{1,1,2\}=\{1,2,2\}=\{1,2\}=\{1,1,2,2,2\}=\cdots$
$\therefore A=\{\boxed{2},\boxed{b,c}\}=\{1,\boxed{2}\}=B$
並不意謂：「b,c」只能「等於 1」！
也可能「b,c」會「等於」已出現的「2」喔！
$\therefore$ 請讀者務必要小心！

例題 10 設集合 $A=\{1,2,3,4,5\}$，$B=\{1,3,5,7,9\}$，試求 $A\cup B$，$A\cap B$，$A-B$，$B-A$，$A\cup(A\cap B)$，$A-(A\cup B)$？

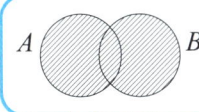

「在 A 或在 B」出現的元素「都要」

▶▶▶ Sol
$A\cup B=\{1,2,3,4,5,7,9\}$；
$A\cap B=\{1,3,5\}$；

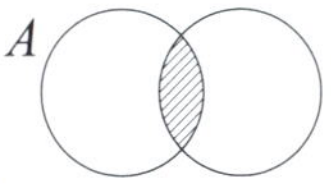

只取「在 A 出現」也「在 B 出現」的元素

$A-B=\{2,4\}$；
$B-A=\{7,9\}$；
$A\cup(A\cap B)=\{1,2,3,4,5\}$； ◀ 仿「$A\cup B$」
$A-(A\cup B)=\phi$ ◀ 仿「$A-B$」

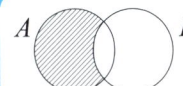

A B：從 A 裡面，把「B 的元素」通通挖掉
同理：$B-A$

295

例題 11 設集合 $A=\{x\,|\,x^2-3x+k=0\}$，$B=\{x\,|\,x^2+2kx+m=0\}$。
若 $A\cap B=\{2\}$，試求集合 $A\cup B$。

▶▶▶ **Sol**

$\because A\cap B=\{2\}$

$\therefore 2\in A$ 且 $2\in B$

$\therefore$「2」會滿足 A 跟 B 的「集合構造法」條件

$\therefore$ 把「2」分別代入：$x^2-3x+k=0$ 及 $x^2+2kx+m=0$

$\therefore \begin{cases} 2^2-6+k=0 \\ 2^2+4k+m=0 \end{cases}$

$\therefore k=2$ 且 $4+8+m=0$ ◀── 把 $k=2$ 代入 $2^2+4k+m=0$

$\therefore k=2$ 且 $m=-12$

$\therefore A=\{x\,|\,x^2-3x+2=0\}$ 且 $B=\{x\,|\,x^2+4x-12=0\}$
◀── 把 $k=2$，$m=-12$ 代入 A，B

又因：$\begin{cases} x^2-3x+2=(x-1)(x-2)\overset{\Leftrightarrow}{=}0 & \text{◀── } A \text{ 元素的要件} \\ x^2+4x-12=(x+6)(x-2)\overset{\Leftrightarrow}{=}0 & \text{◀── } B \text{ 元素的要件} \end{cases}$

$\therefore A=\{1,2\}$ 且 $B=\{-6,2\}$

$\therefore A\cup B=\{1,2,-6\}$

▶▶▶ **Ans**

$\{1,2,-6\}$

例題 12 在 1 到 1000 的正整數中，是 2 或 5 的倍數但不是 3 的倍數者，共有幾個？

▶▶▶ **Sol**

設 A_k 表示不大於 1000 的自然數中，k 的倍數所成的集合

$\therefore$ 由集合交聯圖，可知：

所求 $= a+f+e$

$= \underbrace{n(A_2)}_{a+b+g+f} + \underbrace{n(A_5)}_{f+g+d+e} - \underbrace{n(A_2\cap A_3)}_{b+g} - \underbrace{n(A_2\cap A_5)}_{f+g}$

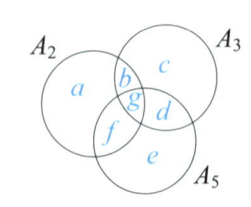

296

$$-\underbrace{n(A_5 \cap A_3)}_{g+d} + \underbrace{n(A_2 \cap A_3 \cap A_5)}_{g}$$

$$= [\frac{1000}{2}] + [\frac{1000}{5}] - [\frac{1000}{6}] - [\frac{1000}{10}]$$

- 1~1000 中，2 的倍數個數
- 1~1000 中，5 的倍數個數
- 1~1000 中，同時為 2, 3 的倍數個數 ⇔ 6 的倍數個數
- 1~1000 中，同時為 2, 5 的倍數個數 ⇔ 10 的倍數個數

$$-[\frac{1000}{15}] + [\frac{1000}{30}]$$

- 1~1000 中，同時為 5, 3 的倍數個數 ⇔ 15 的倍數個數
- 1~1000 中，同時為 2, 3, 5 的倍數個數 ⇔ 30 的倍數個數

$$= 500 + 200 - 166 - 100 - 66 + 33$$

- $\frac{1000}{10} = 100$
- $\frac{1000}{30} = 33.3\cdots$
- $\frac{1000}{6} = 166.6\cdots$
- $\frac{1000}{15} = 66.6\cdots$

$$= 401$$

▶▶▶ Ans

401

$[x] \stackrel{定義}{=}$ 不大於 x 的最大整數 $\stackrel{稱}{=} x$ 的「高斯值」

例題 13　設 $A = \{a, b\}$，$B = \{0, \phi\}$，則下列合者正確？
(A) $\{\phi\} \in A$　(B) $a \in A \cap B$　(C) $0 \in A - B$　(D) $\{\phi\} \in B - A$
(E) $\phi \in A \cup B$

▶▶▶ Sol

(A) ∵ $A = \{a, b\}$ 且在 A 中，看不到長成 $\{\phi\}$ 的元素

∴ $\{\phi\} \notin A$

∴ (A) 錯誤

(B) ∵ A 與 B 沒有「共同元素」

實數的生存法則

> ϕ 不含任何元素

$\therefore A \cap B = \phi$ $\therefore a \notin A \cap B$ $\therefore$(B) 錯誤

(C) $\because A - B = \{a, b\}$ 且在 $A - B$ 中，看不到 0 這個東西

$\therefore 0 \notin A - B$

> $A - B =$ 從 A 裡面，把 B 的元素挖掉

$\therefore$(C)錯誤

(D) $\because B - A = \{0, \phi\}$ 且在 $B - A$ 中，看不到長成 $\{\phi\}$ 的元素

$\therefore \{\phi\} \notin B - A$

> $B - A =$ 從 B 裡面，把 A 的元素挖掉

$\therefore$(D)錯誤

(E) $\because A \cup B = \{a, b, 0, \phi\}$

$\therefore a \in A \cup B, b \in A \cup B\quad 0 \in A \cup B, \phi \in A \cup B$

$\therefore$(E)正確

$\therefore$選(E)

> $A \cup B = A$、B 有的元素通通放進來
> 但：通常「不」重複放

> $\because a, b, 0, \phi$ 都可以在 $A \cup B$ 裡面看到
> $\therefore$ 都是 $A \cup B$ 的元素
> $\therefore$ 都 $\in A \cup B$

▶▶▶▶ Ans

(E)

例題 14 設 $\mathbb{R}$ 為所有實數的集合，$\mathbb{Q}$ 為所有有理數的集合，$\mathbb{Z}$ 為所有整數的集合，則(A) $\mathbb{R} = \mathbb{Q} \cap \mathbb{R}$ (B) $\mathbb{Q} = \mathbb{Q} \cup \mathbb{R}$ (C) $\mathbb{Q} = \mathbb{Q} \cap \mathbb{Z}$ (D) $\mathbb{Z} = \mathbb{Q} \cap \mathbb{Z}$ (E) $\mathbb{R} \cap \mathbb{Q} \cap \mathbb{Z} = \mathbb{Z}$

▶▶▶▶ Sol

$\because \begin{cases} \mathbb{R}：所有正數、0、負數（包含有理數、無理數）\\ \mathbb{Q}：能化成 \dfrac{m}{n}(n \neq 0) 之數，m、n 為整數 \\ \mathbb{Z}：所有正整數、0、負整數 \end{cases}$

$\therefore$ 可得如下集合交聯圖

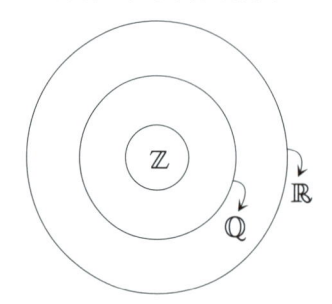

(A) $\because \mathbb{Q} \cap \mathbb{R} = \mathbb{Q} \neq \mathbb{R}$ $\therefore$(A)不選

(B) $\because \mathbb{Q} \cup \mathbb{R} = \mathbb{R} \neq \mathbb{Q}$ $\therefore$(B)不選

(C) $\because \mathbb{Q} \cap \mathbb{Z} = \mathbb{Z} \neq \mathbb{Q}$ $\therefore$(C)不選

(D) $\because \mathbb{Q} \cap \mathbb{Z} = \mathbb{Z}$ $\therefore$ (D)要選
(E) $\because \mathbb{R} \cap \mathbb{Q} \cap \mathbb{Z} = \mathbb{Z}$ $\therefore$ (E)要選

▶▶▶ Ans
(D)(E)

例題 15 不等式 $|1-2x|<1$ 的解所成之集合是下列何者？

(A)$\{x\,|-1<x<1\}$ (B)$\{x\,|\dfrac{-1}{2}<x<\dfrac{1}{2}\}$

(C)$\{x\,|-1<x<0\}$ (D)$\{x\,|\,0<x<1\}$ (E)ϕ

▶▶▶ Sol 「平方」去絕對值

$\because (1-2x)^2 < 1^2$

$\therefore (1-2x)^2 - 1^2 < 0$ ← 見「平方－平方」，必用：$a^2 - b^2 = (a+b)(a-b)$

$\therefore [(1-2x)+1][(1-2x)-1] < 0$

$\therefore (2-2x)(-2x) < 0$

$\therefore 2(1-x) \times (-2) \times x < 0$ ← 「×÷」正數 $2 \times (-1) \times (-2)$，方向不變

$\therefore (x-1)x < 0$

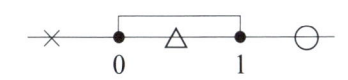

$\because (x-1)$ 與 x「異號」時，不等式才會「<0」

又因：當 $0<x<1$ 時，$(x-1)$ 與 x 才會「異號」

$\therefore$ 解集合為 $\{x\,|\,0<x<1\}$

$\therefore$ 選(D)

「集合構造法」格式：$\{x\,|\,x$ 的篩選條件$\}$

▶▶▶ Ans
(D)

例題 16 設 $n(A)=5$ 且 $n(B)=4$，求

(1)$\max(n(A\cap B))$；$\min(n(A\cap B))$ (2)$\max(n(A\cup B))$；$\min(n(A\cup B))$

(3)$\max(n(A-B))$；$\min(n(A-B))$ (4)$\max(n(B-A))$；$\min(n(B-A))$

▶▶▶ Sol

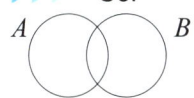

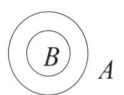

實數的生存法則

重疊最多
(1) $\max(n(A \cap B)) \Rightarrow$ （B 在 A 內）$\Rightarrow$ 所求 = 4

重疊最少
$\min(n(A \cap B)) \Rightarrow$ （A、B 分離）$\Rightarrow$ 所求 = 0

∵ $n(A \cup B) = n(A) + n(B) - n(A \cap B)$
∴ 重疊多，扣多，會變小

(2) $\max(n(A \cup B)) \Rightarrow$ （A、B 分離）$\Rightarrow$ 所求 = 5 + 4 = 9

$\min(n(A \cup B)) \Rightarrow$ （B 在 A 內）$\Rightarrow$ 所求 = 5

∵ $A - B =$ 從 A 裡，把 B 的元素挖掉
∴ 重疊多，挖掉多，會變小

(3) $\max(n(A - B)) \Rightarrow$ （A、B 分離）$\Rightarrow$ 所求 = 5

$\min(n(A - B)) \Rightarrow$ （B 在 A 內）$\Rightarrow$ 所求 = 5 - 4 = 1

∵「$B - A$」跟(3)的推論大致相同，唯一要留意的是「$n(B) \le n(A)$」，亦即：重疊最多時，只能「A 包住 B」
∴「$B - A$」至多也只能「挖掉 B」

(4) $\max(n(B - A)) \Rightarrow$ （A、B 分離）$\Rightarrow$ 所求 = 4

$\min(n(B - A)) \Rightarrow$ （B 在 A 內）：4 - 4 = 0

非 4 - 5 = -1
…因 B 不可能「包住 A」

從 B 裡面，把「A 的元素」通通挖掉

▶▶▶▶ Ans
(1) 4，0　(2) 9，5　(3) 5，1　(4) 4，0

例題 17　設 $A=\{1,2,\{1\},3\}$，則下列何者錯誤？
(A) $1\in A$　(B) $1\subseteq A$　(C) $\{1\}\in A$　(D) $\{1\}\subseteq A$　(E) $\{\{1\},1\}\subseteq A$

▶▶▶ Sol

(A) ∵ A 的「元素」有「$1, 2, \{1\}, 3$」
　　且在 A 可以看到 1 這個元素
　　∴ $1\in A$
　　∴ (A)正確

(B) ∵ 1 為個體，和團體（集合）之間，不可用「$\subseteq$」符號，
　　∴ (B)錯誤

(C)(D)
　　∵ $\{1\}$ 有集合符號 "{ }"
　　∴ $\{1\}$ 可以當 $\begin{cases}個體：\{1\}\in A\\ 團體：\{1\}\subseteq A\end{cases}$
　　∴ (C)、(D)都正確

(E) ∵ $\{\{1\},1\}$ 有集合符號 "{ }"
　　∴ $\{\{1\},1\}$ 可以當含有「$\{1\}$ 及 1」兩個元素的團體
　　又因：$\{1\}$ 及 1 這兩個元素都可以在 A 裡面看到
　　∴ $\{\{1\},1\}\subseteq A$
　　∴ (E)正確

∴ 選(B)

> 無集合符號者，必為個體 $\in A$ / $\notin A$
> 有集合符號者，可為 個體 $\in A$ / $\notin A$ 或 團體 $\subseteq A$ / $\not\subseteq A$

> 在 A 裡，可以看到長成 $\{1\}$ 的元素

> ∵ $\{1\}$ 的「元素為 1」且在 A 中，可以看到 1 這個元素
> ∴ $\{1\}\in A$

▶▶▶ Ans

(B)

例題 18　設 $A=\{(x,y)\mid x+y=1\}$ 且 $B=\{(2y,x)\mid x-2y=2\}$，試求 $A\cap B=?$

> 引進「單純新符號」
> 求交集 ⇔ 求方程式（不等式）聯立，但聯立前，元素符號應先化一致
> 用「符號單純化」來化一致！

▶▶▶ Sol

∴ $\begin{cases}對 A 集合：令 X=x, Y=y 且 X+Y=1\\ 對 B 集合：令 X=2y, Y=x 且 Y-X=2\end{cases}$

> 代入 A, B 的「元素篩選條件」

∴ $A \cap B$ 之元素 (X, Y) 等同於 $\begin{cases} X+Y=1 \\ Y-X=2 \end{cases}$ 之解

∴ $\begin{cases} X = \dfrac{-1}{2} \\ Y = \dfrac{3}{2} \end{cases}$

∴ $A \cap B = \{(-\dfrac{1}{2}, \dfrac{3}{2})\}$

▶▶▶ Ans

$A \cap B = \{(-\dfrac{1}{2}, \dfrac{3}{2})\}$

例題 19 設 $A = \{1, 3, x^2 - x - 3\}$，$B = \{2, x+1, 2x^2 + x - 2, -2x + 1\}$，若已知 $A \cap B = \{3, -1\}$，求 $A \cup B$？

▶▶▶ Sol

① ∵ $A \cap B = \{3, -1\}$

亦即：「3」，「−1」都是 A、B 的元素

但是：在 $A = \{1, 3, x^2 - x - 3\}$ 中，並沒有「看到長成 −1」的元素

∴「−1」一定是用「$x^2 - x - 3$」來表現的元素

∴ $x^2 - x - 3 \stackrel{令}{=} -1$

∴ $x^2 - x - 2 = 0$

∴ $(x+1)(x-2) = 0$

∴ $x = -1$ 或 2 ← 但 $x = -1, 2$ 是否都「完全符合」題目要求，尚待確定

② 再將「$x = -1, x = 2$」代回：「$x+1$」、「$2x^2 + x - 2$」和「$-2x+1$」 ← B 集合元素

● $x = -1$：$\begin{cases} x+1 = -1+1 = 0 \\ 2x^2 + x - 2 = 2 - 1 - 2 = -1 \\ -2x + 1 = 2 + 1 = 3 \end{cases}$

∴ $B = \{2, 0, -1, 3\}$

∴ $A \cap B = \{-1, 3\}$ ← 已知：$A = \{1, 3, -1\}$

∴ 滿足題目條件

∴ $A \cup B = \{-1, 0, 1, 2, 3\}$

⊙ $x = 2$: $\begin{cases} x+1 = 2+1 = 3 \\ 2x^2 + x - 2 = 8 + 2 - 2 = 8 \\ -2x + 1 = -4 + 1 = -3 \end{cases}$

∴ $B = \{2, 3, 8, -3\}$　∴ $A \cap B = \{3\}$　（已知：$A = \{1, 3, -1\}$）

∴ 不符合題目條件　∴ 不用再求，此狀況下的 $A \cup B$

▶▶▶ Ans
$A \cup B = \{-1, 0, 1, 2, 3\}$

（$A' = \overline{A} = A$ 的補集合）

例題 20　是非題：(1) A、B 是二集合，$[(A \cap B)' \cap B'] = (A \cap B)'$
(2) 若二集合 $A = \{x \mid x+1 = 1\}$、$B = \{x \mid x+1 = x\}$，則 $A = B$
(3) 設 A、B、C 是任意集合，則 $C - (A \cap B) = (C - A) \cup (C - B)$

▶▶▶ Sol
(1) ∵ $(A \cap B)' = A' \cup B'$
　∴ $[(A \cap B)' \cap B']$
　$= [(A' \cup B') \cap B']$　（先聯後交 = 先交後聯）
　$= [(A' \cap B') \cup (B' \cap B')]$
　$= [(A' \cap B') \cup B']$
　$= B'$　（聯集取大）
　又因：$(A \cap B)' = A' \cup B' \stackrel{?}{\underset{\text{不恆相等}}{=}} B'$　（「′」的作用，好像「乘負數」會產生「變號」及「＋、－」互換）
　∴ (1) 錯誤

(2) ① A：$\begin{cases} \because x+1 = 1 \\ \therefore x = 0 \\ \therefore A = \{0\} \end{cases}$

② B：$\begin{cases} \because x+1 = x \\ \therefore 1 = 0 \text{（矛盾）} \\ \therefore B = \phi \text{（空集合）} \end{cases}$

∴ $A \neq B$
∴ (2) 錯誤

(3) 由集合性質，可知：
$C - (A \cap B) = (C - A) \cup (C - B)$
恆成立
∴ (3) 正確

也可以，畫集合交聯圖來判斷：

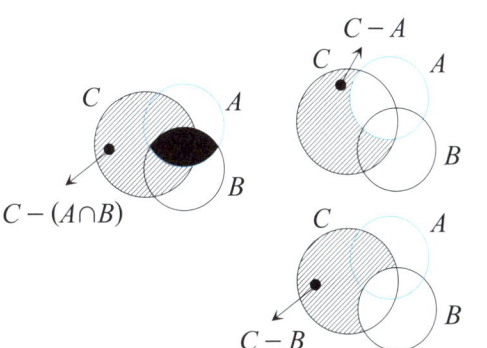

▶▶▶ **Ans**

(1)錯誤　(2)錯誤　(3)正確

例題 21　是非題：(1)設 A、B 為非空集合，若 $a \in A \cup B$，則 $a \in A$ 或 $a \in B$
(2)設集合 $M = \{x \mid x^2 - 1 = 0, x \in R\}$，
$N = \{(x, y) \mid y = x^2 - 1, x, y \in R\}$，當 $y = 0$ 時，$M = N$。

▶▶▶ **Sol**

(1)

$\because a \in A \cup B$
$\therefore a \in A$ 或 $a \in B$
$\therefore$(1)正確

(2)① $M : \begin{cases} \because x^2 - 1 = 0 \\ \therefore (x+1)(x-1) = 0 \\ \therefore x = \pm 1 \\ \therefore M = \{1, -1\} \end{cases}$

② $N : \begin{cases} \because y = x^2 - 1 \text{ 且 } y = 0 \\ \therefore 0 = x^2 - 1 \\ \therefore x = \pm 1 \\ \therefore N = \{(1, 0), (-1, 0)\} \end{cases}$　題目要求

$\therefore M = \{1, -1\} \neq N = \{(1, 0), (-1, 0)\}$

$\therefore$(2)錯誤

▶▶▶ **Ans**

(1)正確　(2)錯誤

例題 22　判斷下列何者正確？
(A) $\{1, 1, 2, 2, 3\} \neq \{1, 1, 2, 3, 3\}$
(B) 若 $a \in A$ 且 $A \subset B$，則 $a \in B$
(C) A、B、C 三集合滿足 $A \cap B = A \cap C$，則 $B = C$
(D) 若 $A \subset B$ 且 $B \subset C$，則 $A \subset C$
(E) A、B、C 三集合滿足 $A - (B \cup C) = (A - B) \cap (A - C)$

▶▶▶ **Sol**

(A) 「集合」不強調「次序」，也不強調「是否重複出現」

∴ {1, 1, 2, 2, 3} = {1, 1, 2, 3, 3} = {1, 2, 3}

∴(A)錯誤

(B) ∵ A ⊙•a 且 ⊙•A B

∴(B)正確

(C) 取：$A = \{1, 2\}, B = \{2, 3\}, C = \{2, 4\}$

顯然：$A \cap B = \{2\} = A \cap C$，但 $B \neq C$

∴(C)錯誤

(D) 由 $C \supset B \supset A$，

可知：(D)正確

(E) ∵ $A - (B \cup C) = A \cap (B \cup C)'$
$= A \cap (B' \cap C')$
$= (A \cap B') \cap (A \cap C')$
$= (A - B) \cap (A - C)$

∴(E)正確

> 也可以，畫集合交聯圖來判斷：
>
> $A - (B \cup C)$
>
> $A - B$
>
> $A - C$

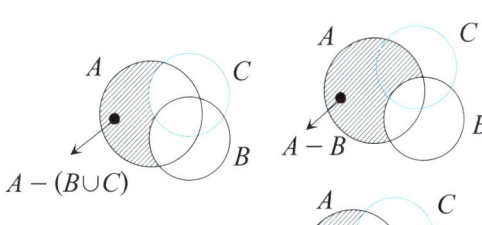

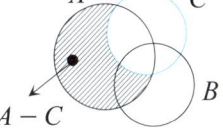

▶▶▶ **Ans**

(B), (D), (E)

例題 23 設 $A = \{2, 2+d, 2+2d\}$，$B = \{2, 2r, 2r^2\}$，$d \neq 0$，若 $A = B$，則 $r^2 - r + 1 = ?$

> 「集合」不強調「元素出現的次序」；「集合」只關心兩個集合的「元素」是否彼此對應相同

▶▶▶ **Sol**

∵ $A = \{2, 2+d, 2+2d\}$ 且 $B = \{2, 2r, 2r^2\}$

∴ 若 $A = B$，則 $\begin{cases} 2+d = 2r \\ 2+2d = 2r^2 \end{cases}$ 或 $\begin{cases} 2+d = 2r^2 \\ 2+2d = 2r \end{cases}$

∵ $d \neq 0$

∴ $2, 2+d, 2+2d$ 都不相同

又因：$A = B$

∴ $2, 2r, 2r^2$ 也都不相同

∴ 「$2+d, 2+2d$」只能與「$2r, 2r^2$」相互一一對應相等

實數的生存法則

① $\begin{cases} 2+d=2r \\ 2+2d=2r^2 \end{cases}$

$\Rightarrow d=2r-2$ 代入 $2+2d=2r^2$

$\Rightarrow 2+4r-4=2r^2$

$\Rightarrow 2r^2-4r+2=0$

$\Rightarrow r^2-2r+1=0$

$\Rightarrow (r-1)^2=0$

$\Rightarrow r=1$

再將：$r=1$ 代入 $2+d=2r$

$\Rightarrow 2+d=2 \Rightarrow d=0$

但因：題目說「$d \neq 0$」

∴不合

② $\begin{cases} 2+d=2r^2 \\ 2+2d=2r \end{cases}$

$\Rightarrow d=2r^2-2$ 代入 $2+2d=2r$

$\Rightarrow 2+4r^2-4=2r$

$\Rightarrow 4r^2-2r-2=0$

$\Rightarrow 2r^2-r-1=0 \Rightarrow (r-1)(2r+1)=0 \Rightarrow r=1, \dfrac{-1}{2}$ 〔由①已知：$r=1$ 不合〕

∴$r=\dfrac{-1}{2}, d=\dfrac{-3}{2}$（符合題目要求「$d \neq 0$」）〔將 $r=\dfrac{-1}{2}$ 代入 $2+2d=2r$〕

∴所求 $r^2-r+1=(-\dfrac{1}{2})^2-(-\dfrac{1}{2})+1=\dfrac{1}{4}+\dfrac{1}{2}+1=\dfrac{7}{4}$

▶▶▶ Ans

$\dfrac{7}{4}$

例題 24 設 $A=\{1,3\}$、$B=\{x^2-3x+a=0\}$，若 $A-B=\{1\}$，求 a 之值 = ?

▶▶▶ Sol

∵$A-B=\{1\}$ 且 $A-B=$ 從 A 中，把 B 的元素挖掉

∴原本在 A 裡的「3」，顯然也在 B 裡，才會被挖掉

∴「$x=3$」滿足：B 的「元素篩選條件」方程式 $x^2-3x+a=0$

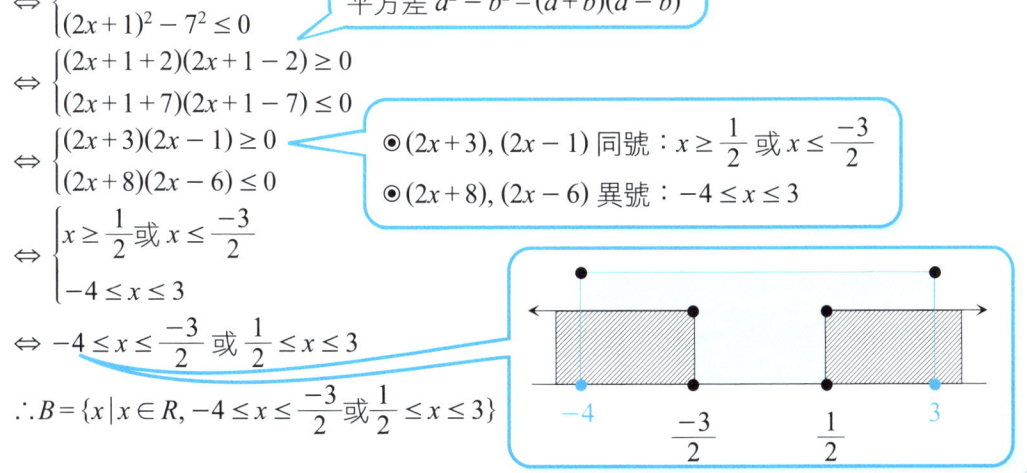

∴ 將 $x=3$ 代入，可得：$9-9+a=0$
∴ $a=0$

▶▶▶ Ans
$a=0$

例題 25　集合 $A=\{1,2,3\}$、$B=\{2,3,4,5\}$，求 $(A-B)\cup(B-A)=$？

▶▶▶ Sol

∴ $\begin{cases} A-B=\{1\} \\ B-A=\{4,5\} \end{cases}$ 　從 A 裡面，把「B 的元素」通通挖掉
　從 B 裡面，把「A 的元素」通通挖掉

∴ $(A-B)\cup(B-A)=\{1\}\cup\{4,5\}=\{1,4,5\}$

▶▶▶ Ans
$\{1, 4, 5\}$

例題 26　設 $A=\{x\,|\,x\in R, 2<x<5\}$、$B=\{x\,|\,x\in R, 2\leq|2x+1|\leq 7\}$，
　　　　　求 $B=$？，$B-A=$？

▶▶▶ Sol

$2\leq|2x+1|\leq 7$

$\Leftrightarrow \begin{cases} 2\leq|2x+1| \\ |2x+1|\leq 7 \end{cases}$

$\Leftrightarrow \begin{cases} 2^2\leq(2x+1)^2 \\ (2x+1)^2\leq 7^2 \end{cases}$ 　「平方」去絕對值

$\Leftrightarrow \begin{cases} 0\leq(2x+1)^2-2^2 \\ (2x+1)^2-7^2\leq 0 \end{cases}$ 　平方差 $a^2-b^2=(a+b)(a-b)$

$\Leftrightarrow \begin{cases} (2x+1+2)(2x+1-2)\geq 0 \\ (2x+1+7)(2x+1-7)\leq 0 \end{cases}$

$\Leftrightarrow \begin{cases} (2x+3)(2x-1)\geq 0 \\ (2x+8)(2x-6)\leq 0 \end{cases}$ 　⊙ $(2x+3), (2x-1)$ 同號：$x\geq\dfrac{1}{2}$ 或 $x\leq\dfrac{-3}{2}$
　⊙ $(2x+8), (2x-6)$ 異號：$-4\leq x\leq 3$

$\Leftrightarrow \begin{cases} x\geq\dfrac{1}{2} \text{ 或 } x\leq\dfrac{-3}{2} \\ -4\leq x\leq 3 \end{cases}$

$\Leftrightarrow -4\leq x\leq\dfrac{-3}{2}$ 或 $\dfrac{1}{2}\leq x\leq 3$

∴ $B=\{x\,|\,x\in R, -4\leq x\leq\dfrac{-3}{2} \text{ 或 } \dfrac{1}{2}\leq x\leq 3\}$

實數的生存法則

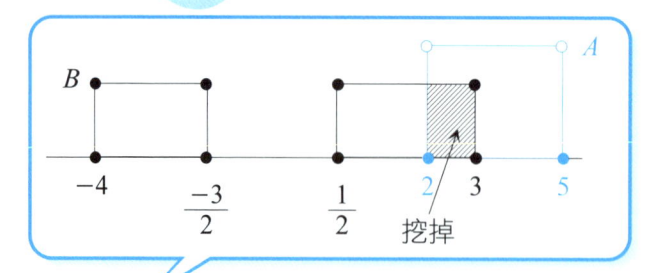

∴ $B - A = \{x \mid x \in R, -4 \leq x \leq \frac{-3}{2}$ 或 $\frac{1}{2} \leq x \leq 2\}$

（從 B 裡面，把「A 的元素」通通挖掉）

▶▶▶▶ Ans

$B = \{x \mid x \in R, -4 \leq x \leq \frac{-3}{2}$ 或 $\frac{1}{2} \leq x \leq 3\}$

$B - A = \{x \mid x \in R, -4 \leq x \leq \frac{-3}{2}$ 或 $\frac{1}{2} \leq x \leq 2\}$

例題 27 設 a 為實數，$A = \{4, 5, 6, 7, 8\}$、$B = \{6, 8, 10, 4a - a^2\}$，若 $A \cap B$ 有 3 個元素，求 a 的所有可能的值？

▶▶▶▶ Sol

∵ A、B 已知的共同元素有「6、8」且 $A \cap B$ 有 3 個元素，

∴ $4a - a^2 = 4$ 或 5 或 7

（∵「10」顯然不在 A 裡
∴ $A \cap B$ 的第 3 個元素，必為「$4a - a^2$」且為 B 的 4, 5, 7 之一）

① $4a - a^2 = 4$：
   $a^2 - 4a + 4 = 0$
   $\Rightarrow (a-2)^2 = 0$
   $\Rightarrow a = 2$

（$(a \pm b)^2 = a^2 \pm 2ab + b^2$）

② $4a - a^2 = 5$：
   $a^2 - 4a + 5 = 0$
   $\Rightarrow a^2 - 4a + 4 = -1$
   $\Rightarrow (a-2)^2 = -1$ ← 平方不可能為負
   ∴ 無解

③ $4a - a^2 = 7$：
   $a^2 - 4a + 7 = 0$
   $\Rightarrow a^2 - 4a + 4 = -3$
   $\Rightarrow (a-2)^2 = -3$ ← 平方不可能為負
   ∴ 無解

▶▶▶▶ Ans

$a = 2$

筆記欄

```
來吧!再也不用怕數學：實數的生存法則：上大學前你必須全面掌握的數學概念
/ 王富祥, 游雪玲著. -- 二版. -- 新北市：八方出版股份有限公司, 2025.04
   面；   公分. --
ISBN 978-986-381-242-5(平裝)

 1.CST: 數學教育  2.CST: 中等教育

  524.32           114002632
```

Super Kid 18
來吧！再也不用怕數學：實數的生存法則
上大學前你必須全面掌握的數學概念

作　　者 / 王富祥・游雪玲

發行人 / 林建仲
總編輯 / 洪季楨
編輯 / 葉雯婷
封面設計 / 王舒玗

出版發行 / 八方出版股份有限公司
地址 / 新北市新店區寶橋路235巷6弄6號4樓
電話 / (02) 2777-3682　傳真 / (02) 2777-3672
郵政劃撥 / 19809050
戶名 / 八方出版股份有限公司

總經銷 / 聯合發行股份有限公司
地址 / 新北市新店區寶橋路235巷6弄6號2樓
電話 / (02)2917-8022　傳真 / (02) 2915-6275

定價 / 新台幣 490 元
ISBN 978-986-381-242-5
二版1刷 2025 年 04 月

如有缺頁、破損或裝訂錯誤，請寄回本公司更換，謝謝。
版權所有，翻印必究。
Printed in Taiwan